高等职业教育新形态精品教材

大学生职业生涯发展与规划

主　编　车玲洁

北京理工大学出版社
BEIJING INSTITUTE OF TECHNOLOGY PRESS

内 容 提 要

本书是一本按照模块化教学方法编写的涵盖大学生职业生涯规划各阶段内容的教学用书,具有较强的针对性和实用性。在内容架构上,全书共分为八个学习模块,遵循职业生涯规划"自我探索—工作世界探索—决策—行动"的逻辑主线,分别从职业生涯理论概述、兴趣探索、性格探索、自我价值观探索、职业能力探索及培养、工作世界探索、职业生涯决策和就业指导展开全方位、多元化、多层次的理论及实践能力教学。在栏目安排上,落实课程思政要求,设计了案例导入、思维导图、课堂实训、思政园地等多样化栏目,融理论性与实践性于一体。

本书可作为高等院校公共基础课教材,也可作为职场人士提高职业生涯规划能力的参考书。

版权专有　侵权必究

图书在版编目（CIP）数据

大学生职业生涯发展与规划 / 车玲洁主编. --北京：北京理工大学出版社，2023.8
　ISBN 978-7-5763-2721-2

Ⅰ.①大… Ⅱ.①车… Ⅲ.①大学生－职业选择 Ⅳ.①G647.38

中国国家版本馆CIP数据核字（2023）第150352号

出版发行 / 北京理工大学出版社有限责任公司
社　　址 / 北京市丰台区四合庄路6号院
邮　　编 / 100070
电　　话 /（010）68914775（总编室）
　　　　　（010）82562903（教材售后服务热线）
　　　　　（010）68944723（其他图书服务热线）
网　　址 / http://www.bitpress.com.cn
经　　销 / 全国各地新华书店
印　　刷 / 河北鑫彩博图印刷有限公司
开　　本 / 787毫米 × 1092毫米　1/16
印　　张 / 15　　　　　　　　　　　　　　　　责任编辑 / 王晓莉
字　　数 / 327千字　　　　　　　　　　　　　　文案编辑 / 王晓莉
版　　次 / 2023年8月第1版　2023年8月第1次印刷　责任校对 / 周瑞红
定　　价 / 45.00元　　　　　　　　　　　　　　责任印制 / 王美丽

图书出现印装质量问题，请拨打售后服务热线，本社负责调换

FOREWORD 前言

《中华人民共和国国民经济和社会发展第十四个五年规划和 2035 年远景目标纲要》提出，要"实施就业优先战略""提高高校、职业院校毕业生就业匹配度和劳动参与率。"党的二十大报告指出："就业是最基本的民生。强化就业优先政策，健全就业促进机制，促进高质量充分就业。"高校毕业生就业是就业工作的重中之重。基于就业工作的新要求、新趋势和高校毕业生就业的新需求，本书吸收了国内外职业生涯规划教育的新研究成果，凝聚了编写团队在课程教学实践中的内容精华，强化了立德树人和社会主义核心价值观，突出了教材的指导性、实用性、操作性、创新性。本书在内容编排和形式上有以下特色。

1. 落实课程思政融合要求，贯彻习近平新时代中国特色社会主义思想

本书以职业生涯规划步骤为顺序，融入习近平新时代中国特色社会主义思想。在学习模块一"职业生涯理论概述"中，重点融入"胸怀天下"的马克思主义立场观点方法，引导学生树立远大的职业规划目标。在学习模块二"兴趣探索"、学习模块三"性格探索"和学习模块五"职业能力探索及培养"中，重点融入劳动精神相关内容，引导学生从兴趣出发，弘扬劳模精神、劳动精神和工匠精神。在学习模块四"自我价值观探索"中，重点融入社会主义核心价值观，引导学生树立"富强、民主、文明、和谐、自由、平等、公正、法治、爱国、敬业、诚信、友善"的社会主义核心价值观。在学习模块六"工作世界探索"中，重点融入社会主义职业道德，引导学生养成"爱岗敬业、诚实守信、办事公道、服务群众、奉献社会"的职业道德。在学习模块七"职业生涯决策"和学习模块八"就业指导"中，重点融入习近平新时代中国特色社会主义思想的世界观和方法论中的"系统观念"与"守正创新"，引导学生从系统出发，树立正确的事业观，做出科学的职业决策。

2. 紧密结合大学生学习特点，以课堂实训巩固掌握知识技能

本书以"自我探索—工作世界探索—决策—行动"的生涯规划阶段为主线，在每个阶段提供以模块理论知识为基础的"课堂实训"，通过课堂实训活动巩固和提升学生运用理论知识解决实际问题的能力。在"职业生涯理论概述"学习模块中，介绍职业生涯规划相关经典理论，同时提供"生涯量量看"课堂实训活动指导，唤醒学生生涯意识。在"兴趣探索""性格探索""自我价值观探索"和"职业能力探索及培养"学习模块中，分别设计"兴趣岛活动""MBTI 性格测试""价值观大拍卖""成就故事法探索职业能力"等课堂实训活动，引导学生通过参与活动，发掘自身的兴趣、性格、价值观和能力特点，从而主动培养职业兴趣，养成良好的性格习惯，发展和提升自身能力。在"工作世界探索"模块中，设计"了解职业资格证书"课堂实训活动，引导学生结合自身特点和工作现状，了解领域内相对应的职业资格证书。在"职业生涯决策"学习模块中，设计"职业生涯规划书撰写"课堂实训，引导学生以理论指导实践，制订生涯规划。在"就业指导"学习模块中，设计"无领导小组讨论"课堂实训，模拟真实面试场景，引导学生为面试做好准备。

3. 基于学情调查研究报告，优化大学生生涯规划与职业发展课程内容

本书以教育部办公厅印发《大学生职业发展与就业指导课程教学要求》（教高厅〔2007〕7号）文件为指导，根据2022年9月针对大学入学新生的"大学生职业生涯教育需求调查"回收且有效的2 632份问卷分析，充分考虑现有大学生各专业培养计划要求，优化课程内容模考。一是删减重复内容版块。鉴于当前大学生创新创业教育课程已纳入大部分专业培养计划，为避免课程内容重复，将教高厅〔2007〕7号文件中指出的"创业教育"版块内容移出本书内容体系。二是强化重点学习单元。78%的学生表示自己从未进行过职业测试，最希望得到帮助的是：自我认知（52%），包括个人兴趣、性格、能力和价值观，因此，本书将兴趣探索、性格探索、价值观探索、能力探索和提升作为单独学习模块，穿插相关理论和课堂实训，从课堂活动中提升自我探索和发展能力。三是引导学生建立规划意识。89%的学生表示对自己的职业进行过粗略但并不清晰的规划，92%的学生表示愿意参加职业咨询及相关活动，本书将职业生涯意识培养作为贯穿全书的核心思想。

4. 围绕"岗课赛证融通"综合育人，配套丰富的线上线下信息化资源

为了适应数字化教学新形势，本书配套相应电子课件，数字课程"大学生生涯规划与职业发展"已在智慧职教平台试运行。教材中穿插案例导入、思维导图、课堂实训、思政园地等学习栏目，内容充实、体例活泼，具有很强的实用性和延展性。本书以全国大学生职业生涯规划大赛为课赛融合重点，围绕该赛项中自我探索、工作世界探索、生涯决策等重点模块开展深入学习实践，使学生在认真学习和开展课堂学习及实践的过程中为参加比赛做好准备，以赛促学，打造"赛教融合"教学机制。在内容上，突出新形态一体化；在教学上，突出数字化，融入趣味性、交互性课堂活动；在模式上，突出教赛一体，教赛互促。

本书在编写过程中借鉴和吸收了有关专家、学者的专著、教材和文章，谨对作者表示衷心感谢！由于编者水平有限，书中难免存在疏漏之处，恳请广大读者批评指正。

编　者

CONTENTS 目录

学习模块一　职业生涯理论概述 …………………………………………………… 1

　　学习单元一　职业生涯规划概念 ………………………………………… 2
　　学习单元二　职业生涯规划的阶段与方法 ……………………………… 11
　　学习单元三　职业生涯规划的关键因素 ………………………………… 18

学习模块二　兴趣探索 ……………………………………………………………… 28

　　学习单元一　职业兴趣概述 ……………………………………………… 29
　　学习单元二　探索职业兴趣的方法 ……………………………………… 34
　　学习单元三　发展职业兴趣 ……………………………………………… 41

学习模块三　性格探索 ……………………………………………………………… 46

　　学习单元一　性格理论概述 ……………………………………………… 47
　　学习单元二　性格探索的方法 …………………………………………… 54
　　学习单元三　打造职业性格 ……………………………………………… 68

学习模块四　自我价值观探索 ……………………………………………………… 77

　　学习单元一　价值观概述 ………………………………………………… 78
　　学习单元二　价值观澄清与匹配 ………………………………………… 82

学习模块五　职业能力探索及培养 ... 89

　　学习单元一　职业能力理论 ... 90
　　学习单元二　职业能力探索与发展 ... 100

学习模块六　工作世界探索 ... 111

　　学习单元一　探索工作世界 ... 112
　　学习单元二　工作世界探索的内容 ... 120
　　学习单元三　工作世界探索的方法 ... 134
　　学习单元四　职业资格制度 ... 142

学习模块七　职业生涯决策 ... 148

　　学习单元一　职业生涯决策 ... 149
　　学习单元二　职业生涯决策的原则与方法 ... 154
　　学习单元三　职业生涯决策行动 ... 164
　　学习单元四　生涯管理及决策检验 ... 174

学习模块八　就业指导 ... 196

　　学习单元一　求职信息的收集与整理 ... 197
　　学习单元二　求职材料准备 ... 205
　　学习单元三　面试 ... 213

附录　霍兰德职业索引 ... 228

参考文献 ... 233

学习模块一
职业生涯理论概述

📝 **学习目标**

知识目标：
1. 了解职业、职业生涯的概念。
2. 了解职业生涯规划的阶段。
3. 了解职业生涯规划的类型。
4. 理解职业发展的阶段特点。
5. 理解职业生涯规划的意义。
6. 熟悉职业生涯规划的方法。
7. 熟悉职业生涯规划的影响因素。

能力目标：
1. 能够分析职业生涯规划的影响因素。
2. 能够掌握生涯信息收集与管理技能。
3. 能够掌握生涯规划的技能。
4. 能够提高人际沟通、问题解决和自我管理技能。

素养目标：
1. 培养学生职业生涯发展的自主意识。
2. 培养学生树立正确的人生观、价值观和就业观念。
3. 培养学生的责任心、自觉性和团结性的品质。

案例导入

比尔·拉福的职业生涯规划

有一个美国小伙子，他立志做一名优秀的商人。

中学毕业后他考入麻省理工学院，没有去读贸易专业，而是选择了工科中最普通、最基础的专业——机械专业。

大学毕业后,他没有马上投入商海,而是考入芝加哥大学,攻读为期三年的经济学硕士学位。

出人意料的是,获得硕士学位后,他还是没有从事商业活动,而是考了公务员。在政府部门工作了5年后,他辞职下海经商。又过了2年,他开办了自己的商贸公司。20年后,他的公司资产从最初的20万美元发展到2亿美元。

这位小伙子就是美国知名企业家比尔·拉福。

后来,比尔·拉福率团来中国进行商业考察,在接受《中国青年报》记者采访时,他谈到他的成功离不开父亲的指导,他们共同制订了一个重要的生涯规划:工科学习→工学学士→经济学学习→经济学硕士→政府部门工作(锻炼为人处世能力,建立广泛的人际关系)→大公司工作(熟悉商务环境)→开公司→事业成功。最终这个生涯设计方案使他功成名就。

📚 案例思考

罗素说过:"选择职业是人生大事,因为职业决定了一个人的未来,选择职业,就是选择将来的自己。"

比尔·拉福的准备工作,几乎考虑到了每个细节。他的生涯设计脉络清晰、步骤合理,充分考虑了个人兴趣、个人素质,并着重职业技能的培养。这种生涯设计在他坚持不懈的努力下,终于变成现实。

学习单元一　职业生涯规划概念

💡 思维导图

学习单元一 职业生涯规划概念
- 一、职业的概念
  - (一)职业的定义
  - (二)职业的特点
- 二、职业生涯的概念
  - (一)职业生涯的定义
  - (二)职业生涯的特点
- 三、职业生涯规划的概念
  - (一)职业生涯规划的含义
  - (二)舒伯的生涯发展理论
  - (三)职业生涯规划的作用

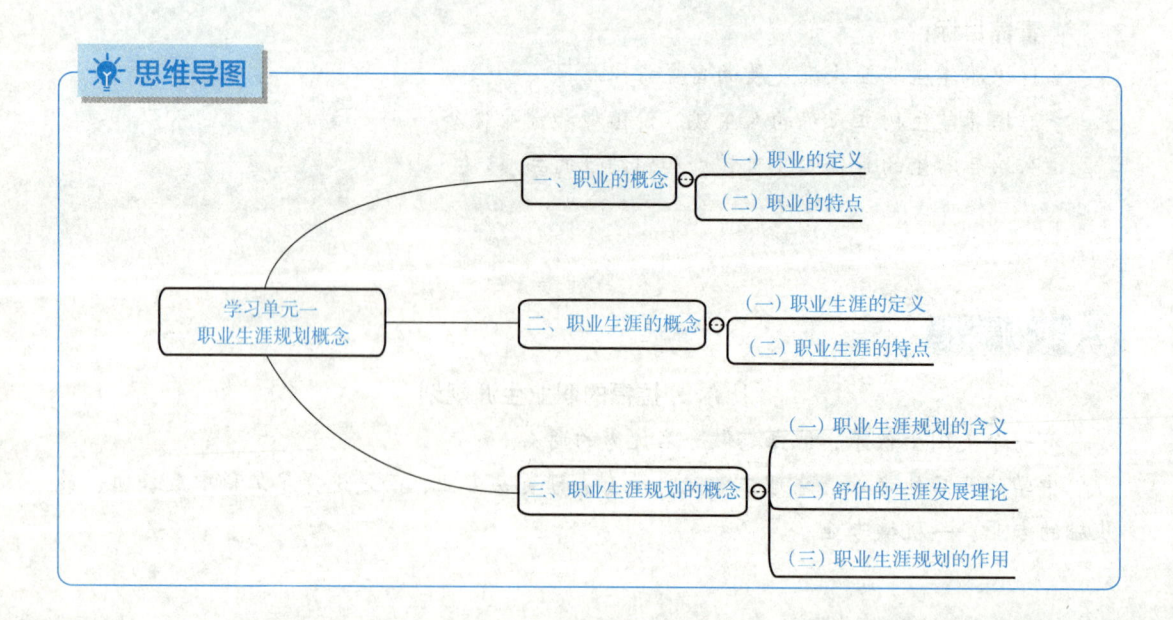

进入大学，很多人会因为处于人生坐标新的原点而感到迷茫。要想在人生坐标中找到自己的位置，走向成功，只有客观认识影响人们的环境，并积极适应或改造这些环境。"知己知彼，胜乃不殆；知天知地，胜乃不穷。"有效的职业生涯规划就是人生的战略谋划，只有正确认识社会、周围环境和自己，才能发现机会和危机，才能有方向和力量，才能度过美好的大学时光。

一、职业的概念

在现实生活中，人们无不与职业活动发生着紧密的联系，职业活动几乎贯穿每个人的一生。人们在生命的早期阶段接受教育与培训，是为将来的职业活动做准备。从青年时期走入职业生涯，到老年最终离开职业岗位，长达几十年，即使退休以后，仍然参与职业活动。因此，职业活动是每个人社会生活中的重要组成部分。

在社会生活中，每个有劳动能力的人都要从事一定的生产劳动或工作，用以维持生活，承担社会义务，促进社会发展。人的社会生活和工作领域是非常广阔的，职业种类极其繁多，但每个社会成员只能在某个领域做某种具体工作，以其有限的生命在有限的空间内占有一席位置——这就是他的职业。

在当代，有人将职业看成"跨越个人一生的相关工作经历"；有人则认为职业是"一个人的工作经历进展过程"；也有人将职业看成"一系列与雇用相关的职位、任务、活动和经验"。人们对职业的认识可谓林林总总，但是对职业的认识不能仅从个人心理的角度来分析，还应该把它放在社会组织范畴中。

（一）职业的定义

从社会学的角度讲，现代的职业是指人们在社会中所从事的相对稳定的作为主要生活的来源，并以此为社会服务和体现自我价值的专门工作。从职业的构成因素看，职业由职业名称、职业功能、职业技能、操作规范、活动领域、知识内容等方面构成。可以说，职业是个人与社会、个体与整体的连接点，个人通过自身的职业活动来推动和实现社会整体的发展目标并索取一定的回报来维持生活。

关于职业概念的标准并不统一。一般来说，职业是指人们从事的相对稳定的、有薪酬的、具有专门类别的社会劳动，是人们在社会中所从事的作为生存手段的工作，是一种承担了某种责任、义务的行业和专门化的活动。从社会角度看，职业是劳动者获得的社会角色，劳动者为社会承担一定的义务和责任，并获得相应的报酬；从国民经济活动所需要的人力资源角度看，职业是指不同性质、不同内容、不同形式、不同操作的专门劳动岗位，它是对人们的生活方式、经济状况、文化水平、行为模式、思想情操的综合反映，也是一个人的权利、义务及职责；从社会生产的角度看，职业是社会分工的结果，是一定的社会分工或社会角色的持续实现。

(二)职业的特点

职业作为个人在社会中为实现主要生活来源而从事的活动,具有以下特点。

1. 专业性

职业是人们从事的专门业务。一个人要从事某种职业,就必须具备专门的知识、能力和特定的职业道德品质,如医生、教师、律师等职业。随着社会的发展和科技的进步,劳动的专业化程度越来越高,职业的专业性越来越强。

2. 技术性

每种职业都有一定的技术含量或技术规范要求。特别是现代职业的科学技术含量越来越高,以至于在从事某一种职业之前,必须经过一定时间,针对某一种特定的职业进行专业知识教育,并进行专业技术技能或操作规程训练。这也正是高等职业技术教育兴起和广泛发展的重要原因。

3. 多样性

随着社会的进步,社会分工越来越细。职业种类越来越多,职业的差别也越来越大,这就导致了职业的多样性。随着生产力的发展,社会产业结构也有较大的改变,随之产生许多新行业,增加许多新职业。

4. 时代性

伴随着时代的发展和变化,新的职业不断产生,某些职业会消失。同一种职业的内容和方式也会发生变化,所以,职业的分工具有明确的时代性。不同的时代有不同的热门职业。

5. 稳定性

一种职业产生后,不是转瞬即逝的,它总是有相当长的存在时期。尽管生产力在不断发展,但职业总是与社会的发展相对应,总是要相对稳定地存在一段时期。相当一部分的职业不因社会形态的更替而更替,能长期稳定存在。

6. 规范性

从事职业活动必须遵从一定的规范,即职业规范。它是社会规范的重要组成部分。社会规范是一个社会或社会群体的成员所共有的行为规则和标准,包括法律条文、组织规章、道德规范、社会风俗、习惯及各种禁忌等。职业规范主要包括人们在就业活动中应遵守的各种操作规则及办事章程,职业道德规范和职业活动中养成的种种习惯,或一些约定俗成非正式的规范。这些职业规范以法律、法规、组织章程和有关条约、守则的方式体现出来。无论职业规范是以何种方式体现,也无论就业者主要从事何种职业,任何职业活动都不是无行为准则可寻的,而是要受一定规范的约束。

7. 差异性

职业的领域非常宽广,种类繁多。我国古代就有"三百六十行"之说,现代职业更是成千上万,并且不断分化出新的职业,每种职业都需要特定的知识和技能。只有符合这些特定的要求,才能胜任所从事的职业。

8．历史性

每种职业的含义不是一成不变的。随着社会生产力和劳动分工的不断发展，特定的社会历史发展阶段，职业的性质和内容是有一定差别的。不同时期会出现不同的职业，相同名称的职业在不同的时期会有不同的内容，某些职业甚至发生了根本的变化。

二、职业生涯的概念

生涯的英文单词是"career"，从字源上看，来自拉丁文字，指古代的战车。在希腊，"career"这个词有"疯狂"的意思，如驾驭赛马。在西方人的概念中，"生涯"这个词意指在马场上驰骋竞技，隐含未知、冒险等精神。在西方，"生涯"强调从事职业的过程。同时，它强调这不是一般的职业，而是一个人终生孜孜追求的事业，并在这个过程中获得人生的意义。生涯与职业的关系非常密切，但是两者并不等同。

从中国的文字学角度来看"生涯"的定义："生"是一棵禾苗，从地上长出来的意思。一颗种子，想要茁壮成长为参天大树，它需要适合的土壤、阳光、空气和水分。人们对自己生涯的关心与培育，就像阳光、空气和水。一个愿意为生涯付出努力和行动的人，人生会较为丰富多彩、生生不息；若是懵懂度日，临老回忆时，可能只有无限的怅惘和悔恨。

早年，"生涯"曾被狭隘地解释为"工作、职业或角色"。不可否认，人们一生中最为重要的时间都投注在所谓的工作上，因此，工作品质直接影响了人们的幸福程度。西方著名哲学家弗洛伊德认为，"工作"和"爱"是人生中最重要的两件事情，因为拥有一份乐在其中的工作，能够使人实现自己的理想和抱负。

实际上，生涯的意义范围要比工作或职业更大。

（一）职业生涯的定义

《现代汉语词典（第7版）》对"生涯"的解释是，"从事某种活动或职业的生活"。

中国职业规划师协会将职业生涯定义为：一个人的职业经历，是指一个人一生中所有与职业相联系的行为与活动，以及相关的态度、价值观、愿望等连续性经历的过程，也是一个人一生学业、职位的变迁及工作、理想的实现过程。在这个重要而漫长的过程中，每个人的职业生涯都会受到教育、家庭、性格、兴趣、价值观、性别、健康状况、环境、机遇等主客观因素的影响。

职业规划大师舒伯认为，生涯是一个人生活中各种事件的演进方向和历程，结合个人一生中各种职业和生活的角色，并由此表现出个人独特的自我发展组型。

总的来说，职业生涯是指个体职业生活的历程，包括职业的维持与变更、职务升迁与职位的变动等。与职业不同，职业生涯是一个发展的概念，是一个动态的过程。它不仅包括一个人的过去、现在和未来那些可以实际观察到的连续从事的职业发展过程，还包括个人对职业生涯发展的见解和期望。

具体来说，职业生涯是以心理开发、生理开发、智力开发、技能开发等对人潜能的开发为基础，以工作内容的确定和变化，工作业绩的评估，工资待遇、职称、职务的变动为标志，以满足需求为目标的工作经历和内心体验的过程。

（二）职业生涯的特点

1. 独特性

每个人从事某种职业的条件是不同的，对未来职业的憧憬是有差异的，对职业评价的角度是不一致的，在职业选择的态度上是多样化的，这就导致了每个人职业生涯的发展历程是独特的。

2. 发展性

职业生涯是一个动态的、变化的、发展的过程，人在不同的发展阶段有着不同的生涯规划和发展任务。

3. 阶段性

每个人的职业生涯发展过程都有着不同的阶段，可分为不同的时期。人在不同的阶段有着不同的目标和发展任务。一般来说，前一个阶段是后一个阶段的基础，后一个阶段是在前一个阶段的基础上发展起来的，各阶段之间呈现递进的关系。

4. 全面性

职业在人的一生中占据了很重要的位置，但是每个人都需要兼顾其他的角色，例如，在家庭中作为子女的角色，在学校中作为学习者的角色，在业余时间作为休闲娱乐者的角色。因此，个人在做职业生涯规划时，需要综合评估、全面发展。

5. 互动性

个人的职业生涯是个人与他人、个人与环境、个人与社会互动的结果。

三、职业生涯规划的概念

职业生涯规划是一门研究人如何在职场中获得更多满意和幸福的学问。最初，生涯理论起源于美国。近百年来，关于职业生涯规划的发展走过了从匹配、适应、发展到主动建构的过程。

1909年，美国学者帕森斯提出了人职匹配理论。人职匹配理论强调人和工作的适配性，职业选择要考察三个方面的因素：一是自我的爱好、价值观、能力、资源、限制条件等；二是不同行业的工作性质、要求、成功要素、优缺点、薪酬水平、发展前景和机会；三是两者的协调和匹配。从此人职匹配成为职业指导中永远不变的核心理念，广泛应用于人们的职业选择。1971年，美国霍普金斯大学心理学教授约翰·霍兰德提出了具有广泛社会影响的职业性向理论。经过测试研究，霍兰德发现了六种基本的职业性向及与之相对应的六种职业类型，即"研究型、艺术型、社会型、企业型、现实型、常规型"。他认为，某种人格类型的劳动者应与其相同类型的职业相结合，即做到"人格—职业匹配"，劳动者也因此能充分调动自己的积极性，发挥自己的才智。

1996年，美国学者克朗伯茨从自我效能的角度提出了职业生涯规划的主动建构理论。他认为，个人信念与期望是职业生涯发展的一个重要组成部分。因此，职业生涯的发展不是一个被动建构的过程，而是一个主动建构的过程。人们可以主动地寻找生活中的"角色榜样和良师益友"，并以此学习有关职业和生涯规划过程的知识。后来，他又提出了偶发事件的理论，提出辨识偶发事件与机会的重要性，人们应该创造、发现生命中的偶发事件，幸运并非偶然，应主动地创造生涯机会。

在生涯理论的演进历程中，美国学者舒伯的职业生涯发展论的理论基础是综合许多流派建立起来的。他以差异心理学的观点来解释职业选择的过程，并将发展心理学与自我概念联结，发展出一个诠释职业生涯发展的概念模式。

（一）职业生涯规划的含义

职业生涯规划是指个体根据职业生涯发展的阶段性特点设定目标，并为实现这一目标而制订的系统实施计划的过程。职业生涯规划的系统化、合理化程度和可行性等因素决定着职业生涯的成功与否。根据职业生涯的阶段性特点，来制订合理的职业生涯规划并逐步推进是非常重要的。

在设计个人的职业生涯规划时，需要注意三点：第一，要尊重自己的潜质及个性；第二，比起外在价值，应更注重内在价值；第三，在设计职业生涯时，要在社会需求的范围内进行。

（二）舒伯的生涯发展理论

舒伯在二十世纪五六十年代提出了"生涯"的概念，于是"生涯规划"的含义不再局限于职业指导的层面。舒伯的生涯发展理论将生涯的过程视为从出生到死亡的历程，包括成长（0～14岁）、探索（15～24岁）、建立（25～44岁）、维持（45～65岁）和衰退（65岁以上）。大学生的生涯发展阶段属于探索期，这个阶段主要的生涯发展任务是从多种机会中探索自我，逐渐确定职业偏好，并在所选定的领域中开始起步。

舒伯的生涯发展理论

在舒伯的职业生涯发展观中，通过生活广度和生活空间两个维度展现了职业生涯发展的各阶段，又通过引入角色理论描述了职业生涯发展阶段与角色彼此交互影响的状态。1979年，他提出了一个更为广阔的观念——生活广度、生活空间的生涯发展观。这个生涯发展观除原有的发展阶段理论，较为特殊的是加入了角色理论，并根据生涯发展阶段与角色彼此之间交互影响的状况，描绘出了一个多重角色生涯发展的综合图形。舒伯将这个生活广度、生活空间的生涯发展图形命名为"生涯彩虹图"，如图1-1所示。

1. 生涯彩虹图的分层

（1）生活广度。在生涯彩虹图中，横向层面代表的是横跨一生的生活广度。彩虹的外层显示人生主要的发展阶段和大致估算的年龄：成长阶段（儿童期）、探索阶段（青春期）、

建立阶段（成人前期）、维持阶段（中年期）及退出阶段（老年期）。在这五个主要的人生发展阶段内，各个阶段还有更小的阶段，各个时期的年龄划分有相当大的弹性，依据个体的不同情况而定。

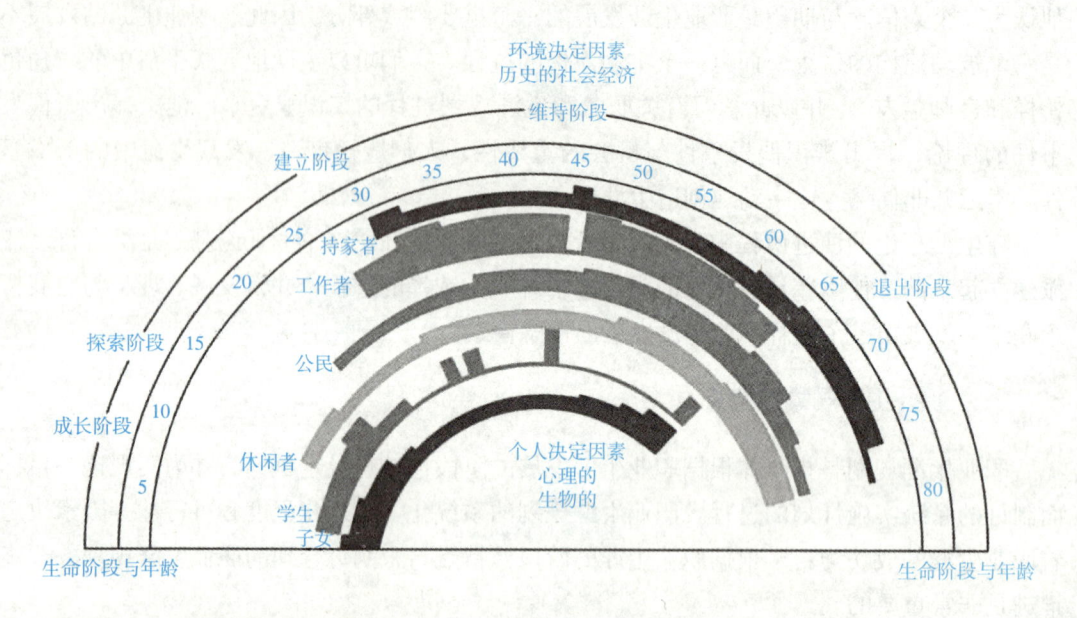

图 1-1 生涯彩虹图

（2）生活空间。在生涯彩虹图中，纵向层面代表的是纵贯上下的生活空间，由一组职位和角色所组成。舒伯认为，人在一生中必须扮演六种主要的角色，依次是儿童（子女）、学生、休闲者、公民、工作者、持家者（夫妻、家长、父母和退休者）。各种角色之间是相互作用的，一个角色的成功，特别是早期的角色如果发展得比较好，将会为其他角色提供良好的关系基础；但是在一个角色上投入过多的精力，而没有平衡协调各角色的关系，则会导致其他角色的失败。

第一层是儿童的角色。儿童角色，其实就是为人子女的角色，因而这个角色一直存在。在早期，个体享受被父母养育照顾的温暖；随着成长成熟，慢慢开始同父母平起平坐；而在父母年迈之际，则要开始多花费一些心力来陪伴、赡养父母。

第二层是学生角色。由于处于现代科技发展日新月异的社会，青年在离开学校、工作一段时间之后，常会感到自身学习已不能满足工作需要，因此需要重回学校以进修的方式来充实自我。也有一部分人甚至等到中年、儿女长大之后，暂离原来的工作，接受更高深的教育，以开创生涯的"第二春"。学生角色在35岁、40岁、45岁左右会重新凸现，正是这种现象的反映。

第三层是休闲者角色。这一角色在前期较平衡地发展，直到60岁以后迅速增加，也许有人会惊讶舒伯把休闲者角色列入生涯规划的考虑之中。其实，平衡工作和休闲是一项非常重要的任务，特别是在如此快节奏、高效率的社会中，休闲是维持人们身心健康的一种重要手段。

第四层是公民角色。大多数人的公民角色从20岁开始，35岁以后得到加强，65～70岁达到顶峰，之后慢慢减退。公民的角色就是承担社会责任、关心国家事务的一种责任和义务。

第五层是工作者角色。这一阶段，学生角色和家长角色都有不同程度的增强。两三年后，学生角色变小，家长角色的投入程度恢复到平均水平，而工作者的角色又被颜色涂满，直至60岁以后开始减少，65岁终止工作者角色。

第六层是持家者角色。这一角色可以拆分成夫妻、父母、（外）祖父母等角色，然后分别作图。家长的角色多数从30岁开始，前几年精力投入较多，之后维持在一个适当水平，一直到退休以后才加强了这一角色。76～80岁几乎没有了持家者的角色。

虽然个体在生涯过程中还可能承担其他角色，但对大多数人来说，上述这些是最基本的角色。在使用生涯彩虹图时，个体可根据自身情况，在此图的基础上进行适当调整。

2. 人生整体发展的三个层面

（1）时间层面：抓住时间即抓住机遇。舒伯提到的时间层面即生涯长度。舒伯按人的年龄将生命历程划分为成长、探索、建立、维持和退出五个阶段，即上面提到的职业生涯发展理论。每个人的生涯发展历程都是一步一个脚印，在每个阶段的基础上前进的，现在的阶段受到过去的影响，同时也为未来做好准备，这些阶段是依序发展的。

（2）领域层面：完成人生角色的转变。生涯的领域层面或范围层面即生涯宽度，是指一个人终其一生所扮演的各种不同的角色。舒伯提出人在一生中主要扮演六种生活角色，不同角色之间互相影响，某一角色的时间和精力投入会影响其他角色的精力投入。这也是生涯彩虹图中呈现的角色凸显问题，也可以反映一个人价值观的追求情况。

（3）深度层面：打破格局的桎梏。深度层面即生涯厚度，是指一个人在扮演每个角色时所投入的程度（生涯彩虹图中用阴影表示，如图1-1所示）。在生涯彩虹图中，纵向层面是由一组角色组成的，分为子女、学生、休闲者、公民、工作者、持家者六种不同的角色。不同角色起始时间不同，在同一年龄阶段可能同时扮演多种角色，因此会有所重叠，在人生的很多阶段里，多种角色交互影响；各种角色在不同阶段彩带宽度不同，表示该角色在这个年龄阶段的权重。在不同的人生阶段，人们所担任的角色权重也会有所侧重，除受到年龄增长和社会对个人发展等因素的影响外，还与个人在各个角色上所花费的时间和感情投入的程度有关。

（三）职业生涯规划的作用

1. 客观准确，评价个人特点和强项

（1）以既有成就为基础，准确评价自我。大学生制订职业生涯规划，有利于自我定位、认识自我、了解自我；明确自己的方向，明确自己的人生目标。

（2）评估个人目标和现状的差距。大学生及早制订属于自己的职业生涯规划是必要的，而制订职业生涯规划也需要遵循一定的原则，对自己的认识和定位也是重要的。在全球化竞争下，每个人都要发挥自己的特长。"知己"十分重要，"知彼"也同等重要。

（3）确立人生的方向，提供奋斗的策略。在校生可以自己找事情做，找出自己特长，并发挥这种特长。从事热爱的工作，这样的人是最幸福和最快乐的，也最容易在事业上取得更大的成功。

2. 扬长避短，定位职业方向与机遇

（1）准确定位职业方向。从学校走向社会，大学生将面对一个全新的世界，能够立足的是所选择的职业，它不仅是生活的基础，更重要的是它体现出每个人存在的价值。因此，大学生对自己将来的职业需要有一个非常明确的定位，知道自己将来要做什么。

（2）发现新的职业机遇。许多大学生刚步入社会后，根本没有考虑到事业的发展，在找工作时一是看哪家单位大，二是看哪家单位能出国，三是看哪家单位待遇高，却并没有考虑到自身的发展问题。所以，大学生需要了解就业市场，科学合理地选择行业和职业。

（3）提高职业竞争力。进行职业规划，针对每个人的特点确立未来发展方向，不断提高职业竞争力，这对一个人的一生格外重要。提高职业竞争力取决于职业生涯设计的过程或方法。总体来说，要加快适应工作，提高工作满意度，使事业成功最大化。

（4）获得长期职业发展优势。大学生要根据职业生涯规划理论与原则及职业成功的标准，掌握职业生涯设计方法，进行准确的自我定位，合理规划职业人生，列出具体措施和日程。通过具有前瞻性的职业生涯设计，减少在人生道路上的徘徊和犹豫，避免浪费时光，为主动迎接未来职业发展的挑战做好充分准备。

3. 优势互补，联系个人、事业与家庭

（1）突破生活的格线，塑造清新充实的自我。人这一生，将扮演数不清的角色：作为原生家庭的一员，你是父母的子女、长辈的后生；长大后，开始进入校园，你成为学生，在求学的道路上砥砺前行；大学毕业，进入职场，你从一个普普通通的职工，慢慢地升职，成为与老板并肩作战的好伙伴、好同事；成家后，你便是一个丈夫或妻子，承担着小家的责任，等待着新生命的到来，进而成为父母；有一天，你也会逐渐老去，成为孩子们的长辈。

（2）重新认识自身的价值并使其增值。人的身份本是多重的，与生俱来的，也便有了多重的责任。一个人生活在社会中，或多或少与周围的一切有着关联，因而有多重角色的扮演。

因此，人们在设计职业生涯目标时，需要平衡各个人生阶段的角色重心，思考清楚自己究竟想要什么样的人生，才能够兼顾生活的各个方面，实现真正意义上的成功人生。

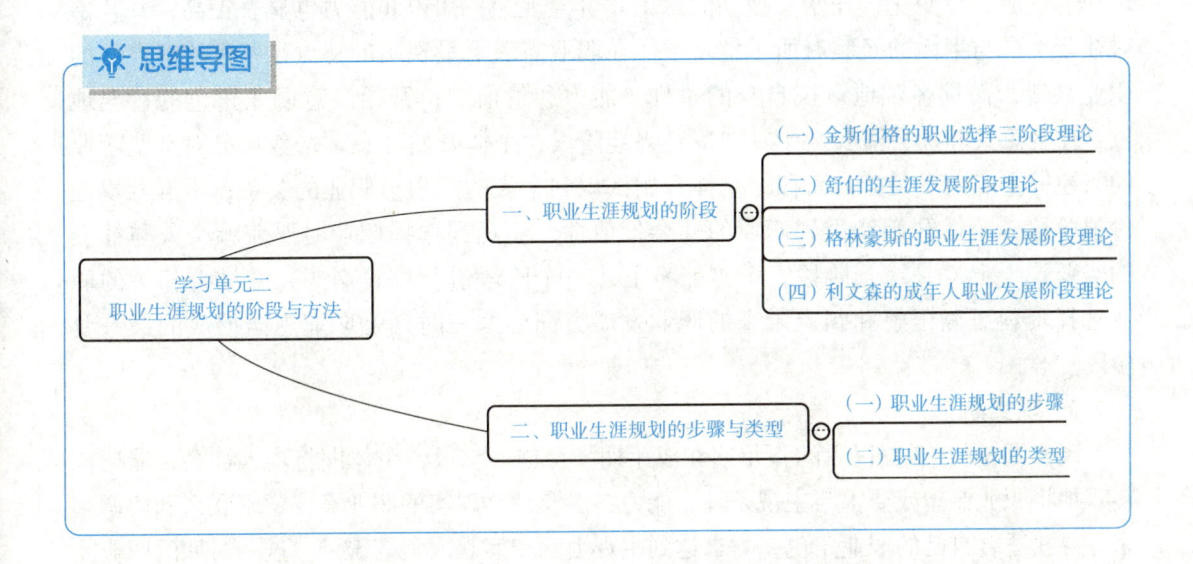

学习单元二　职业生涯规划的阶段与方法

思维导图

- 学习单元二 职业生涯规划的阶段与方法
  - 一、职业生涯规划的阶段
    - （一）金斯伯格的职业选择三阶段理论
    - （二）舒伯的生涯发展阶段理论
    - （三）格林豪斯的职业生涯发展阶段理论
    - （四）利文森的成年人职业发展阶段理论
  - 二、职业生涯规划的步骤与类型
    - （一）职业生涯规划的步骤
    - （二）职业生涯规划的类型

一、职业生涯规划的阶段

职业生涯发展阶段理论是职业生涯规划的重要内容，国内外学者在这方面都有过细致深入的研究。职业生涯阶段划分的特征包括以下几项：

（1）方向性。职业生涯是一个人生活中各种事态的连续演进方向。
（2）时间性。职业生涯发展是一个人一生中连续不断的过程。
（3）空间性。职业生涯以事业角色为主轴，包括了其他与工作有关的角色。
（4）发展性。每个人的职业生涯都有一个发展过程。
（5）独特性。每个人的职业生涯发展都是独一无二的。
（6）现象性。只有当个人寻求它时，它才存在。

（一）金斯伯格的职业选择三阶段理论

美国著名职业发展理论的代表人物金斯伯格（Eli Ginzberg）认为，职业生涯是一个连续的、长期的发展过程。他通过比较美国富裕家庭成员童年期、成年期职业选择的想法和行动的差异，将职业分为幻想期、尝试期和现实期三个阶段。

1. 幻想期

幻想期是指11岁之前的儿童时期。在这一阶段，儿童对他们所看到的或接触到的各类职业工作者充满好奇，对那些引人注目、令人激动的职业充满憧憬。这一时期个体在职业需求上呈现的特点是：许多想法感情色彩浓厚，主要根据自己的兴趣决定职业理想，并不考虑自身的条件、能力水平、社会需要与机遇，处于幻想状态。

2．尝试期

尝试期是指11～17岁由少年向青年过渡的时期。在这一阶段，个体的心理和生理均迅速成长与变化，开始有独立的意识和价值观念，知识和能力也显著提高，并开始对社会生产与生活的经验有所了解。个体在职业需求上呈现出的特点是不仅注意自己的职业兴趣，而且客观地审视自身的条件、能力和价值观；开始注意职业角色的社会地位、社会意义和社会需要。十一二岁是兴趣阶段，个体开始注意并培养自己对某些职业的兴趣；十三四岁是能力阶段，个体开始认识到个人的能力与职业的关系；十五六岁是价值阶段，个体开始认识到职业的社会价值性，注意到选择职业时要兼顾个人与社会的需要；十七岁是综合阶段，个体能将上述三个阶段进行综合考虑，并结合相关的职业选择资料正确了解和判定未来的职业发展方向。这一时期是职业志向形成的最重要阶段。

3．现实期

现实期是指17岁以后的青年期和成年期。在这一阶段，个体即将步入社会，能比较客观地将职业愿望或要求与主观条件、能力，以及社会现实的职业需要紧密联系和协调起来，寻找适合自己的职业角色，力求达到主观因素和客观因素的统一。这一时期的职业需求不再模糊不清，已有具体的、现实的职业志向，表现出的最大特点是客观性、现实性、实际性。现实期可分为三个阶段：一是探索阶段，根据尝试期的结果，进行各种职业探索活动，尝试各种职业机会；二是具体化阶段，根据探索阶段的经历，做进一步选择，此时职业志向已经基本确定，并开始为之努力；三是专业化阶段，个体根据自我选择的目标开始做详细而具体的准备。

（二）舒伯的生涯发展阶段理论

舒伯从人的终身发展的角度出发，根据自己"生涯发展形态"的研究成果，指出人们的职业意识和要求，早在童年时期就已萌芽，随着年龄、资历和教育等因素的变化，人们职业选择的心理也会发生变化。职业发展如同人的身体和心理发展，可分为五个连续的不同阶段，即成长阶段、探索阶段、建立阶段、维持阶段、退出阶段。

1．成长阶段（0～14岁）

成长阶段属于认知阶段。最初的角色是孩童，随着年龄成长，休闲者、学生、工作者的角色占越来越大的比重。这个阶段发展的任务是发展自我形象、发展对工作世界的正确态度并了解工作的意义。该阶段又细分为三个时期：幻想期（4～10岁），以需求为主，尝试各种经验；兴趣期（11～12岁），以喜好为主，形成自我观念；能力期（13～14岁），选择职业以能力为主，了解工作的意义。

2．探索阶段（15～24岁）

探索阶段学生角色是主要的，而公民和工作者角色正在增强。该阶段的青少年，通过学校的活动、社团休闲活动、打零工等机会，对自我能力、角色和职业做了一番探索。这个阶段发展的任务是认知并接受职业选择信息，同时获得有关资料；了解个人兴趣、能力及其与工作机会的关系；认清能力和兴趣相一致的工作领域和阶层；接受训练以培养技能和便于就业，或从事能实现兴趣与能力的职业。该阶段也细分为三个时期：探试期（15～17岁），初步、简单的职业选择，多种职业的抉择；转变期（18～21岁），恐惧工作压力；尝试期（22～24岁），努力寻找合适的工作，面对工作中的挫折。

3．建立阶段（25～44岁）

建立阶段工作者的角色占很大比重，同时配偶、家长的角色越来越明显。该阶段是大多数人工作生命周期的核心部分。由于经过了上一阶段的尝试，不合适者会谋求变迁或做其他探索，因此该阶段较能确定在整个事业生涯中属于自己的职位，并在31～40岁开始考虑如何保住该职位并固定下来。这个阶段发展的任务是婚姻的选择、养儿育女；从经验或训练中获得足够的工作能力；强化和改善职业地位，力求上进和升迁。

4．维持阶段（45～65岁）

维持阶段属于升迁和专精阶段。个体仍希望继续维持属于他的工作职位，同时会面对新的人员的挑战。这一阶段发展的任务是通过在职进修或在职培训以保持技能，维持已有的成就与地位，准备退休计划。

5．退出阶段（65岁以上）

退出阶段属于退休阶段。由于生理及心理机能日渐衰退，个体不得不面对现实，从而积极参与到隐退。这一阶段的主要任务是适应退休生活，发展新角色。

（三）格林豪斯的职业生涯发展阶段理论

金斯伯格和舒伯都是从人生不同年龄阶段对职业的需求和态度的角度来研究职业发展过程与职业生涯阶段的。美国心理学家格林豪斯（Greenhouse）则主要从人生不同年龄阶段职业发展所面临的主要任务的角度对职业发展进行研究，并以此为依据将职业生涯发展划分为五个阶段。

1．职业准备阶段

典型年龄阶段为0～18岁。这一时期的主要任务是发展职业想象力，对职业进行评估和选择，接受必需的职业教育。

2．进入组织阶段

典型年龄阶段为19～25岁。进入组织阶段的主要任务是以应聘者的身份出现在就业市场上，在获取充足信息的基础上，尽量选择一种适合自己且各方面都较为满意的职业。

3．职业生涯初期

典型年龄阶段为26～40岁。这一时期的主要任务是学习职业技术，提高工作能力；了解和学习组织纪律与规范，逐步适应工作，融入组织；为未来的职业成功做好准备。

4．职业生涯中期

典型年龄阶段为 41～55 岁。这一时期的主要任务是重新评估早期职业发展历程，强化或修改职业志向，作出成年中期的合理选择，在工作中继续保持较强的工作能力。

5．职业生涯后期

典型年龄阶段为 56 岁直至退休。这一时期的主要任务是继续保持已有职业成就，维护尊严，准备隐退。

（四）利文森的成年人职业发展阶段理论

利文森（Levinson）是美国研究职业生涯的著名学者，其研究重点是成年人的职业发展。利文森将职业生涯发展划分为六个阶段，即拔根期（16～22 岁）、成年期（23～29 岁）、过渡期（30～32 岁）、安定期（33～39 岁）、潜伏的中年危机期（40～43 岁）和成熟期（44～59 岁），见表 1-1。

表 1-1　利文森职业生涯六个阶段

年龄阶段	生涯阶段	主要任务
16～22 岁	拔根期	多数人离开父母，争取独立自主，力求寻找工作，实现经济上的自我支持
23～29 岁	成年期	寻找配偶，建立家庭，做好工作，搞好人际关系
30～32 岁	过渡期	进展不易，忧虑较多，很多人改变工作和单位，以求新的发展
33～39 岁	安定期	有抱负、希望成功的人将专心致志地投入工作，以求有所创新，取得成就
40～43 岁	潜伏的中年危机期	对于大部分人来说，工作变动性降低，意识到年轻时的抱负很多没有完成，获得生涯进展和改变方向的机会已经不多
44～59 岁	成熟期	对职业的重大问题感到满意时，往往会满足于现状，希望安定下来，抱负还有，但水平不及中年时高

二、职业生涯规划的步骤与类型

（一）职业生涯规划的步骤

一个系统的职业生涯规划应包含六个基本步骤，即觉知与承诺、自我探索、探索工作世界、决策、求职行动、再评估（图 1-2）。大学生在制订个人职业生涯规划时可参照这些步骤和方法进行。同时，要明白职业生涯规划必须根据个人的实际情况具体制订，职业生涯规划不是一步到位的，而是需要不断地进行调整，如同螺旋一般循环上升。

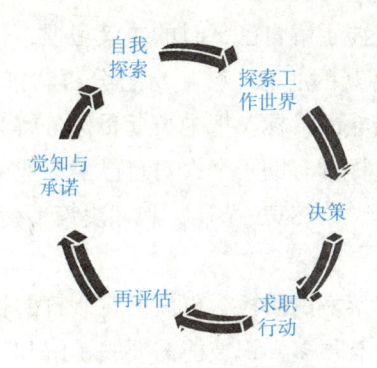

图 1-2 职业生涯规划步骤图

1. 觉知与承诺

在这个阶段，大学生需要阅读、听取职业生涯规划的相关信息和案例，了解职业生涯规划的基本情况，意识到职业生涯规划对于个体发展的重要意义，需要觉察到现在进行职业生涯规划或进行再规划（规划的调整和完善）的必要性；愿意花费时间规划自己的职业生涯，愿意为自己制订的规划付出努力去实践。另外，还要明白职业生涯规划是一个过程，未必立竿见影，需要有一个合理的预期，以及在此过程中给自己内心强大的支撑。

2. 自我探索

职业生涯规划是对自我个体职业发展的规划。只有通过全面分析、了解自我，才能作出适合自己的职业生涯发展选择，这是职业生涯发展重要的一步。对自我的认识主要包括了解自己的人格特质、兴趣爱好、价值观、现有技能、能力倾向等。

"不识庐山真面目，只缘身在此山中。"有时候个体对自我的认识只是片面或表面的，因而在认识自我的时候，一方面可以通过自己的反思进行自我剖析，或者借助家长、教师、同学对自己进行分析评价；另一方面还可以借助专业的职业测评软件进行测试评定，多方位、多角度、综合性地认识自己。

3. 探索工作世界

职业世界对高校大学生而言是相对陌生的，而且工作世界信息浩如烟海。大学生的探索需要循序渐进，首先可以通过参加一些讲座、社会测评中推荐的相应职业，初步形成自己预期的职业库；然后通过职业分类的方法探索工作世界，如参考工作世界地图、《中华人民共和国职业分类大典》，查询网站，查询了解到相应的职业信息，包括职业描述、工作内容、教育背景、工作环境、职业前景、职业核心要求、薪酬待遇、知名公司等；最后通过生涯人物访谈、社会实践、企业实习等方法近距离感知和体会工作世界。

4. 决策

决策是在综合整理面对自我世界和工作世界认识的信息基础上，进行选择设定，包括对职业生涯目标的选择和实施路线的选择，这是职业生涯规划最为关键的一步。在决策的过程中，会遇到一些取舍两难问题、风险与责任的压力，这对尚未进入职场的大学生而言是一个非常好的历练机会。

15

决策的时候，大学生首先要了解自己平时的决策习惯，正视自己关于生涯的非理性观念，尽可能保持一种平衡、客观的心态，然后综合分析"自我"和"工作世界"，在两者之间选择适合自己职业生涯奋斗的目标。把中长期目标分解为一个个小的短期目标，就有了具体的行动计划和步骤，这样做有助于个人对自己的职业生涯发展进行管理。决策的时候可以使用职业生涯规划工具"CASVE 循环"和"决策平衡单"。

5. 求职行动

行动是将全部探索和思考落实的阶段，也就是将制订的目标和具体措施一一落实的阶段。大学生还处于学习阶段，有很多知识技能需要去了解和积累，初入职场的大学生要主动探索职场世界、制作简历、参加求职面试等，而每个阶段的职业生涯目标的落实都将对大学生个体职业生涯的发展产生重要的意义。

大学生的职业生涯中要按照规划落实的行动内容还是非常丰富的，因而对于大学生来说，一方面需要强大的自我心理和必要的他人监督来支持自己坚持下来；另一方面还要学会使用职业生涯规划工具"时间管理"，来合理地安排自己的时间，使规划的内容中既有实在的行动也有放松的休闲。

6. 再评估

职业生涯规划涉及人和工作世界的方方面面，由于任何人或事物都是在运动中变化的，因而职业生涯规划需要进行及时的评估和调整。对于大学生群体来说，他们的人生观、价值观都处于形成阶段，会随着对社会认识和生命意义理解的加深而改变；同样，他们眼中的工作世界也经历着信息时代的快速变迁，有可能原来的规划不再适合当下的自己或原来的规划有些不尽如人意的地方，需要进行再次的生涯探索，修订生涯规划。在这个过程中，还需要做好个人职业生涯规划档案的管理，每次再循环启动、规划调整和修订都意味着一次成长，以自我历史为鉴能更好地保障职业生涯的健康顺利发展。

（二）职业生涯规划的类型

美国著名职业心理学家施恩研究提出了"职业锚"（又称职业定位）的概念，他认为职业生涯发展实际上是一个持续不断的探索过程，随着一个人对自己越来越了解，这个人就会越来越明显地形成一个占主导地位的职业锚。

在职业心理学中，职业锚实际上就是人们选择和发展职业时围绕自己确定的中心。一个人对自己的天资和能力、动机和需要以及态度和价值观有清楚的了解后，就会意识到自己的职业锚，从而作出某种重大选择。

施恩根据对麻省理工学院毕业生的研究，提出了八种基本的职业锚类型，如图 1-3 所示。

1. 技术/职能型

技术/职能型的人追求在技术/职能领域的成长和技能的不断提高，以及应用这种技术/职能的机会。他们对自己的认可来自他们的专业水平，他们喜欢面对专业领域的挑战。他们通常不喜欢从事一般的管理工作，因为这意味着他们不得不放弃在技术/职能领域的成就。

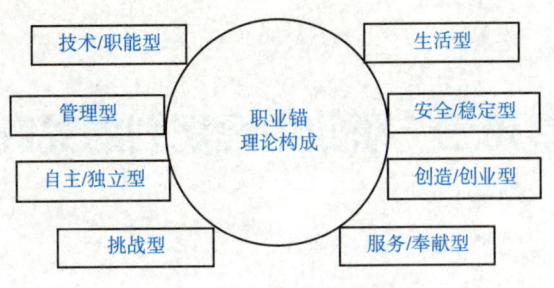

图 1-3　职业锚的类型

2. 管理型

管理型的人追求并致力于工作晋升，倾心于全面管理，独立负责一个部分，可以跨部门整合其他人的努力成果。他们想承担整体的责任，并将公司的成功与否看成自己的工作，具体的技术/职能工作仅仅被看作通向更高、更全面管理层的必经之路。

3. 自主／独立型

自主／独立型的人希望随心所欲地安排自己的工作方式、工作习惯和生活方式，追求能施展个人能力的工作环境，最大限度地摆脱组织的限制和制约。他们宁愿放弃提升或工作发展的机会，也不愿意放弃自由与独立。

4. 挑战型

挑战型的人喜欢解决看上去无法解决的问题，战胜实力强硬的对手，克服无法克服的困难障碍等。对他们而言，参加工作的原因是工作允许他们去战胜各种不可能，他们需要新奇、变化和困难。如果事情非常容易，他们会变得厌烦工作。

5. 生活型

生活型的人希望将生活的各个主要方面整合为一个整体，喜欢平衡个人的、家庭的和职业的需要。因此，生活型的人需要一个能够提供"足够弹性"的工作环境来实现这一目标。生活型的人甚至可以牺牲职业的一些方面。相对于具体的工作环境、工作内容，生活型的人更关注自己如何生活、在哪里居住、如何处理家庭事务及怎样自我提升等。

6. 安全／稳定型

安全／稳定型的人追求工作中的安全感与稳定感，他们因为能够预测到稳定的将来而感到放松。他们关心财务安全，例如，退休金和退休计划。

7. 创造／创业型

创造／创业型的人希望用自己的能力去创建属于自己的公司或创建完全属于自己的产品（或服务），而且愿意去冒风险，并克服面临的障碍。他们想向社会学习并寻找机会，一旦时机成熟，他们便会走出去创立自己的事业。

8. 服务／奉献型

服务／奉献型的人一直追求他们认可的核心价值，例如，帮助他人，改善人们的安全，通过新产品消除疾病等。他们一直追寻这种机会，这意味着即使变换公司，他们也不会接受不允许他们实现这种价值的变动或工作提升。

学习单元三　职业生涯规划的关键因素

> **思维导图**
>
> 学习单元三 职业生涯规划的关键因素
> - 一、职业素质
>   - （一）职业素质的含义
>   - （二）职业素质的内容
>   - （三）员工必备的基本素养
> - 二、职业技能
>   - （一）创新能力及其培养
>   - （二）团队精神及其培养
>   - （三）学习能力及其培养
>   - （四）实践能力及其培养
>   - （五）沟通能力及其培养
>   - （六）处理问题能力及其培养
> - 三、专业素养
>   - （一）专业素养的含义
>   - （二）专业素养的培养

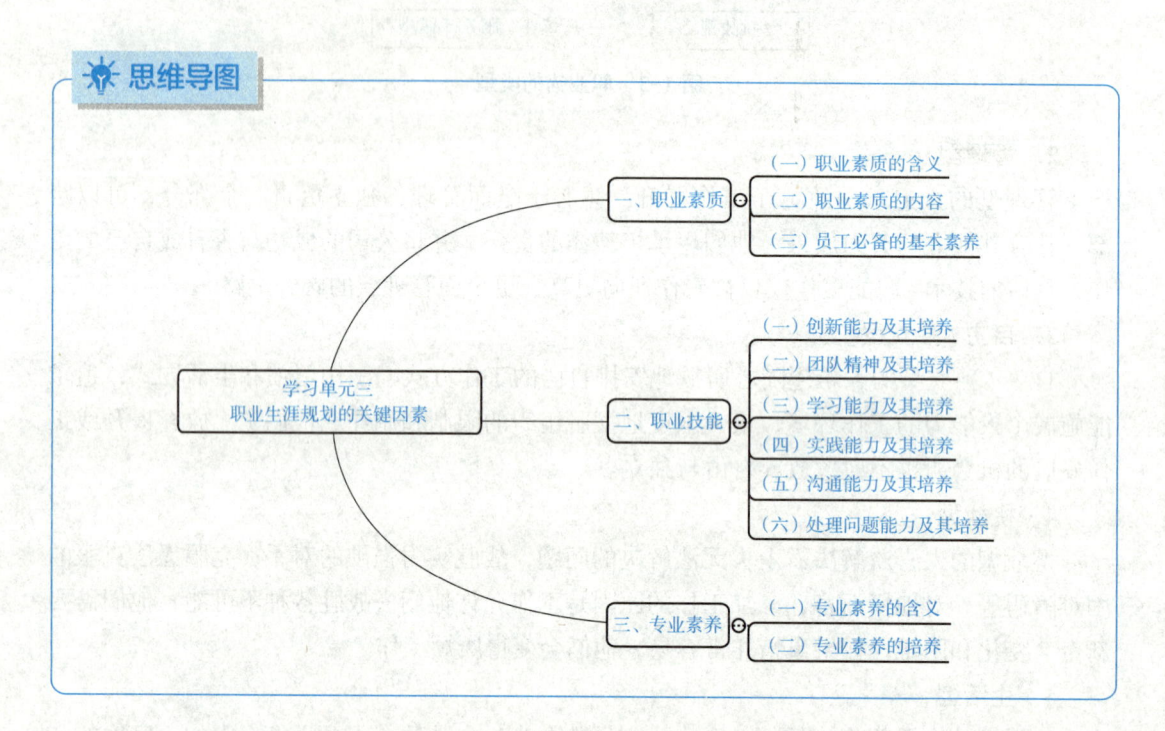

一、职业素质

提升职业素质的过程，也是大学生逐步实现社会化的过程。用人单位对应聘者的职业素质需求，对大学生发展有着很好的导向作用。

（一）职业素质的含义

职业素质是人类在社会活动中需要遵守的行为规范。个体行为的总和构成了自身的职业素质，职业素质是内涵，个体行为是外在表象。职业素质概念很广泛，专业是第一位，敬业和道德是必备的；体现在生活中的就是个人素质或道德修养。

（二）职业素质的内容

1．职业信念

"职业信念"是职业素质的核心。职业素养包含良好的职业道德、正面积极的职业心态和正确的职业价值观意识，是一个成功职业人必须具备的核心素养。良好的职业信念应该由"爱岗、敬业、忠诚、奉献、正面、乐观、用心、开放、合作及始终如一"等关键词组成。

2．职业知识技能

"职业知识技能"是做好一个职业应该具备的专业知识和能力。俗话说"三百六十行，行行出状元"，没有过硬的专业知识，没有精湛的职业技能，就无法把一件事情做好，就更不可能成为"状元"了。

各个职业都有各个职业的知识技能，每个行业也有每个行业的知识技能。总之，学习提升职业知识技能是为了把事情做得更好。

3．职业行为习惯

职业行为习惯就是在职场上通过长时间的学习改变最后成为习惯的一种职场综合素质。

信念可以调整，技能可以提升。要让正确的信念、良好的技能发挥作用就需要不断地练习，练习，再练习，直至成为习惯。

(三) 员工必备的基本素养

文明礼貌，注重礼仪礼节应该是最基本的素养。在工作和生活中，每个人都希望得到别人的尊重，要做到这点，就要先尊重别人。尊重别人需要做好的第一件事就是在交往接触中注意礼仪和礼节。具体包括以下几点。

1．使用文明用语，言谈举止得体

如需要别人的帮助或要打扰别人，就应该先说一声："你好！"或"不好意思，打扰了！"

2．着装得体

标准的着装也是对别人的尊重。在职业交往中，个人形象十分重要。

3．微笑和赞美他人

在与顾客和同事交往时，如果能保持适宜的微笑，会让人觉得你很重视他，从而激发他的合作精神。在恰当的时候赞美别人，往往能赢得别人的主动合作，也能维持良好的人际关系。

4．学会包容，宽厚待人，不自以为是

在与人交谈时，要注意倾听别人说话，理解对方要表达的意思，如果无法理解，一定要平心静气，包容别人的缺点。只要你宽厚待人，就能引导别人完整地将问题表述出来，从而减少矛盾的产生。许多矛盾往往是由自以为是引发的。

5．学会表达技巧

在谈话中应注重艺术性。为了使自己时刻生活在快乐中，让自己无论工作和生活都能做到和谐，尽量避免产生矛盾，就必须学会一些表达技巧。例如，当你谈到别人不愿意谈的事情，而又不可避免必须谈时，那就需要委婉的语气，使对方能够接受，不至于难堪。

6．团队精神

团队精神应该成为企业员工一个最基本的信念。每个人都必须明白它的重要性。个人的成功都是建立在其他人成功的基础上的，只有帮助他人才能帮助自己成功。

团队精神的关键就是融合，一个人，无论有多么聪明，无论多有才华，其力量总是有限的。只有集大家的力量才能做成大事，企业要发展，个人要成功，也只有靠团队。企业将许许多多的人集合起来，然后进行整合，整合好的团队，赋予健康的企业文化，就能做到融合。这个融合是指企业的组成人员有着共同的宗旨、共同的使命、共同的理念，为着共同的目标，向着共同的方向共同努力。

一个团队里，人与人之间最忌自我设限，欠缺协调能力。协作是团队精神的实质。许多人组合在一起，能力有大有小，个人的专长和专业各不相同，如果不懂得协调，不相互取长补短，就毫无战斗力可言，也就谈不上团队精神了。

7．责任感、主动性

"思想决定行动，行动决定习惯，习惯决定品德，品德决定命运。"这是一句在企业间流传很广的名言。一个人的命运好坏就是从他的思想、他的性格开始的。也有人说："性格左右命运，气度影响格局。"的确如此，一个人有好的思想会触动他正确的行为，养成良好的习惯，形成健康的文化，不但能使他个人成功，而且能影响到他周围的人。这种好的思想最原始的就是责任感和主动性。敢于承担责任的人不会害怕犯错误，但也敢于检讨，他会踏踏实实地工作，勤勤恳恳地劳动，做错了，就及时改正，绝不自以为是。

8．公私分明

公私分明是每个工作者的基本品德要求，也是中华民族的传统美德。某些人腐化堕落、贪污盗窃等，并不是一开始就是这样，而是刚开始时公私不分，一步一步走向深渊而不能自拔。

9．掌握技能

无论从事什么样的工作，都必须掌握一定的工作技能。如营业员或业务员，一定得知道一些推销知识。即便是简单的应酬，也需要一定的谈话技巧，更不用说那些专业性的、技术性的工作。可以想象一下，如果企业里某个员工缺乏其所负责工作的相应技能，那他不但不能为该企业做贡献，而且会拖企业的后腿。

10．注重节约、杜绝浪费

勤俭节约是一种传统美德。对于企业来说，节约可以杜绝铺张浪费的习气在企业中滋生。注重节约、杜绝浪费是一个敬业员工的基本素质。

11．整洁卫生

整洁卫生不仅是为了外表，更重要的是使工作具有条理性，做不到这一点，工作很难井井有条。例如，有些人在工作时，经常找不到自己所需的文件，或者所用的工具，工作间凌乱不堪，这不仅影响形象，还直接影响效益。很多企业在推行5S运动，这个运动的内容就是"整理、整顿、清洁、清扫、素养"，不难看出，整洁卫生是核心所在，它的目的就是使工作程序化、条理化、简单化。所以，养成良好的整洁卫生习惯，是每个员工必须遵从的。

12．树立责任意识

（1）工作要有责任感。工作实质上就是在履行一种契约，责任感就是对契约的遵守和敬畏。具有高度的责任感，才会促使一个人不仅准确无误地去完成工作，而且完成得比要求的目标还出色；才会在完成工作的过程中没有怨言，充满着自豪和荣耀，真正感受完成工作职责的快乐感。责任让人们做事更稳重，让人们决策更谨慎；责任感让人变得无私无畏，责任感让人们获得不断进取的动力。

（2）工作要有敬业精神。人们常常认为只要准时上班，按时下班，不迟到，不早退就是敬业了。其实敬业所需要的工作态度是非常严格的，它是落实在工作中的点滴事情上的。无论一个人从事何种职业，都应该长存责任感，坚守职业操守，在工作中表现出尽心尽责的精神，这才是真正的敬业。

（3）工作要主动。工作就意味着责任，而责任是人分内应做之事。工作中的主动性体现在主动去做自己工作职责内的事情而不是等待或让人督促。

（4）工作要有能力。责任包含"责任力"就是具有完成工作职责的能力。不仅要以完成自己的岗位职责为目标，更要树立创造绩效高于岗位职责的理念，真正体现"责任力"的重要内涵。

（5）工作要落实。落实体现了责任和境界，反映了能力与作风。落实的方法措施层层都有，落实的行动却因人而不同。

（6）工作要坚持原则。要勇于承担职位赋予的责任，按时按质完成各级领导布置的工作，并对所做工作的结果负责。要将矛盾和问题解决在萌芽状态，解决在自己手上，决不推诿；要尽量避免让领导修改"作业"、收拾烂摊子。

13．学会做好小事

一般要放低自己，从小事做起。现在一些大学生刚出校门，用人单位安排从基层做起，从小事做起，他们就很不愿意，认为这很屈才，没有工作热情，影响自己职业生涯的发展。成功有一个积累的过程。每个人都应从最基础的工作做起，从一点一滴的小事做起，不断地提高自己的能力，为自己的职业生涯积累雄厚的实力。卡耐基认为，成功人士和平庸之辈的差别，就在于前者注重积累，注意利用身边的每件小事锻炼自己，将生活中一个个平凡的目标当成自己实现卓越的阶梯。人与人之间的差别，往往就在一些细小的事情上，从而决定了不同的人具有不同的命运，细节决定成败。

学会做好小事从以下几个方面努力：

（1）关注小事。如寝室卫生工作，这是大家都会做的小事，但不少大学生不关心、不重视、不愿做，寝室出现了脏乱差的现象，有损自己的形象。如果每天能自觉认真搞好寝室卫生，坚持把这件小事做好，就会养成良好的卫生和生活习惯。

（2）平常心做平常事。以平常之心对待平常之事，脚踏实地。

（3）做好小事才能做大事。能把小事坚持做到最好，必须具备一种锲而不舍的精神、脚踏实地的作风、坚定不移的信念，最后才能做好大事，获取成功。

二、职业技能

（一）创新能力及其培养

在当今社会急剧变迁的市场经济时代，大学生要想在激烈的竞争中谋得自身发展，不仅需要有创新意识，还必须具有创新能力。创新能力不仅是衡量大学生是否成才的重要指标，也是各用人单位选人用人的重要条件之一。

一般来说，一个单位创新的方面包括思维创新、产品创新、技术创新、组织与制度创新、管理创新、营销创新、文化创新等。为了适应创新的需要，大学生在平时学习生活中应充分利用自身的条件，努力培养自己的创新意识、创新思维，塑造创新人格，积累创新知识。对于正处于人生黄金阶段的青年大学生来说，培养自己的创新能力有着得天独厚的有利条件。有研究表明，一个人在20～30岁是最富创新能力、最容易出成果的时期。这是因为这一年龄段的人一般思维较为活跃，富有朝气、感觉敏锐，有自己独特的见解与想法，有很强的求新意识，这些特点与创新的要求是高度契合的。创造性素质和创新能力要在综合各种基本能力的基础上才能形成，对大学生创造性素质的要求具体地反映在自学能力、观察能力、独立思考能力、科学研究能力、表达能力、鉴别审美能力、自我调控能力、社会交往能力、实际操作能力、组织管理能力十种基本能力上。

大学生应积极参与科研创新活动，如学术课题研究小组、各类专业协会及学科兴趣小组等，参加专业特点突出的学生课外学科竞赛、科技和科研活动及创造发明活动。

（二）团队精神及其培养

大学生培养团队合作精神应抛弃个人主义、自私自利的观念，学会在日常学习生活中，有目的、有计划地参与各种竞赛、学生社团、体育运动、科技文化艺术节等集体活动。在活动过程中自觉加强纪律观念和大局意识，培养团队意识和良好协作精神；要有主人翁精神，将个人利益与集体利益相结合；掌握与人交流和沟通的艺术。

（三）学习能力及其培养

学习能力就是从学习中获得知识的能力，是在环境和教育的影响下而形成的概括化了的学习经验。学习能力的高低制约着学生掌握知识技能的快慢、深浅、难易、巩固和运用程度，是学生可持续发展的重要能力。

大学生培养自己的学习能力首先应该养成独立学习、独立思考、独立做实验、独立设计的习惯，唯有如此才能把已知的东西"消化吸收"，将其变成"营养"充实自己；其次，要养成读书的习惯，认真学好学精专业基础课程，科学安排课程，可以使大学生少走弯路；再次，还要注意多参加各类社会实践，才能获得从书本中无法获得的操作能力；最后，还要在学习过程中摸索适合自己的学习方法，提高学习效率。

(四）实践能力及其培养

大学生不仅要注重自身知识的积累，而且要加强实践能力的锻炼，如果不能将知识转化为一种分析问题、解决问题的能力，那么积累知识将会失去意义。大学生在校期间学习到的东西毕竟有限，很多知识和能力需要在工作实践中学习、锻炼和提高。

积极参加勤工助学、志愿者、兼职、实习等社会实践活动，一方面可以增强自身艰苦奋斗、自强自立的意识；另一方面可以接触社会，将自己所学的知识用于实践。只有在社会中真正去感受、去实践，才能让自己多了解和接触实际的工作现场环境，了解社会对职业的要求，寻找自我价值实现和社会需求的结合点。

（五）沟通能力及其培养

对于工作而言，任何一件事情都不是独立完成的，而是要与团队中的其他人共同完成。在完成工作的过程中，要不断地与同事达成共识，而沟通能够帮助人们达成共识。

1．沟通的基本内涵

沟通是为了特定的目标，将信息、思想和情感在个人和群体之间传递，并达成共同协议的过程。沟通就是信息不断在双方之间进行交换，最后达成共识的过程。

2．有效沟通的技巧

沟通技巧就是以合适的方式进行信息和情感的交流，以便与对方达成共识。在沟通中，要学会倾听，切忌中途插话或打断他人，否则会被视为不礼貌和缺乏修养。无论什么时候，倾听都显示出一个人的职业素养，学会倾听是一种美德，一种修养，一种气度。工作中的很多问题是由于不善于谈话造成的。正确的做法应该是时不时地看看对方的眼睛，适时地给对方一些回应。

（六）处理问题能力及其培养

学会处理问题是一个人立世和成事的根本。善于处理问题是一个人综合素质的集中体现，是实践能力的核心，更是职业能力的重要组成部分。学会处理问题可以改善自己的生活环境、工作环境，乃至心理环境。要提高这种能力不是朝夕之功，而是一个平时积累的过程，可以从以下两个方面着手：

（1）面对问题时不慌张，从辩证的角度来分析问题产生的原因和可能造成的后果。问题出现后，可以向别人求助，但要明确自己才是解决问题的主体。因此，遇到实际问题时，要学会独立思考、仔细分析、冷静全面地寻找问题的症结。

（2）处理问题时不怯场，讲究策略，运用自身的各种知识进行合理、科学的处理。不同的问题处理的方法也会有所不同，要学会区别对待、灵活化解，善于学习和倾听，以平等、宽容、适度为原则，提高分析问题、处理问题和解决问题的能力，以负责任的态度来解决遇到的问题。

三、专业素养

(一) 专业素养的含义

大学生的专业素养是指大学生掌握的专业理论知识、解决实际问题的技能及专业能力的内化所形成的一种相对稳定的、能较出色地从事专业工作的品质。大学生的专业理论知识主要有本学科专业理论知识、跨学科专业理论知识和综合交叉学科理论知识三大领域。

专业能力是运用专业知识分析问题和解决问题的能力，包括阅读、资料查阅、写作、社会调查、观察、运算、试验、自学等方面的能力。专业素养反映了人们在某种职业活动中运用专业知识、专业技能解决工作实际问题的水平。

1. 专业知识

无论何种专业素养都需要一定的专业知识作为依托，不同的职业所要具备的专业知识也不同。这里的知识不完全等同于学历，它可能来自课堂，也可能来自工作实践。例如，作为教师，不仅要掌握所教学科的文化知识，还要了解教育学、心理学、社会学、文学等方面的知识；作为金融单位的员工，不仅要懂得经济学、金融学，还要掌握货币学、消费心理学等多方面的知识；从事组织人事管理工作的公务员，则应熟悉人力资源开发与管理方面的专业理论、政策法规和相关的专业知识。专业知识的学习在专业素养中占有重要的地位。

2. 专业技能

专业技能是指依据专业培养目标，通过一定的学习、实践训练，使学习者熟练掌握并运用的专门技术及能力。专业技能可分为基础技能和专门技能。

（1）基础技能。基础技能是指从事专门职业所必须掌握的最基本技能。以师范生为例，无论是历史、中文，还是数学或物理专业的学生，作为未来的教师，都应具备基础的教学技能，如表述技能、书写技能、信息处理技能等，即要有标准的普通话和良好的语言表达能力、扎实的三种笔字（钢笔、粉笔、毛笔）、简笔画基本功及应用现代教学媒体的能力等。

（2）专门技能。专门技能是指从事某种职业所必须掌握的某项或几项特殊能力。专门技能是在基础技能的基础上进一步发展起来的能力。例如，教师除掌握了基础技能外，在课堂上还应有教授技能、提问技能、沟通技能、练习指导技能、课堂组织技能等多种技能。专门技能的高低决定了择业顺利与否，也决定了未来事业的成败。

3. 专业素养

专业素养是通过学习和训练而获得的，是指能够胜任某项长期任务所必需的专业知识和专业技能，主要是指掌握知识的能力及运用知识的熟练程度和准确程度等。不同的职业、不同的工作岗位，对于专业素养的要求是不同的。例如，公务员要求具有从事行政工作的专业素养，如判断推理、资料分析及文字表达能力等，同时，还要求对行政理论、办公规则、工作惯例、时事政策等有透彻的了解。

（二）专业素养的培养

专业素养的培养和提升是社会的需要，也是大学生顺利就业的根本保证。

1．构建能力优势

建立一个合理的能力结构，其目的是使学生在工作中更好地发挥作用，把自己的聪明才智有效地贡献给社会。分清楚能力要素的需求程度和轻重缓急，才能将各种能力有效地集中在一个方向上，以形成能力优势。

2．提升专业素质

大学生要具备过硬的专业知识、专业技能和职业技能。大学生要努力夯实自己的知识，尽可能理论联系实际，加强实际操作、试验、实习和模拟训练，提高自身分析问题、解决问题，以及综合运用专业知识进行创新的能力。

3．强化技能训练

大学生在校学习的目的主要是获取知识，并将其活化为相应的能力，知识并不能直接转化为能力，它必须借助技能来实现。技能是通过训练形成和固定下来的完善了的动作系统，如生产操作技能、试验操作技能、体育运动技能、工具使用技能等。现代社会对人才的要求越来越高，不仅要有丰富的理论知识，还要有专业技能、职业技能。

4．强化实践

能力的发展离不开实践。实践是将知识转化为能力的外部条件，是能力生长的土壤。大学生必须深入社会参与实践锻炼才能真正将专业知识、专业素质转化成专业技能。常用的实践途径有以下四种：

（1）利用寒暑假参加由学校组织的集体社会实践，如大学生科技、文化、卫生"三下乡"活动等。这种形式相对集中，组织性强、目的性强，缺点是对参与的学生数量有限制。

（2）利用假期自发参加社会实践、调查，可以采取小团队和单人等模式，由学校提供介绍信、主题指导和效果评估。这种模式比较自由。

（3）参加课程见习、工厂实习、职业技能实训、毕业实习等实践活动。这类实践活动由学校组织专业教师带队、指导，是常规教学和实践项目。除毕业实习效果较好外，其他几种实践活动形式，如果缺乏目的性和主动性等，就较易流于形式，变成"旅游观光"。

（4）深入企业单位顶岗实习，以双重身份参与工作和学习，这样既可以学习专业理论知识，又可以了解第一手的市场信息，获得技术、工作经验。这种实习和就业相结合的方式，能够增加用人单位和求职者的相互了解，对就业有着相当重要的促进作用。

5．挖掘和培养与众不同的专长

专长是指个人具备而周围其他人却不具备的优势或长处。专长是一个相对概念，通俗地说专长是指做得特别好的事情，而这样的专长，每个人往往只能掌握一项或极少的几项。如何通过自己的努力，达到"人无我有，人有我优，人优我强"，并以此从竞争中脱颖而出，对于大学生而言，是问题的关键。

6. 借助社会力量提高专业素质

随着我国人才评价制度逐渐与国际接轨，我国职业准入制度已初步确立，职业资格证书成为人们择业的"通行证"。应用型科学技术人才应具有较强的实践能力和应用能力，通过技能训练和职业资格证书考试，可以提高学生的职业规范、操作水平、多种岗位的适应能力，以及实际工作能力。大学生要有意识地根据自身的专业、爱好、就业方向，积极参加相关专业职业技能培训，在短时间内快速提升自己，积累更多、更丰富的经验，提升自身的就业实力和就业层次，从而使自己尽可能地满足用人单位职业资格证化、规范化的专业标准，顺利实现就业，提高就业质量。

▶ 课堂实训

生涯量量看

请利用生涯意识唤醒金字塔，配套使用实训项目工具，根据以下步骤，开展学生生涯意识唤醒活动。

第一步：请将本页下方的生涯量尺裁下。
第二步：请根据您个人的寿命预期，裁去预期寿命后的量尺。
第三步：请观察您剩下的生涯量尺，用折痕分成学涯、职涯、退休三个阶段。
第四步：请想象您的生涯愿景，包括您是谁？在哪里？做什么？什么状态？
第五步：根据生涯愿景倒推您应该如何利用当下的时间？

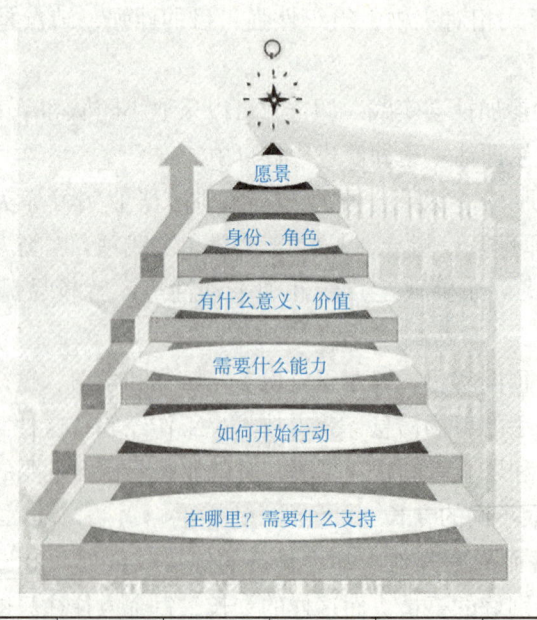

金字塔层级（从上到下）：
- 愿景
- 身份、角色
- 有什么意义、价值
- 需要什么能力
- 如何开始行动
- 在哪里？需要什么支持

1~10	11~20	21~30	31~40	41~50	51~60	61~70	71~80	81~90	91~100

思政园地

胸怀天下树立远大职业规划目标

　　大道之行，天下为公。中国共产党是为中国人民谋幸福、为中华民族谋复兴的党，也是为人类谋进步、为世界谋大同的党。坚持胸怀天下，是中国共产党百年奋斗的一条重要历史经验。中国共产党坚持从人类发展大潮流、世界变化大格局、中国发展大历史正确认识和处理与外部世界的关系，站在历史正确的一边，站在人类进步的一边，为世界发展和人类进步事业作出重要的贡献。

　　马克思主义认为，历史总是按照自己的规律向前发展，人类社会将从各民族的历史走向世界历史，这是任何力量都阻挡不了的。中国共产党历来强调树立世界眼光，站在世界历史的高度审视世界发展趋势和面临的重大问题，始终把自身发展置于人类发展的坐标系中，始终把中国人民利益与各国人民共同利益结合起来，在融入世界发展中不断发展壮大自身，同时，又以自身发展不断推动世界发展。

　　天下大同、协和万邦是中华民族自古以来对人类社会的美好憧憬。中华民族历来讲求"天下一家"，主张民胞物与、讲信修睦、立己达人、和合共生。这些都为中国共产党坚持胸怀天下提供了丰厚的精神滋养。习近平总书记指出，中国人是讲爱国主义的，同时，也是具有国际视野和国际胸怀的。中国人民历来富有正义感和同情心，历来把自己的前途命运与各国人民的前途命运紧密联系在一起，愿与国际社会一道把这个星球建设得更加和平、更加繁荣。

　　大时代需要大格局，大格局呼唤大胸怀。中国共产党立志于中华民族千秋伟业，致力于人类和平与发展的崇高事业，责任无比重大，使命无上光荣。人们要拓展世界眼光，深刻洞察人类发展进步潮流，积极回应各国人民普遍关切，为解决人类面临的共同问题作出贡献，以海纳百川的宽阔胸襟借鉴吸收人类一切优秀文明成果，推动建设更加美好的世界。

学习模块二
兴趣探索

学习目标

知识目标：
1. 掌握职业兴趣的概念。
2. 了解兴趣对职业生涯的影响。
3. 熟悉职业兴趣探索的方法。

能力目标：
1. 能够借助兴趣探索练习确认自己的职业兴趣。
2. 能够使用"霍兰德职业索引"来找出与自己的霍兰德代码一致的职业。

素质目标：
1. 培养学生探索职业兴趣的自主意识。
2. 培养学生的职业兴趣。

案例导入

谈谈达尔文的兴趣对他一生的影响

达尔文自幼就表现出对动物与植物的强烈兴趣，他狂热地收集昆虫与植物标本，采集贝壳、化石之类的东西，他的卧室简直就像个博物馆。在父亲和教师眼里，他是一个不求上进、智商不高、成绩低下、不可救药的孩子。1825年，父亲要他继承家业，送他到爱丁堡大学学习医学。达尔文反对无果，只好前去，但学习不到两年，他就无可奈何地通知父亲："继续学医应该没有什么意义。"父亲无计可施，于1828年又把他送到剑桥大学学神学。但他并不想当牧师，还是热爱自然科学，经常把采集到的昆虫新物种送给学者去命名。1831年，达尔文终于获准以博物学家的身份参加了"贝格尔"号军舰的环球航行。后来他发表的《物种起源》震惊了全世界。

案例思考

著名科学家爱因斯坦曾说"兴趣是最好的老师，它可以激发人的创造热情、好奇

学习模块二　兴趣探索

心和求知欲"。

当兴趣直接指向与职业有关的活动时，就形成了职业兴趣。职业兴趣体现为个人对某专业或职业的喜爱程度。当你对所从事的活动产生兴趣时，就会全心全力地投入其中，并得到快乐和满足；相反，如果你对所从事的活动缺乏兴趣，即使经常参与这些活动也会觉得索然无味，对该活动的参与度和满足感都会大打折扣。

学习单元一　职业兴趣概述

思维导图

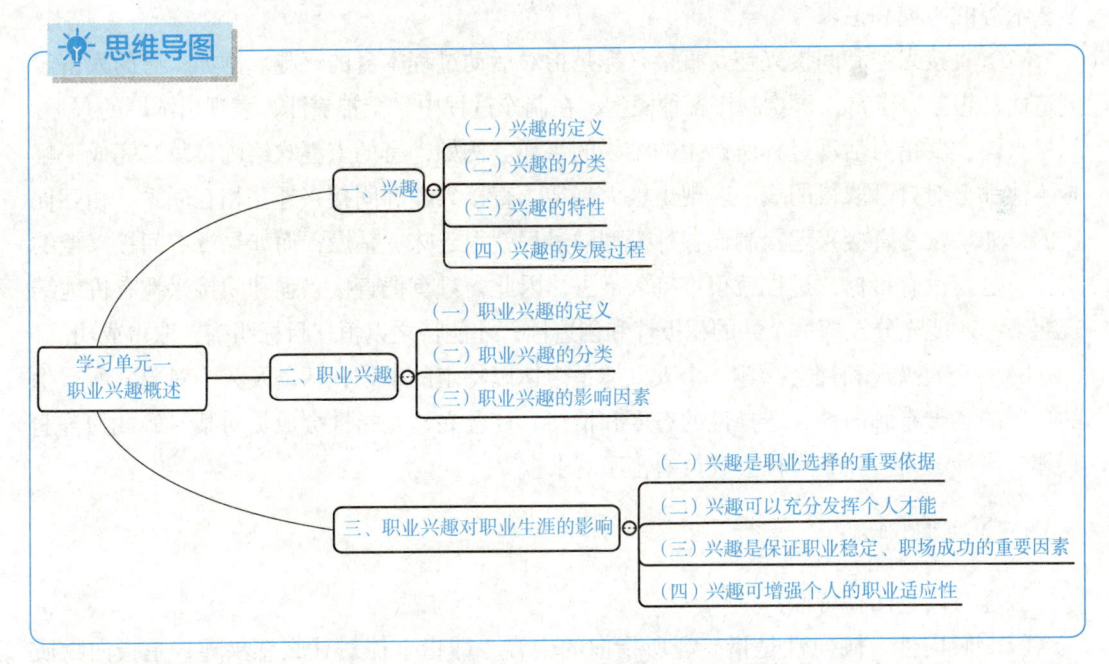

学习单元一 职业兴趣概述
- 一、兴趣
  - （一）兴趣的定义
  - （二）兴趣的分类
  - （三）兴趣的特性
  - （四）兴趣的发展过程
- 二、职业兴趣
  - （一）职业兴趣的定义
  - （二）职业兴趣的分类
  - （三）职业兴趣的影响因素
- 三、职业兴趣对职业生涯的影响
  - （一）兴趣是职业选择的重要依据
  - （二）兴趣可以充分发挥个人才能
  - （三）兴趣是保证职业稳定、职场成功的重要因素
  - （四）兴趣可增强个人的职业适应性

美国芝加哥大学心理学教授米哈利在30多年间对几百位各行各业的人进行了访谈，研究是什么东西真正令人们感到幸福和满足。他发现，当人们对某项活动有浓厚兴趣，专心致志地从事某种活动，甚至忘我地沉浸在这种活动中的时候，他们感到最为愉快和满足。

一、兴趣

兴趣爱好是最好的老师，它可以使人全神贯注地做事情。如果可以从事自己感兴趣的职业，人们就更能够全身心地投入工作、探索工作，在自己的工作岗位取得更好的成绩。

（一）兴趣的定义

《中国大百科全书（心理学卷）》对"兴趣"的定义为："人们力求认识某种事物和从事某项活动的意识倾向，具体表现为选择性态度和积极的情绪反应。"兴趣是以认识和探索外界事物的需要为基础的，是推动人们认识事物、探索真理的重要动机。当人们对某种职业感兴趣，就会对该种职业的活动表现出肯定的态度，并积极思考、探索和追求。

（二）兴趣的分类

人的兴趣是多种多样的，但概括起来可分为以下三大类：

（1）物质兴趣和精神兴趣。物质兴趣主要是指人们对舒适的物质生活，如衣、食、住、行等方面的兴趣和追求；精神兴趣主要是指人们对精神生活，如学习、知识研究、文学艺术等的兴趣和追求。

（2）直接兴趣和间接兴趣。直接兴趣是指对活动过程本身的兴趣。例如，有的人富于创造性，想象力丰富，喜欢制作各种模型，在制作过程中，全神贯注，表现出浓厚的兴趣。间接兴趣主要指对活动过程所产生的结果的兴趣。例如，有的人喜欢绘画，每当完成一幅画，他都会对自己取得的成果表现出极大兴趣。直接兴趣和间接兴趣是相互联系、相互促进的，如果没有直接兴趣，制作各种模型的过程就很乏味、枯燥；而如果没有间接兴趣的支持，也就没有目标，过程就很难持久下去。因此，只有把直接兴趣和间接兴趣有机地结合起来，才能充分发挥一个人的积极性和创造性，才能持之以恒，目标明确，取得成功。

（3）个人兴趣和社会兴趣。个人兴趣是个体以特定的事物、活动及人为对象，所产生的积极的和带有倾向性、选择性的态度和情绪。社会兴趣是指社会成员对某一领域的普遍兴趣，或社会某一领域对社会成员的普遍需求。

（三）兴趣的特性

兴趣有以下四种特性：

（1）倾向性。倾向性是指兴趣所指向的内容，即指个体对什么感兴趣，是指向物质的，还是指向精神的内容；是指向高尚的，还是指向低劣的内容。

（2）广阔性。广阔性是指兴趣的范围大小。有人兴趣广泛，有人兴趣狭窄。一般来说，兴趣广泛的人能获得广博的知识。

（3）持久性。持久性是指兴趣长时间保持在某一或某些对象上，比较稳定。只有具备了持久性，一个人才可能在兴趣广泛的背景上形成中心兴趣，使兴趣获得深度。

（4）效能性。效能性是指兴趣对活动发生作用的大小。凡是对实际活动发生的作用大，其兴趣的效能作用也大；反之，对实际活动发生的作用小，其兴趣的效能作用也小。

（四）兴趣的发展过程

兴趣是建立在需要的基础上，带有积极情绪色彩的认知与活动倾向。它是个体积极探究他人、事物或活动的认识倾向，表现为个体对特定人物、事物、职业、活动等对象的优先选择、主动注意、心驰神往、积极探索和正向情绪。个体的兴趣不是凭空产生的，而是源于自身需要并在活动中发展起来的，是推动个体生活、学习、就业和工作的内在动力。根据兴趣的发展水平，一般被分为有趣、乐趣和志趣三个阶段。

（1）有趣。有趣是兴趣发展的第一阶段，处于低级水平，是指由于被特定对象的某些外在现象所吸引而产生的新奇感。有趣具有注重表面、参与较少、时间短暂和体验浅显的特点。一旦特定对象的新奇感消失，原本有趣的事物就会变得无趣，兴趣也会随之消失。

（2）乐趣。乐趣是兴趣发展的第二阶段，处于中级水平，是指在有趣基础上逐步定向并趋于稳定的兴趣。乐趣具有基本定向、积极参与、时间较长和体验深刻的特点。乐趣对个体在某个特定人生阶段的学习、工作与生活会产生重要的影响。

（3）志趣。志趣是兴趣发展的第三阶段，处于高级水平，是指建立在乐趣基础之上的，与个体的社会责任感、人生理想、奋斗目标紧密结合的兴趣。志趣具有方向明确、服务社会、积极自觉和矢志不渝的特点，是个体取得学业和工作业绩的根本动力，也是个体事业成功的重要保证。

二、职业兴趣

职业兴趣和兴趣相比，有很多共同点，也有一些区别。

（一）职业兴趣的定义

职业兴趣是一个人力求认识、接触和掌握某种职业的心理倾向。当兴趣指向某种职业时，就形成了职业兴趣。职业兴趣在职业活动中起着重要的作用。职业兴趣不代表职业能力，但对职业能力有促进作用。

职业兴趣是职业选择的重要依据，是取得职业成就的强大动力，是成功的重要保证。兴趣是事业的先导，是人们积极探究某种事物的认识倾向，是人们获得知识的巨大动力。所说的"干一行、爱一行、钻一行"，就是从兴趣入手，培养对所从事专业的兴趣，热爱本职工作，努力钻研其中的知识，并最终在平凡的岗位上作出成绩。

（二）职业兴趣的分类

兴趣是一种无形的动力。每个人都会对他感兴趣的事物给予优先注意并进行积极探索，表现出心驰神往。职业兴趣是一个人对待工作的态度和对工作的适应能力，表现为有从事相关工作的愿望和兴趣；拥有职业兴趣将增加个人的工作满意度、职业稳定性和职业成就感。教育和心理学研究者根据职业的性质和人们的兴趣特点划分出不同的职业兴趣类型。

霍兰德（Holland）根据人格职业类型匹配理论，将职业划分为现实型、研究型、艺术型、社会型、企业型和常规型六类；美国著名管理心理学家施恩（E.H.Schein）根据个人理想、需要的特征，将职业分为管理者、技术专家、安全顾问、高度自主需求者、创业者五类。

每个人所具有的兴趣与习惯特点不一定完全符合某种职业的要求，因此要根据自己所喜欢的职业方向调整和发展自己的职业兴趣，向着自己的职业目标努力。

（三）职业兴趣的影响因素

职业兴趣是以一定的素质为前提，在生涯实践过程中逐渐发生和发展起来的。它的形成与个人的个性、能力、实践活动、客观环境和所处的历史条件有着密切的关系，因此，职业规划对兴趣的探讨不能孤立进行，应当结合个人的、家庭的、社会的因素来考虑。

影响职业兴趣的因素包括以下几个方面。

1. 个人需要和个性

兴趣是在一定需要的基础上，在社会实践中形成的，兴趣实际上是需要的延伸。关于需要的理论，心理学家也有许多论述，其中较为著名的是美国心理学家马斯洛的需要层次论。他把人的需要分为生理需要、安全需要、社会需要、尊重需要和自我实现需要五个层次，并广泛地流传。无论人的兴趣是什么，都是以需要为前提和基础的，人们需要什么就会对什么产生兴趣。一般来说，人的生理需要或物质需要是暂时的，容易满足；而人的社会需要或精神需要却是持久的、稳定的、不断增长的，如人际交往、对文学和艺术的兴趣、对社会生活的参与是长期的、终生的，并且是不断追求的。兴趣是在需要的基础上产生的，也是在需要的基础上发展的。

2. 个人认识和情感

兴趣是与个人的认识和情感密切联系的。如果一个人对某项事物没有认识，就不会产生情感，也就不会对它产生兴趣。同样，如果一个人缺乏某种职业知识，或者根本不了解这种职业，那么他就不可能对这种职业感兴趣。相反，认识越深刻，情感越丰富，兴趣也就越深厚。例如，有的人对集邮很入迷，认为集邮既有收藏价值，又有观赏价值，既能丰富知识，又能陶冶情操，因此他收藏得越多、越丰富，就越投入，情感越专注，越有兴趣，于是集邮就会发展成为他的一种爱好，并有可能成为他的职业选择。

3. 家庭环境

家庭作为最基本的社会单元，对每个人的心理发展都有重要的影响，因此，个人职业心理发展具有很强的社会化特征。家庭环境的熏陶对其职业兴趣的形成具有十分明显的导向作用。大多数人从幼年起就在家庭的环境中感受父母的职业活动，随着年龄的增长，逐步形成对职业价值的认识，使个人在选择职业时，不可避免地带有家庭教育的印记。家庭因素对职业取向的影响，主要体现在择业趋同性与协商性等方面。一般情况下，个人对于家庭成员特别是长辈的职业比较熟悉，在职业规划和职业选择上产生一定的趋同性，同时受家庭群体职业活动的影响，个人的生涯决策或多或少产生于家庭成员共同协商的基础上。兴趣有时也受遗传的影响，父母的兴趣也会对孩子有直接的影响。

4. 受教育程度

个人自身接受教育的程度是影响其职业兴趣的重要因素。任何一种社会职业从客观上对从业人员都有知识与技能等方面的要求，而个人的知识与技能水平的高低在很大程度上取决于其受教育的程度。一般来说，个人学历层次越高，接受职业培训范围越广，其职业取向领域就越宽。

5．社会因素

一方面，社会舆论对个人职业兴趣的影响主要体现在政府政策导向、传统文化、社会时尚等方面。政府就业政策的宣传是主要影响因素，传统的就业观念和就业方式也往往制约个人的职业选择，而社会时尚职业则始终是个人，特别是青年人追求的目标。

另一方面，兴趣和爱好是受社会环境与条件制约的，不同的社会环境、文化氛围、资源条件会激发人们产生不同的兴趣爱好。

6．职业需求

职业需求是指一定时期内用人单位可提供的不同职业岗位对从业人员的总需求量，它是影响个人职业兴趣的客观因素。职业需求越多、类别越广，个人选择职业的余地就越大。职业需求对个人的职业兴趣具有一定的导向性，在一定条件下，它可强化个人的职业选择，或抑制个人不切实际的职业取向，也可引导个人产生新的职业取向。

年龄的变化和时代的变化也会对人的兴趣产生直接影响。就年龄方面来说，少儿时期往往对图画、歌舞感兴趣；青年时期对文学、艺术感兴趣；成年时期往往对某种职业、某种工作感兴趣。它反映了一个人兴趣的中心随着年龄的增长、知识的积累在转移。不同的时代、不同的物质和文化条件，也会对人兴趣的变化产生很大的影响。

三、职业兴趣对职业生涯的影响

个人兴趣爱好会对职业兴趣产生一定的影响。有的人喜欢从事具体的工作，如工业设计、机械维修、园艺等；有的人对创造性强的工作情有独钟，如新产品开发、艺术创造等。职业兴趣对职业生涯规划及职业选择产生以下四个方面的影响。

（一）兴趣是职业选择的重要依据

兴趣是一种强大的精神力量，可以帮助人们集中精力获取专业知识启发他们的智慧，创造性地开展他们的工作。当一个人对某一种职业感兴趣时，就能充分调动自己的主观能动性，积极地关注和学习职业知识、动态，并付诸实践，提升精神状态和想象力，提高战斗力，增强克服困难的意志；如果对从事的职业没有兴趣，就会感觉工作索然无味，难以取得良好的效果，限制个人优势的发挥。

正像人们日常生活中喜欢从事自己感兴趣的活动一样，大学生更倾向于寻找与自己兴趣相关的职业。

（二）兴趣可以充分发挥个人才能

兴趣是工作的强大动力，当人们对自己的工作感兴趣时，就能充分调动自己的主观能动性，全身心地投入工作，攻坚克难，挑战极限，充分发挥自己的才能。

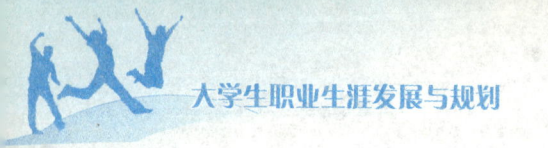

（三）兴趣是保证职业稳定、职场成功的重要因素

从事自己喜欢的职业，有利于智力开发。兴趣是推动人们全身心工作的主要动力之一。对工作内容感兴趣，就愿意花费时间和精力在业务上，就能促进工作能力的提升，这正是兴趣的作用。在相同条件下，人们更愿意从事自己感兴趣的工作，职业稳定性更强。

（四）兴趣可增强个人的职业适应性

拥有多种兴趣能使人们适应多变的环境。如果你需要更换工作，只要你有兴趣，就能快速适应并且做好这份工作。因此，兴趣是职场成功的一个重要因素，它能最大限度地发挥你的潜力，让你长时间专注于某个方向，不断提升工作能力，进而取得显著的成绩。大学生在进行职业选择时，要对自己有深刻的自我认知，既要知道自己能力范围内能从事的工作，又要知道其中哪些工作是自己感兴趣的。职业兴趣能够帮助大学生找到精准的职业定位，并发掘智慧和潜力。

学习单元二　探索职业兴趣的方法

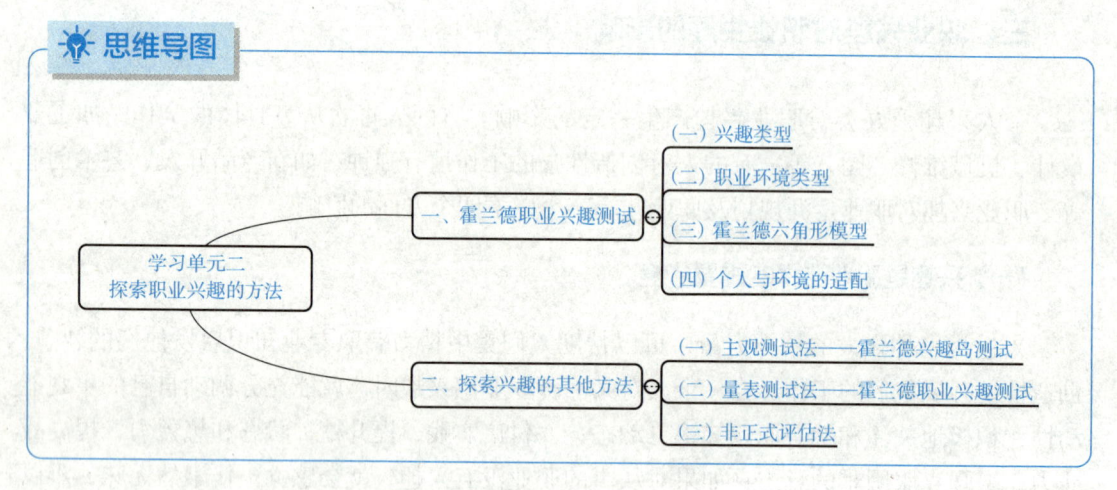

思维导图

```
                              ┌─ （一）兴趣类型
                              ├─ （二）职业环境类型
            ┌─ 一、霍兰德职业兴趣测试 ─┤
            │                 ├─ （三）霍兰德六角形模型
学习单元二    │                 └─ （四）个人与环境的适配
探索职业兴趣 ─┤
的方法       │                 ┌─ （一）主观测试法——霍兰德兴趣岛测试
            └─ 二、探索兴趣的其他方法 ─┤ （二）量表测试法——霍兰德职业兴趣测试
                              └─ （三）非正式评估法
```

虽然职业兴趣形成后不容易改变，具有一定的稳定性，但是大学生可以根据实际需要，采取多种方法，结合自身实际去挖掘、发展、改变职业兴趣。

一、霍兰德职业兴趣测试

（一）兴趣类型

美国著名的职业指导专家霍兰德（Holland）自20世纪70年代以来，提出了一系列的研究假设。他认为：①职业选择是人格（Personality）的一种表现，某一类型的职业通常会吸引具有相同人格特质的人，这种人格特质反映在职业上就是职业兴趣。②大多数人的职业兴趣可以归纳为六种类型，即现实型（Realistic type，简称 R）、研究型（Investigative type，简称 I）、艺术型（Artistic type，简称 A）、社会型（Social type，简称 S）、企业型（Enterprising type，简称 E）和常规型（Conventional type，简称 C）。③个人的职业兴趣往往是多方面的，很少集中在某一种类型上，或多或少具备这六种兴趣，只是偏好程度不同。因此，为了比较全面地描绘个人的职业兴趣，通常用最强的三种兴趣的字母代码来表示一个人的兴趣，这个代码就称为"霍兰德代码"（Holland Code），这三个字母之间的顺序表示了兴趣的强弱程度的不同（表2-1）。例如，SAI 和 AIS 的人具有相似的兴趣，但他们对同一类型事务的兴趣强弱程度是不同的。

表 2-1　霍兰德职业兴趣类型倾向

类型	喜欢的活动	重视	职业环境要求	典型职业
现实型 R（Realistic）	用手、工具、机器制造或修理东西。愿意从事实物性的工作、体力活动，喜欢在户外活动或操作机器，而不喜欢在办公室工作	具体实际的事物，诚实，有常识	使用手工或机械技能对物体、工具、机器、动物等进行操作，与"事物"工作的能力比与"人"打交道的能力更为重要	园艺师、木匠、汽车修理工、工程师、军官、兽医、足球教练员
研究型 I（Investigative）	喜欢探索和理解事物，喜欢学习、研究那些需要分析、思考的抽象问题，喜欢阅读和讨论有关科学性的论题，喜欢独立工作，对未知问题的挑战充满兴趣	知识，学习，成就，独立	分析研究问题、运用复杂和抽象的思考创造性地解决问题的能力，谨慎缜密，能运用智慧独立地工作，一定的写作能力	实验室工作人员、生物学家、化学家、心理学家、工程设计师、大学教授
艺术型 A（Artistic）	喜欢自我表达，喜欢文学、音乐、艺术和表演等具有创造性、变化性的工作，重视作品的原创性和创意	有创意的想法，自我表达，自由，美	创造力，对情感的表现能力，以非传统的方式来表现自己；相当自由、开放	作家、编辑、音乐家、摄影师、厨师、漫画家、导演、室内装潢设计师
社会型 S（Social）	喜欢与人合作，热情关心他人的幸福，愿意帮助别人成长或解决困难、为他人提供服务	服务社会与他人，公正，理解，平等，理想	人际交往能力，教导、医治、帮助他人等方面的技能，对他人表现出精神上的关爱，愿意担负社会责任	教师、社会工作者、牧师、心理咨询师、护士
企业型 E（Enterprising）	喜欢领导和支配别人，通过领导、劝说他人或推销自己的观念、产品而达到个人或组织的目标，希望成就一番事业	经济和社会地位上的成功，忠诚，冒险精神，责任	说服他人或支配他人的能力，敢于承担风险，目标导向	律师、政治运动领袖、营销商、市场部经理、电视制片人、保险代理

续表

类型	喜欢的活动	重视	职业环境要求	典型职业
常规型 C（Conventional）	喜欢固定的、有秩序的工作或活动，希望确切地知道工作的要求和标准，愿意在一个大的机构中处于从属地位，对文字、数据和事物进行细致有序的系统处理以达到特定的标准	准确、有条理、节俭、盈利	文书技巧，组织能力，听取并遵从指示的能力，能够按时完成工作并达到严格的标准，有组织，有计划	文字编辑、会计师、银行家、簿记员、办事员、税务员和计算机操作员

注意："现实""常规"等只是霍兰德用来概括某一人格特征的词语，在此有其特定的含义，与日常用语中的含义不完全等同，因此，不要受日常用语的褒贬含义误导。另外，在阅读每种类型的描述时，要知道这些特质的描述是一种理想的、典型的形式，不可能恰好符合个人的情况。

（二）职业环境类型

霍兰德认为：同一职业群体内的人有相似的人格特质，因此对情境和问题会有类似的反应，从而产生特定的职业氛围，即职业环境，它具有特定的价值观念、态度倾向和行为模式。工作环境可分为六种类型，其名称及性质与兴趣类型的分类一致，具体职业通常也采用表 2-1 中的三个字母代码来描述其工作性质和职业氛围。例如，建筑师这一职业的代码是 AIR，律师是 EAS，而会计则是 CRI。

为了鉴别不同职业的代码，霍兰德及其同事做了一项非常庞大的研究并于 1996 年出版了《霍兰德职业代码字典》（Holland Career Index），为 12 000 多个工作提供了霍兰德代码。书末的附录有霍兰德编写的《自我探索量表》所附的《霍兰德职业索引》。需要注意的是，该职业索引是一份未经本土化的版本，因此，在职业名称和职业对应的霍兰德代码上可能与中国国情有偏差。

（三）霍兰德六角形模型

霍兰德提出了六角形模型（图 2-1），用其来解释六种职业类型之间的关系。在六角形模型中，任何两种类型之间的距离越近，其职业环境及人格特质的相似程度则越高。

1．相邻关系

如 RI、IA、AS、SE、EC 及 CR 属于相邻关系的两种类型的个体之间共同点较多。现实型 R、研究型 I 的人就都不太偏好人际交往，这两种职业环境中也都较少有机会与人接触。

2．相间关系

如 RA、RE、IC、IS、AR、AE、SI、SC、EA、ER、CI 及 CS 属于相间关系的两种类型个体之间的共同点较相邻关系少。

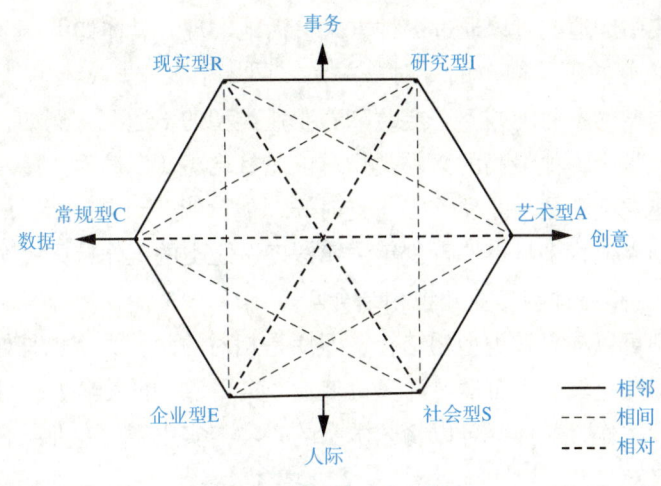

图 2-1 霍兰德六角形模型

3. 相对关系

在六边形上处于对角位置的类型之间即为相对关系，如 RS、IE、AC、SR、EI 及 CA，相对关系的人格类型共同点最少。因此，一个人同时对处于相对关系的两种职业环境都兴趣很浓的情况较为少见。

个体单一类型显著突出的情况不多，常是多种兴趣类型的综合体，因此，评价个体的兴趣类型时，也常以其在六大类型中得分前三位的类型组合而成。组合时，根据分数的高低依次排列字母，构成其兴趣组型，如 RCA、AIS 等。

（四）个人与环境的适配

霍兰德提出：个人兴趣类型和职业环境之间的适配将增加个人的工作满意度、职业稳定性和职业成就感。因此，占主导地位的兴趣类型可以为个人选择职业和工作环境提供方向。可以使用霍兰德类型来了解并组织自己的兴趣，并根据它来探索及理解工作世界。通过自我探索活动或测评工具得出自己的兴趣代码后，就可以对照找出与之相匹配的职业，从而了解可能有哪些适合自己的工作领域。

需要说明的是，在实际生活中，同时拥有相对的两种兴趣类型（如霍兰德代码为 RSE，R 与 S 在六角形模型上处于对角线位置）的人并不少见。在寻找与这样的兴趣类型完全匹配的工作时往往会出现困难，因为同一个工作环境很少会包含相对立的两种状况（如既提供大量与人打交道的机会又提供大量个人单独工作的机会）。这种情况下，可以考虑从事包含自己某种兴趣类型的工作（如 RE 或 SE），而在业余生活中寻求在工作中未能满足的兴趣。

人们常常因为客观条件的限制而感到难以单纯从事自己喜欢的工作。有不少大学生在选择专业时由于缺乏对自我和专业的认知而未能选择与自己兴趣类型适配的专业，或由于父母的意见而被迫选择了与自己兴趣类型截然相反的专业。那么，面对这种情况，"适配"是否还是一个恰当的、可行的目标呢？

实际上，现实中的适配可以通过多种方式灵活地实现。具体如下：

（1）专业与职业并不是简单的一对一关系，同一个专业其实有相当多的职业可以从事。因此，专业类型的不适配并不一定意味着职业类型的不适配。例如，一个希望当律师帮助弱势群体的大学生，他最高的兴趣类型可能是社会型（S），而法律专业常见的职业如律师第一位的兴趣类型则是企业型（E）。这时候，他可能感到自己所学的专业与自己的兴趣不完全匹配。如果他将来从事"青少年法律援助"之类的工作，则完全可以满足其社会型的兴趣（助人）并很好地与专业知识相结合。

（2）专业类型可以与兴趣类型相结合，即使是相对的两种类型也是如此。例如，一个喜爱文学（艺术型兴趣较高）而学习计算机专业（实用型）的大学生，可以考虑在计算机专业领域的杂志社工作，这样就可以将艺术型的兴趣与实用型的专业结合起来，在一定程度上满足自己的兴趣。

（3）当在职业选择上寻求个人兴趣与职业环境之间的适配时，"完全的适配"只是不断接近的一个理想目标。现实中，做不到百分之百的适配，但不必因此而放弃对个人兴趣的重视。职业至少应当在一定程度上体现兴趣，可以是百分之九十，也可以是百分之四十，而其余的部分可以在生活中的其他方面通过其他活动（如业余爱好、志愿活动、辅修专业等）来实现。

（4）即使一个人从事与自己的兴趣类型不适配的工作，也没有必要沮丧。具体的工作实际上千变万化，很难用简单的类型来划分。例如，像机械修理这样实用型的工作，也可以在其中加上社会型的元素，将它作为一项为客户提供满意服务的职业来从事。从事某种职业的典型人群通常都趋向于特定的兴趣爱好，这既是他们的优点也可能是他们的弱点。而一个与职业环境不太适配的人，则有可能成为这个群体中独树一帜的人，作出一些独特的贡献。

二、探索兴趣的其他方法

有三种方法可以判断自己的职业兴趣类型。

（一）主观测试法——霍兰德兴趣岛测试

通过选择岛屿，洞察自己真正的职业兴趣，发现自己所喜欢和不喜欢的职业内容，帮助自己在职业定位时把握好方向。具体详见本学习模块课堂实训内容。

（二）量表测试法——霍兰德职业兴趣测试

职业兴趣测试历史可以追溯到1927年。最早出现的是美国心理学家斯特朗（E.K. Strong）编制的斯特朗职业兴趣量表（Strong Vocational Interest Blank，SVIB），之后是美国心理学家库德编制的库德职业兴趣调查表（Kuder Occupational Interest Survey，KOIS）。霍兰德在20世纪50年代末编制的职业爱好问卷（VPI），就是霍兰德职业兴趣测试的前身。如今，被广泛使用的兴趣测试就是霍兰德职业兴趣测试。

霍兰德兴趣测试有很多网站可以提供测评服务，免费版可以有一个基础的测试，也有收费版的较为全面的测试。网上测试可以得到三个得分最高的霍兰德代码。例如，SAE 第一个字母表示自己最稳定的类型，一般与主观测试法得出的是一致的，后面两个字母可能随着时间会有变化。测试结果一般还会给出相应的职业作为参考。

国内目前已有多种引进及自主研发的霍兰德兴趣测试版本。在选择测评工具时，需要注意的是，它必须合乎心理测试的一些基本标准（如具有良好的信度和效度，并提供参照常模，如果是自助式测评还需要有较为详细清晰的测评报告等），一些网上的免费测评往往是不可靠的。

在具体使用的时候，要注意这些测评工具的施测要求，看清楚指导语。另外，对测评结果的解释非常重要。除自助式的测评外，国外通常要求由生涯辅导专业人员实施测评，并对测评结果进行专门的解释说明，帮助被测试的人正确理解测评的含义。目前，国内心理测评工具被大量使用，生涯咨询师又比较缺乏，在解释说明方面比较混乱。因此，作为个人，要特别注意不要滥用、迷信测评，以免被测评结果误导。

严格地讲，职业兴趣测评的结果不能被解释为"哪种职业适合我"，只能说是根据测评的常模样本，拥有某种类型兴趣特征的人通常会更多选择某些类型的职业，并且在这样的职业中感觉比较愉快。由于同一种职业在不同的机构内，其性质和工作内容可能有很大的不同，所以要具体情况具体分析。做职业兴趣测试的目的是帮助大学生增进对自我及工作世界的认识，拓宽在职业前景上的思路，为未来职业发展提供方向性的指导。因此，不要局限于测试结果所建议的职业，也不要简单地用某些类型给自己贴标签、限制自己。

职业兴趣测评简单、易用，但它的局限性也很明显。有些人因为受自己价值观、能力的影响，选择的答案并不符合自己的实际兴趣。还有的人完全不清楚自己的喜好，很难按照职业兴趣测评的要求对各种职业或科目等进行喜欢与否的判断，几次测评得出的结果可能也不一致。出现这种状况，可能是因为这些人的天性与喜好在成长的过程中未能得到尊重，长期受压抑的结果导致了自我认知（包括兴趣）方面的极度混乱，他们可能需要生涯咨询师帮助其进行分析，进行一对一的辅导，甚至需要先进行心理咨询来处理他们心理层面的问题。另外，还有些个人兴趣的偏好不明显，六种类型的分值相差无几。这可能是由于个人受到环境的局限，没有机会发展自己的兴趣，因此显示兴趣未分化的状况。这样的人需要参与各种不同性质的实践活动，以考虑个体在接受测试时是否正处于抑郁状态，因为这会导致各类的值普遍偏低的状况出现。

另外，在霍兰德类型论中，兴趣被视为人格在职业上的体现，指的是个人与生俱来的偏好。但是美国斯坦福大学教育与心理学教授克朗伯兹（Krumboltz）等理论家则对此提出了不同的观点，他们认为兴趣是个人后天学习（此处的"学习"是广义的学习，是指个人在成长经历中学会的东西）的结果。因此，他们建议不要将兴趣测评的结果作为结论，而应当将其作为对以往学习经验的总结和对未来发展的指导，以此为依据帮助个人进行更多的探索和学习。这一点，对我国的大学生尤其具有指导意义。我国的大学生在中小学阶段普遍侧重学业知识的学习，而较少注重社会实践和探索，因此他们对职业、学科等的兴趣有可能因缺乏实践经验而停留在片面的印象上。如果以职业兴趣类型来标定他们，可能会限制他们进一步的探索和发展。大学生仍然处在生涯发展的"探索期"，重要的不是得出某个确定的职业结果，而是以兴趣类型作为自己探索和定位的参考依据。

（三）非正式评估法

方法一：找一个安静的时间和不被打扰的环境，对以下内容分别写下至少三个答案："你最喜欢的活动／电视节目／书籍""你最擅长的事情""你最崇拜的人"，分别说说其中的原因，尤其是其中最吸引自己的点是什么，然后对照霍兰德类型中的字母。

方法二：可以具体、详细地回答下列问题。回答时特别注意问题的第二部分，即"为什么"感兴趣的部分。如有可能，请与一位同伴相互讲述自己对问题的思考和回答。同伴可以提问、帮助讲述的人发掘细节和原因。这个练习的目的是帮助回忆并梳理日常生活中有关个人兴趣的一些代表性事件、增进自我觉察，因此仔细思考和讲述的过程非常重要。

（1）我的白日梦：请列举出三种你非常感兴趣的职业（摒除所有现实的考虑）。这些工作中的哪些特征吸引着你？

（2）请回忆三个从事某件事情时令你感到快乐（满足）的经历。请详细地描述这三个画面，是什么令你感到如此快乐（满足）？

（3）从小到大你担任过哪些职务？你喜欢的是哪些职务？不喜欢的是哪些？请具体说明为什么。

（4）你最崇拜（敬佩）的人是谁？他对你产生了什么影响？你最像他的是什么地方？最不像他的是什么地方？

（5）你最喜欢看哪种杂志？这些杂志中的哪些部分吸引着你？或者，如果你到书店看书，你通常会停留在哪类书架前（不是仅仅因为学习需要的情况下）？

（6）除单纯的娱乐放松外，你最喜欢看哪几类电视节目？节目中有什么吸引着你？

（7）你喜欢浏览哪类网站？你喜欢看网站的哪部分内容？它们属于哪个专业？

（8）休闲的时候，如果只是出于兴趣的考虑，你最想做什么或学什么？这里面又是什么吸引着你？

（9）你最喜欢的科目是什么？为什么喜欢它（们）？

（10）我们生活中都有过某些时刻，因为全神贯注做某件事情而忘了时间。什么样的事会让你如此专注？

（11）你的答案里面有什么共同点吗？是否可以归纳为什么主题或关键词？这些主题或关键词可能和霍兰德的哪些类型相对应？你如何能够让这样的主题在你今后的生活中得到更充分的彰显？

说明：对最后一个问题的回答将有助于总结和归纳前面所有的问题，并将日常生活中的一些表现与本章节所讲的职业兴趣类型联系。所归纳出的主题或关键词是今后在做职业决策时需要尽可能纳入的一些关键因素。

学习单元三　发展职业兴趣

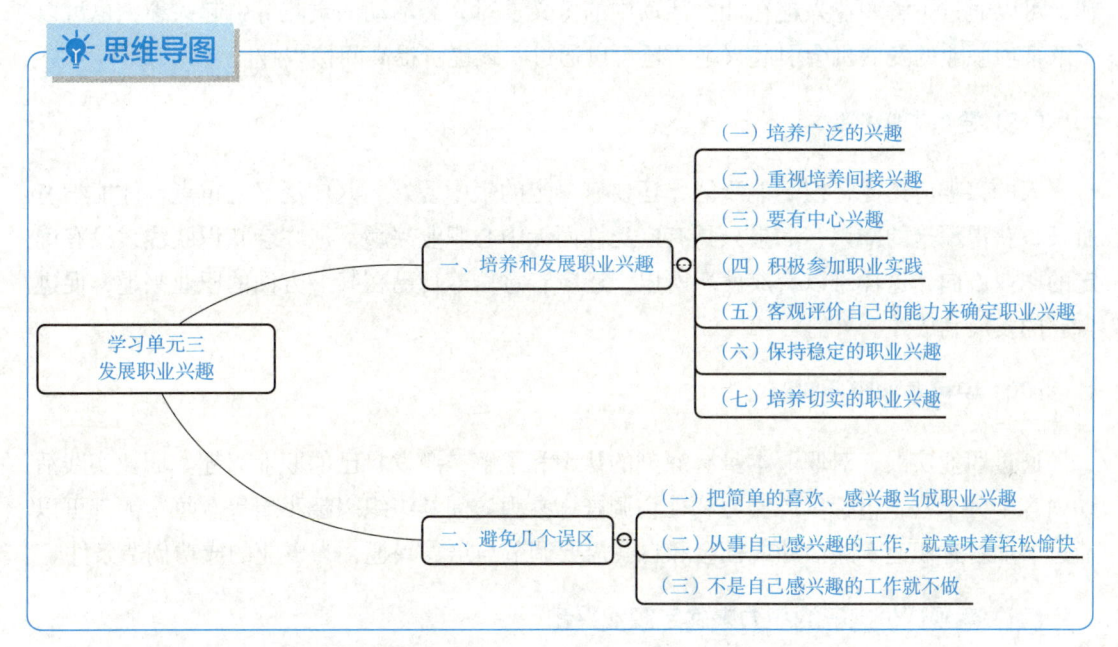

> **思维导图**

```
学习单元三         ┌─ 一、培养和发展职业兴趣 ─┬─ （一）培养广泛的兴趣
发展职业兴趣       │                          ├─ （二）重视培养间接兴趣
                   │                          ├─ （三）要有中心兴趣
                   │                          ├─ （四）积极参加职业实践
                   │                          ├─ （五）客观评价自己的能力来确定职业兴趣
                   │                          ├─ （六）保持稳定的职业兴趣
                   │                          └─ （七）培养切实的职业兴趣
                   │
                   └─ 二、避免几个误区 ──┬─ （一）把简单的喜欢、感兴趣当成职业兴趣
                                         ├─ （二）从事自己感兴趣的工作，就意味着轻松愉快
                                         └─ （三）不是自己感兴趣的工作就不做
```

一、培养和发展职业兴趣

个体的人格类型、兴趣与职业密切相关。凡是对职业具有职业兴趣，就可以提高个体的积极性，促使其主动地、愉快地从事该职业。职业兴趣也总是以社会的职业需要为基础，并在一定的学习与教育条件下形成和发展起来，是可以培养的。职业兴趣是个体积极探究某种职业，并产生向往的情感，影响着职业的定向和选择，促进智力的开发。它是某种职业活动所表现出来的特殊个性倾向，使个人对某职业给予优先的注意和潜能的挖掘。职业兴趣是在家庭、学校和社会的影响下，通过接触、了解、认识，逐渐形成的，有耳濡目染、潜移默化，也有教育的整体导向，还需要通过实践，在积极的感知活动中取得认识和发展。

在培养职业兴趣时，可以从以下几个方面努力。

（一）培养广泛的兴趣

具有广泛兴趣的人，不仅对自己职业领域的东西有浓厚的兴趣，对其他方面也有一定的兴趣。这种人眼界比较开阔，解决问题时也可以从多方面得到启发，在职业选择上有较大的余地。兴趣范围狭窄、涉足面小的人，对新事物的适应性就要差些，在职业选择上所受的限制也多些。

（二）重视培养间接兴趣

兴趣可分为直接兴趣和间接兴趣。直接兴趣是对事物本身感到需要而引起的兴趣；间接兴趣不是对事物本身的兴趣，而是对这种事物未来的结果感到需要而产生的兴趣。人在最初接触某种职业时，往往对职业本身缺乏强烈的兴趣，要从间接兴趣着手培养职业兴趣，可以通过了解职业兴趣在社会活动中的意义、对人类活动的贡献等引起兴趣，也可以了解某项职业的发展机会引起兴趣，还可以通过实践逐步提高间接兴趣。

（三）要有中心兴趣

人的兴趣应广泛，但不能浮泛，还要有一定的集中爱好。既广泛又有重点，才能学有所长，获得深邃的知识。如果只具有广泛性而无中心职业兴趣，往往会知识肤浅，没有确定的职业方向，这样难以有成就。所以，还应着意培养自己在某一方面的职业兴趣，促进自己的发展和成才。

（四）积极参加职业实践

通过职业实践，对职业本身有深刻的认识和了解，激发自己的职业兴趣。职业实践活动内容十分丰富，包括生产实习、社会调查、参观访问及组织兴趣小组等。每个人都可以通过参加各种职业实践活动或社会和自我需要调节与培养兴趣，为事业的成功创造条件。

（五）客观评价自己的能力来确定职业兴趣

对某项职业有浓厚的兴趣是成功的前提，但事业要取得成功也必须具备该职业所要求的能力。因此，在培养职业兴趣的同时也要客观评价自己的能力，看自己是否适合某种职业，在此基础上形成的职业兴趣才是长久的。

（六）保持稳定的职业兴趣

人应在某一方面有稳定持久的兴趣，不能朝三暮四、见异思迁，这样才能投入更多的热情和精力，深入钻研相关内容，才能在事业上有所发展和成就。

（七）培养切实的职业兴趣

兴趣的培养不能为追求清高，而不考虑外界为其展开和深入所提供的客观现实条件；否则，过分清高，只能是画地为牢，自缚手脚。

二、避免几个误区

明确个人的职业兴趣是职业生涯规划的重要依据之一。大学生在寻找职业兴趣的过程中要避免以下几个错误观念。

(一) 把简单的喜欢、感兴趣当成职业兴趣

有些人看了几本小说，就认为自己应当去从事作家职业；有些人喜欢打游戏，就觉得自己应该去学习计算机。而真正接触这些专业时，才发现并不适合自己。职业兴趣要与将来的工作相关，只有想清楚自己要从事什么样的具体工作，并对工作的内容、职责、性质等有所了解，且乐于准备可以达到工作要求的知识技能时，才谈得上是真正的职业兴趣。

(二) 从事自己感兴趣的工作，就意味着轻松愉快

做自己感兴趣的工作是快乐的，甚至可以激发工作热情，但并不一定轻松。实际上，无论何种工作，都要付出努力和辛劳才能作出成绩，取得成就。另外，有的时候坚持自己的职业兴趣，还要付出经济报酬和社会地位的代价，毕竟不是所有人都会对待遇高、地位高的职业感兴趣。

(三) 不是自己感兴趣的工作就不做

能从事自己感兴趣的职业是每个人的理想，但职业选择除兴趣外，还要综合考虑性格、能力等问题，这也是理想与现实的差距和矛盾。有调查显示，有60%的大学生正在就读自己不喜欢的专业，有50%的职场人正在做自己不感兴趣的工作。但基于各种原因，大家也只能面对现实。因此，很多人需要在现实中追求自己的理想，立足于现实，把自己不喜欢的工作做好，并在这个过程中培养兴趣、积累技能、寻找新的机会。这种"曲线救国"的方式，也未尝不可。

▶ 课堂实训

兴趣岛活动

假如你现在获得了一个免费度假旅游的机会，有机会去以下六个岛屿中的一个。唯一的要求是你必须在这个岛上和岛上的居民一起生活至少半年以上时间。请不要考虑其他任何因素，仅凭自己的兴趣挑出你最想前往的三个岛屿。

岛屿R：自然原始的岛屿。岛上保留有原始森林，自然生态保持得很好，有各种各样的野生动物。岛上居民生活状态还相当原始，他们以手工见长，自己种植花果蔬菜、修缮房屋、打造器物、制作工具、喜欢户外运动。

岛屿I：深思冥想的岛屿。岛上人迹较少，建筑物多僻处一隅，平畴绿野，适合夜观星象。岛上有多处天文馆、科技博览馆以及科学图书馆等。岛上居民喜好观察、学习、探究、分析崇尚和追求真知，常与来此地的哲学家、科学家、心理学家等交换心得。

岛屿A：美丽浪漫的岛屿。岛上充满了美术馆、音乐厅、街头雕塑和街边艺人，弥漫着浓厚的艺术文化气息。当地的居民很有艺术、创新和直觉能力，他们保留了传统的舞蹈、音乐与绘画。许多文艺界的朋友都喜欢来这里找寻灵感。

岛屿S：友善亲切的岛屿。岛上居民个性温和、十分友善、乐于助人，各社区均自成一个个密切互动的服务网络，人们重视互助合作，重视教育，关怀他人，充满人文气息。

岛屿E：显赫富庶的岛屿。岛上的居民善于企业经营和贸易，能言善道，以口才见长。岛上的经济高度发展，处处是高级饭店、俱乐部、高尔夫球场。来往者多是企业家、经理人、政治家、律师等，曾数次在这里召开财富论坛和其他行业巅峰会议。

岛屿C：现代、有序的岛屿。岛上建筑十分现代化，是进步的都市形态，以完善的户政管理、地政管理、金融管理见长。岛民个性冷静保守，处事有条不紊，善于组织规划，细心高效。

如果是在团体内做这个活动，可以将房间分为六个区域，分别代表上述六个岛屿。按自己的第一选择就座。如果同一小组的人数太多，可分为两组。

同一岛屿的人交流一下：自己为什么选择这个岛屿，看看大家有什么共同的兴趣爱好，归纳为关键词。根据大家的交流给自己的小组命名并选取一个标志物（logo），白纸上制作一张本小组的宣传图。每个小组请一位代表用两分钟时间展示自己小组的图，并在全班分享小组成员共同的特点。

● 我最想前往的三个岛屿：（   ）（   ）（   ）。
● 我们的岛屿名称：（   ）。
● 岛屿标志物及其含义：（   ）。
● 岛屿关键词：（   ）。

提示：这六个岛屿实际上代表着霍兰德提出的六种类型。做完这个活动后，你应当能得出自己最有兴趣的前三个类型，即霍兰德代码，并对六种类型的基本特征有所了解。

需要注意的是，这只是对兴趣类型的一个初步判断。因为霍兰德理论比较复杂，初学者对霍兰德类型的掌握不深入，再加上社会期望和缺乏自我认识等原因，个人不易准确地判断自己的职业兴趣类型，因此最好通过职业兴趣测试加以确认。

▶ 思政园地

培养和践行劳动精神

"什么叫作不简单，什么叫作不容易？就是要长时期，甚至用几十年的时间认认真真、持之以恒地做好一件事情，这就是不简单，就是不容易。"获得"全国劳动模范"称号的贵州钢绳（集团）有限公司二分厂技术员、高级技师——周家荣动情地讲述了自己的成长之路。岗位脚踏实地，干一行爱一行、钻一行精一行，周家荣等先进模范用拼搏与奋斗实现人生梦想，以爱岗敬业弘扬劳动精神。

"劳动是一切幸福的源泉。"习近平总书记在全国劳动模范和先进工作者表彰大会指出："在长期实践中，我们培育形成了……崇尚劳动、热爱劳动、辛勤劳动、诚实劳动的劳动精神。"人间万事出艰辛，"人世间的美好梦想，只有通过诚实劳动才能实现；发展中的各种难题，只有通过诚实劳动才能破解；生命里的一切辉煌，只有通过诚实劳动才能铸就。"崇尚劳动、热爱劳动、辛勤劳动、诚实劳动是人生出彩的金钥匙，也是创造美好生活的必经之路。

随着社会的不断发展，劳动的方式也发生了变化，但"功崇惟志，业广惟勤"是始终不变的人生哲理。回首历史，从"走在时间前面的人"王崇伦到"当代雷锋"郭明义，从"铁路小巨人"巨晓林到"金牌焊工"高凤林……一代又一代热爱劳动、勤于劳动、善于劳动的高素质劳动者，用对岗位的"爱"、对事业的"痴"、对工作的"狂"，筑起共和国的巍峨大厦，形成了广大建设者们的奋斗底色。个人向上，国家向前，他们在劳动中收获了成长，为国家发展作出了贡献。

"一勤天下无难事。"有人曾问齐白石画画的秘诀是什么，他笑答："要每日作画，不叫一日闲过！"他曾在一首诗中如此描写自己的艺术劳动："铁栅三间屋，笔如农器忙。砚田牛未歇，落日照东厢。"肯下苦功、肯花气力、肯去钻研，方能换来"功夫深处见天然"的精湛画艺。无论是体力劳动还是脑力劳动，无论是简单劳动还是复杂劳动，道理都是相通的。所有劳动者，只要肯学、肯干、肯努力、肯钻研，就能练就一身真本领，掌握一手好技艺，就能立足岗位成长成才，在劳动中获得广阔的天地，在劳动中展现风采、体现价值、创造生活。

三百六十行，行行出状元。现如今，职业版图在不断拓展，职业选择日益多元化。大家的职业或许不同，岗位或许有别，但自己的双手、汗水和智慧始终是美好生活最坚实、最可靠的依托。历史和现实充分证明，有坚定的理想信念，有不懈的奋斗精神，脚踏实地做好每件小事，一切平凡的人都可以赢得不平凡的人生，一切平凡的工作都可以成就不平凡的业绩。

"人民创造历史，劳动开创未来。"新时代为每个人提供了无比广阔的人生舞台，呼唤人们通过诚实劳动、勤勉工作创造更加幸福美好的生活。崇尚劳动、热爱劳动、辛勤劳动、诚实劳动，不弃微末、久久为功，光荣必将属于我们，幸福必将属于我们。

学习模块三
性格探索

学习目标

知识目标：
1. 掌握性格的概念。
2. 理解性格对职业生涯的影响。
3. 熟悉职业性格探索的方法。

能力目标：
1. 能够利用性格理论探索自己的性格，了解自己的性格特征。
2. 学会使用 MBTI 测试探索职业性格。
3. 通过对性格的了解，澄清自己理想的工作方式。

素质目标：
1. 培养学生探索职业性格的自主意识。
2. 认识到每个人都有与众不同的特质，性格与职业的最佳匹配使我们成为有效的工作者。

案例导入

毕业五年就能当上销售片区经理？

小樊是某职业技术学院大数据技术专业的学生，家庭条件比较困难，长相普通，属于扔进人堆就找不到的那种类型。开始由于他说话语速偏快，加上咬字不清，着急的时候还有点结巴，经常让刚接触他的人听不懂他在说什么。但是小樊很上进，也是个爱交流的人。在课堂上他都是最认真、最积极发言的一个，从来不怕同学们背后笑他。由于热情为班级服务，他被大家推选为班级的班长。大学四年，他充分利用各种机会锻炼自己的组织能力和语言表达能力，积极参加各种学校社团活动，从最开始说话都不利索的社团小委员成长为社团负责人。与此同时，他还大量地积累了自己的人脉，广泛结交了各个专业的任课教师和其他各学院的同学。

毕业的时候，由于和专业课教师建立了深厚的师生感情，通过自己的努力，也让教师看到了他身上的认真和闯劲儿,经过教师介绍,他进入了一家有名的外商投资企业做销售。班里的同学都认为这份工作不适合他,因为小樊虽然热心、爱帮助人、爱与人聊天,可是他经常讲一些大道理,让不怎么接触社会的同学们觉得他谈论的都是些很遥远、很空洞的东西,所以大家一致认为他做销售,一定会把客户侃晕了、侃烦了。五年过去了,小樊现在已经是这家外商投资企业某片区的销售经理了,事业做得蒸蒸日上、得心应手。在一次同学的聚会上,小樊的风采折服了在场的所有同学。他依然比较喜欢谈论大道理,但已经有了很多个人感悟在里面。他依然与大学的教师和同学们保持着密切的联系,只要你想了解的情况,他基本都能知晓。他还是那么热心,已经能够利用自己的资源为同学们介绍工作了。

现在的小樊,早已靠自己的拼搏改善了家里的经济状况,工作闲暇时就带着家人出去旅游。比起班级里的其他同学,小樊在职业道路上走在了前面。

> **案例思考**

你认为小樊的性格有哪些特点呢?请用3~5个词来描述。

小樊现在职业生涯发展得这么顺利,与他的性格有什么关系呢?

职业规划师说,小樊其实是个有全局观的人,同学们觉得他不适合销售,是因为大家对外面的工作世界很陌生,小樊的公司正是看中了他能够从宏观上为客户着想的能力。

学习单元一　性格理论概述

> **思维导图**

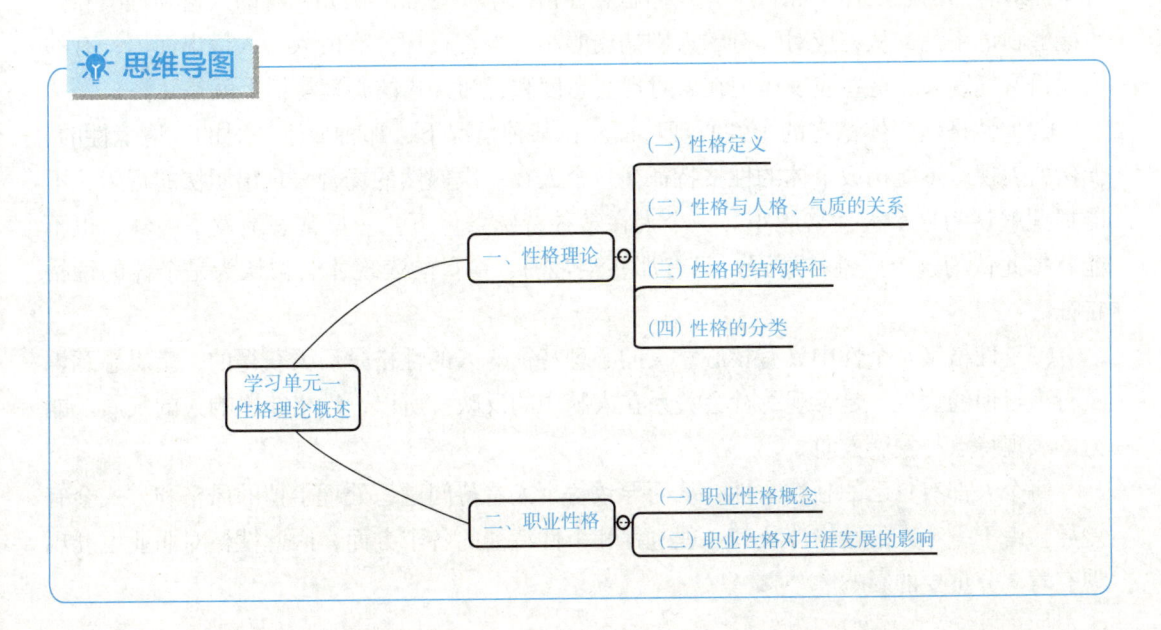

学习单元一 性格理论概述
- 一、性格理论
  - (一) 性格定义
  - (二) 性格与人格、气质的关系
  - (三) 性格的结构特征
  - (四) 性格的分类
- 二、职业性格
  - (一) 职业性格概念
  - (二) 职业性格对生涯发展的影响

"活泼""沉静""内向"还是"外向"?这些词语常常和一个人的性格有关。无论每个人的性格差别有多大,性格本身没有好坏之分。如果能将性格优势的一面在未来的职业生涯中体现,那么你将是一个高效率的工作者。如果工作环境能够和你内心的真实想法一致,你是不是能够更轻松自如地面对和处理?所以找到性格本色,是可以为未来职业生涯的发展起到促进作用。

一、性格理论

德国思想家恩格斯曾经引用过英国思想家欧文的这样一句话:"人的性格是先天组织与人在自己的一生中,特别是在发育时期所处的环境这两个方面的产物。"性格在人们的生活中占有很重要的位置。

(一)性格定义

性格(Personality)源于拉丁语,原意是指演员在舞台上戴的面具,是用来在戏剧中表明人物身份和性格的。早在两千多年前,古希腊学者提奥弗拉斯特(Theophrastus)提出性格指的是人的特征、标志、属性、特性等。关于"性格"的定义较多,一般采用心理学家的定义:性格是人对现实的稳定态度和习惯化行为方式的总和,表现为个体独特的心理特征。性格是在社会生活中逐渐形成的,同时,也受个体的生物学因素影响。

(1)性格表现在人对现实的态度和与之相适应的行为方式。性格是在社会实践活动中、在与客观环境相互作用的过程中形成的。当客观事物作用于个体时,个体会对它抱有一定的态度,并作出与这种态度相应的行为活动。个体对客体的态度和行为方式通过不断重复得以保存和巩固下来,就构成了个人所特有的、稳定的态度和习惯化的行为方式。这种主体对客体的态度体系和行为方式标志着性格的本质特点。例如,有的人遇到危险和困难能够临危不乱,从容应对;有的人则懦弱胆小,畏首畏尾。有的人待人谦虚谨慎;有的人说话盛气凌人。这些表现体现在人对现实态度和行为方式的心理特征上就是性格。

(2)性格是个体稳定的个性心理特征。在某种情况下,那种属于一时的、情境性的、偶然的表现,不能构成个体的性格特征。一个人在一次偶然的场合表现出胆怯的行为,不能据此就认为这个人性格胆小。一个人在某种特殊条件下,一反常态地发了脾气,也不能就据此认为这个人性格暴躁。只有那些经常的、一贯的表现才会被认为是个体的性格特征。

(3)性格又是个性中具有核心意义的心理特征。人的性格是后天获得的一定思想意识及行为习惯的表现,是客观的社会关系在人脑中的反映。所以,性格能影响人的气质、能力的表现特点与发展方向。

每个人都有自己的独特个性,从而导致每个人看待问题、处理事情的风格和方式会有差异。由于一个人的性格涉及其心理过程和个性特征的各个方面,因此性格对职业生涯规划有着十分重要的影响。

性格到底是什么时候出现在我们生命里的呢？科学家通过研究发现，刚刚出生没几天的婴儿就能够在行为方式上表现出不同。有的爱哭、爱笑、爱闹，有的比较安静，科学家们认为，这些差别可能就是后来性格差异的最初来源。随着年龄的增长，婴儿的某些表现会被不断地强化或改变。实际上，在生命最初的几周内，性格所表现出来的不同特点将会持续。例如，内向和外向之间的差异，在生命的最初几年中就可以观察到。

其实性格的最初形成是从幼儿园开始的。幼儿园的时候，已经能够对特定的事物表现出兴趣、爱好和能力方面的差异。如有的小朋友喜欢上画画课，有的小朋友喜欢上音乐课，有的小朋友喜欢上手工课。用性格的定义来说，幼儿园时候的人们已经初步地形成了对人、对事、对自己、对集体的一些比较稳定的态度和一些习惯化的处理方式。

到了小学时期，在大人们有意识、有目的地设立的一些集体活动中，人们的自我意识有了进一步的发展，如春游、运动会等。逐渐地形成了自己特有的一些原则，待人接物的态度也得到了进一步强化。这一时段教师和家长很容易成为人们模仿的对象和心里认定的权威。

进入少年时期，人们会逐渐认识和评价自己的个性品质与内心体验，也能够自觉地了解别人的个性特点。稳定的道德理想和道德信念开始形成，人们在道德行为方面也更加有原则性和自觉性。

到了青年期，随着知识经验的积累、抽象逻辑思维的形成及道德意识和道德情感的发展，人们各项价值观已经初步稳定并有了一定的系统性。这个时候人们的性格发展趋于平稳，待人接物的态度和习惯化的行为方式更加稳定，但是直觉的情绪体验明显减少，开始有意识地控制自己的行为方式。人们会在外界的期待下，对自己的性格进行完善或伪装，以便能够与外界和谐相处。

（二）性格与人格、气质的关系

性格（Personality）＝天性＋人格。性格的形成既受先天因素的影响，又在后天环境中形成。

1. 气质学说

天性，是天生的气质（先天形成），是一个人在正常、轻松状态下，对"信息搜集"和"决定形成"所采取的无意识的、天生的真实反应，是被"设定"的。基因、血型、气质等是直接决定和影响天性的因素。关于天性的研究在心理学上采用较多的是气质学说，最出名的是由古希腊医生希波克里特提出的四种气质类型，即多血质型、胆汁质型、黏液质型、抑郁质型。

（1）多血质型。多血质型又称活泼型。这种气质型的人敏捷好动，善于交际，在新的环境里不感到拘束。在工作学习上富有精力且效率高，表现出机敏的工作能力，善于适应环境变化。在集体中精神愉快，朝气蓬勃，愿意从事符合实际的事业，能迅速地把握新事物。在有充分自制能力和纪律性的情况下，会表现出巨大的积极性。兴趣广泛，但情感易变，如果事业上不顺利，热情可能消失，其速度与投身事业一样迅速。从事多样化的工作往往成绩卓越。

（2）胆汁质型。胆汁质型又称不可遏止型或战斗型。这种气质型的人具有强烈的兴奋过程和比较弱的抑郁过程，情绪易激动，反应迅速，行动敏捷，暴躁而有力；在语言上、表情上和姿态上，都有一种强烈而迅速地情感表现；在克服困难上有不可遏止和坚忍不拔的劲头，而不善于考虑是否能做到；性急、易爆发而不能自制。这种人的工作特点带有明显的周期性，埋头于事业，也准备去克服通向目标的重重困难和障碍；当精力耗尽时易失去信心。

（3）黏液质型。黏液质型又称为安静型，在生活中是一个坚持且稳健的辛勤工作者。由于这些人具有与兴奋过程相均衡的较强的抑制力，所以行动缓慢而沉着，严格恪守既定的生活秩序和工作制度，不为无所谓的动因而分心。黏液质的人态度稳重，交际适度，不做空泛的清谈；情感上不易激动，不易发脾气，能自制；也不常常显露自己的才能，具有从容不迫和严肃认真的品德，以及性格的一贯性和定性。这种人能长时间坚持不懈、有条不紊地从事自己的工作。其不足是有些事情不够灵活，不善于转移自己的注意力；惰性使其因循守旧，表现出固定性有余，而灵活性不足。

（4）抑郁质型。抑郁质型的人有较强的感受能力，易动感情、情绪体验的方式较少，但是体验得持久而有力；能观察到别人不容易察觉到的细节，对外部环境变化敏感，内心体验深刻；外表行为非常迟缓、扭捏、怯弱、怀疑、孤僻、优柔寡断且容易恐惧。

多血质型的典型代表有王熙凤、孙悟空；胆汁质型的典型代表有张飞和李逵；黏液质型的典型代表有曹操、薛宝钗；抑郁质型的典型代表就是林黛玉。

2. 人格

人格是指价值观和思维模式、行为模式（后天塑造），是一个人在智商、教育、文化背景、经历等生长环境作用下，对"信息搜集"和"决定形成"所采取的有意识的、主观的一贯反应。人格具有丰富的内涵，人格的内涵反映了人格的多种本质特征。

（1）独特性。人格最突出的特点就是独特性，是指一个人的人格是在遗传、成熟和环境、教育等因素的交互作用下形成的。人格结构多样性的组合使每个人都具有自己独特的人格特征。尽管不同的人具有某些相同的个别特征，但是整体的人格是不会完全相同的。

（2）稳定性。人格具有稳定性，一旦形成某种人格，就相对稳定下来。偶然发生的、一时性的心理特性，不能称为人格。这种稳定性具有跨时空的性质，同时也不是刻板的，它随着人所处环境、事件的发生而发展、变化。

（3）整体性。人格是由多种成分构成的一个有机整体，具有内在的一致性，受自我意识的调控。一个人的各种个性倾向、心理过程和个性心理特征都是在其标准比较一致的基础上有机地结合在一起，绝不是偶然的随机组合。

（4）功能性。人格在一定程度上会影响一个人的生活方式，甚至会决定某些人的命运。它作为一个动力倾向系统的结构，不是受客观环境任意摆布的。

（5）复杂性。人格的复杂性是指人是世界上最复杂的物种，它具有多元化、多层面的特征。

（6）倾向性。个体在形成人格的过程中，体现了个体对外界事物特有的动机、愿望、定势和亲和力，从而形成了个人特有的行为方式和个性倾向。

(三) 性格的结构特征

性格包含人的心理活动的不同侧面，因而具有不同的性格特征。这些特征在不同人身上以一定的结构结合成为有机整体。一般认为性格有以下四个结构特征。

1. 性格的态度特征

人对现实的态度体系是性格最重要的组成部分，在性格结构中处于核心地位。它是指个体对自己、他人、集体、社会以及对工作、劳动、学习的态度特征。例如，有的人爱祖国、乐于助人、谦虚、诚实、和善，有的人则自私自利、自负、善于狡辩、虚伪等；对待工作有的人认真、细心、勤劳，有的人则马虎、粗心、懒惰等。

2. 性格的意志特征

性格的意志特征是指个体自觉地确定目标，调节支配行为，从而达到目标的性格特征，包括行为方式和水平的调节，如顽强拼搏、当机立断。性格的意志特征可以与意志品质联系起来，可以理解为意志品质在性格中的体现。例如，人在生涯发展中有明确的目标和目的还是被动蛮干，遇到事情时是主动积极还是被动消极，在紧急或困难面前是沉着稳定、勇敢果断还是优柔寡断、惊慌失措。

3. 性格的情绪特征

性格的情绪特征是指一个人情绪活动的强度、稳定性、持续性及主导心境方面的特征。情绪强度方面的特征表现在一个人受情绪的感染和支配的程度，以及情绪受意志控制的程度。例如，有的人情绪来得快而强，有的人情绪产生的慢而弱。情绪的稳定性、持续性方面的特征表现在一个人情绪的稳定、持久或起伏波动的程度上，如情绪活动的强度、稳定性、持久性和主导心境等方面的特征。例如，有的人性格忽冷忽热，对喜欢的事物保持三分钟热度；有的人在生活中始终保持热情饱满的情绪。

4. 性格的理智特征

性格的理智特征是指个体在感知、记忆、想象、思维等认知过程中表现出来的认知特点和风格。具体表现在感知方面有被动感知型、主动观察型、详细罗列型和概括型等；在想象方面有幻想型和现实型，主动想象型和被动想象型；在思维方面有独立思考型和盲目模仿型，灵活型和刻板型，创造型和保守型等。

(四) 性格的分类

性格的类型是指在一类人身上所共有的性格特征的结合。由于性格现象的复杂性，目前还没有一个公认的、统一的性格分类标准。分析角度不同，性格的类型也不同。性格的分类大多与学术界的性格理论及类型相关。常见的分类如下。

1. 按心理机能优势划分性格类型（机能说）

英国心理学家培因（A. Bain）和法国的李波特（T. Ribot）根据理智、情绪、意志三种心理机能在性格中所占优势的不同，将人的性格划分为理智型、情绪型和意志型。理智型的人通常以理智来评价周围发生的一切，并以理智支配和控制自己的行动，为人处世冷静；情绪型的人通常用情绪来评估一切，言谈举止易受情绪左右，随性而为；意志型的人行动目标明确，主动、积极、果敢、坚定，有较强的自制力。除这三种典型的类型外，还有一些混合类型，如理智—意志型，在生活中大多数人是混合型。

2. 按心理活动的倾向性划分性格类型（向性说）

瑞士心理学家卡尔·荣格（C. G. Jung）根据人的心理活动倾向于内部还是外部，可将性格分为内倾型和外倾型。内倾型的人心理活动和能量来源于内心，较少向别人显露自己的想法，为人处世谨慎，深思熟虑，交际面窄，适应环境能力差；外倾型的人心理活动和能量来源于外部世界，对外部事物有浓厚兴趣，活泼开朗，活动能力强，容易适应环境的变化。在现实生活中处于典型的内倾型或外倾型的人很少，大多数人的性格介于两者之间。

3. 按个体独立性程度划分性格类型（独立顺从说）

美国心理学家威特金（H. A. Witkin）等人根据场的理论，可将人的性格分为场独立型和场依存型，又称为独立型和顺从型。场独立型的人不易受外界事物的干扰，具有独立判断事物、发现问题、解决问题的能力，应激能力强；场依存型的人倾向于以外在参照物作为信息加工的依据，易受外来因素的干扰，常不加分析地接受别人的意见，应激能力差。

4. 按人的社会生活方式划分性格类型（社会文化学说）

德国心理学家斯普兰格（E. Spranger）从文化社会学的观点出发，根据人的社会生活方式及由此形成的价值观，可将人的性格分为六种类型，即经济型、理论型、审美型、宗教型、权力型、社会型。经济型的人以追求财富、获取利益为人生最高价值，实业家多属此类；理论型的人以探求事物本质为人生最高价值，关心理论性问题，遇到实际问题常常束手无策，哲学家、理论家多属此类；审美型的人以感受事物美为人生最高价值，追求自我实现和自我满足，艺术家多属此类；宗教型的人把追求信仰宗教作为人生最高价值，以爱人、爱物为目的的神学家属于这种类型；权力型的人以获得权力、掌握权力为人生最高价值，有强烈的权力意识和权力支配欲，领袖人物多属此类；社会型的人重视社会价值，以爱社会和关心他人为人生最高价值，乐于从事社会公益事物，社会慈善家多属此类型。

在现实生活中，每个人都或多或少地具有这六种价值倾向，但常以一种类型特点为主。

5. 按性格不同特征的结合划分性格类型（特质论）

（1）卡特尔的特质说。美国心理学家奥尔波特（Gordon Willard Allport）最早提出人格特质学说。他认为，性格包括两种特质：一是个人特质，为个体所独有，代表个人的行为倾向；二是共同特质，是同一文化形态下人们所具有的一般共同特征。美国另一位心理学家雷蒙德·卡特尔（Raymond Bernard Cattell）根据奥尔波特的观点，采用因素分析法，可将众多的性格分为表面特质和根源特质。表面特质只反映一个人外在的行为表现，是直接与环境接触，常随环境变化而变化的，不是特质的本质；根源特质是一个人整体人格的根本特征，每种表面特质都来源于一种或多种根源特质，而一种根源特质也能影响多种表面特质。卡特尔通过多年的研究，确定了 16 种根源特质，即乐群性（A）、聪慧性（B）、稳定性（C）、持强性（E）、兴奋性（F）、有恒性（G）、敢为性（H）、敏感性（I）、怀疑性（L）、幻想性（M）、世故性（N）、忧虑性（O）、实验性（Q1）、独立性（Q2）、自律性（Q3）和紧张性（Q4）。通过 16 种人格因素问卷量表，可判断一个人的性格特点。

（2）吉尔福特的特性说。美国心理学家吉尔福特（J. P. Guilford）认为，性格与人的情绪稳定性、社会适应性和心理活动的倾向性有关，他将人的性格分为 12 种特性。根据这些特性的不同结合，又将人的性格分为以下 5 种类型：

1）行为型（A 型）：性情急躁、直爽坦率、好奇心强，人际关系不太融洽，其行为常引起人们的注意或议论。

2）平衡型（B 型）：情绪稳定、乐观、温和，能力一般，不善交际，能够正确对待困难与挫折，人际关系融洽，社会适应性较好。

3）安定型（C 型）：情绪稳定、社会适应性良好，内心封闭、孤僻，好幻想。

4）管理者型（D 型）：情绪稳定、外向，活泼开朗、善交际，与人关系较好，有组织领导能力。

5）消极型（E 型）：情绪不稳定、社会适应性较差或一般，内向、自卑、易被激怒、多愁善感。

（3）艾森克的特性说。英国心理学家艾森克（Hans J. Eysenck）将因素分析方法和传统的试验心理学方法相结合研究人格问题，以外/内倾、神经质与精神质三种人格维度为基础，将性格分为四种类型，即稳定外倾型、稳定内倾型、不稳定外倾型和不稳定内倾型。

二、职业性格

性格是职业性格的来源和基础，职业性格的发展可以促进性格的完善。良好的职业性格不是先天赋予的，而是在性格的基础上通过家庭、教育、社会环境的影响及自身的积极活动逐渐形成的。

（一）职业性格概念

职业性格，概括起来讲就是一个人为适应职业工作而必须具备的稳定的态度及与此相适应的行为方式的独特结合。不同的职业必须有不同的职业性格与之相适应。例如，教师职业要求就业者具有爱心、耐心、细心、负责等性格特征；医生职业要求就业者具有责任、严谨、爱心、关怀等性格特征；地铁站务员要求就业者具有踏实、吃苦耐劳、忍耐等性格特征；交通运输行业一线人员要求就业者具有坚强、自律、负责、奉献等性格特征。性格与职业有密切关系，从某种程度上讲，决定了一个人事业能否成功。

（二）职业性格对生涯发展的影响

许多职业的确对性格有特定的要求，要选择某一职业就必须具备这一职业所需要的性格特征。可以说，从事任何一种职业都需要有与之匹配的职业性格，相符的职业性格有助于更好地完成工作。当然除了少数职业对性格类型有着近乎苛刻的严格要求外，大多数职业并不过分强调性格与职业之间的严格对应。因为不同的性格类型可能在同一个职业领场发挥出不同的作用，而同一性格类型的人在不同的职业领域也可能会有各具特色的表现。性格特征与生涯规划的关系是很密切的。

一个性格外向、活跃、善于沟通、注重绩效的人，在从事销售和市场开发的工作上，会比一个内向、低调、注重技术研发的人更加有干劲，更得心应手，更有成就感。性格决定着职业发展的长远，了解自己的性格，把握其变化规律，不仅有助于求职择业，而且有利于自己创业、立业。职业和性格契合度的高低会影响工作的满足感，也间接决定了事业的成功。

职业选择可以看作一个人性格的延伸，同时，性格影响着一个人对职业的适应性。职业选择也是性格的表现。个人性格与职业之间的适配和对应是职业满意度、职业稳定性与职业成就的基础。在职业发展的过程中，职业能力固然重要，但是充分挖掘自身的个性，找到性格特点、能力素质与职业需求之间的匹配度，才是最大限度地发挥自身潜能，并尽快达到成功彼岸的关键，是确保职业可持续发展的决定性因素。

学习单元二　性格探索的方法

思维导图

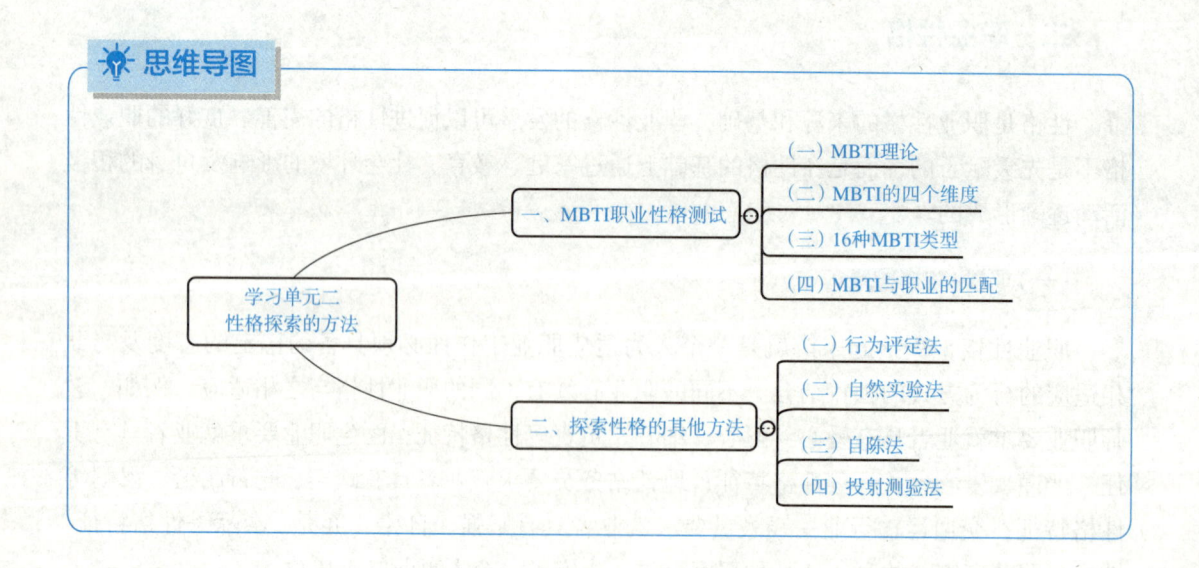

学习单元二 性格探索的方法
- 一、MBTI职业性格测试
  - （一）MBTI理论
  - （二）MBTI的四个维度
  - （三）16种MBTI类型
  - （四）MBTI与职业的匹配
- 二、探索性格的其他方法
  - （一）行为评定法
  - （二）自然实验法
  - （三）自陈法
  - （四）投射测验法

每个人有自己擅长的一面，也有不擅长的一面。它没有好坏、对错之分，性格也是如此。如果能够找到一个适合的环境，使人们在其中发挥自己的长处，那么人们会很自信，往往取得佳绩。

因此，了解自己的职业性格类型尤为重要，关于性格的测试有很多，常用的有MBTI（Myers-Briggs Type Indicator，迈尔斯—布里格斯类型指标）性格类型量表、DISC（Dominance，支配；Influence，影响；Steadiness，稳健；Compliance，谨慎）性格分析和卡特尔16PF人格特征量表、九型人格测试等，但是用得最多、最普遍的是MBTI性格类型理论。

一、MBTI 职业性格测试

MBTI是一种迫选型、自我报告式的性格评估工具，用以衡量和描述人们在获取信息、作出决策、对生活等方面的心理活动规律和性格类型。

（一）MBTI 理论

MBTI的理论基础来源于瑞士心理学家荣格的性格理论，由美国的心理学家布里格（Katherine C. Briggs）和其女儿迈尔斯（Isabel Briggs Myers）共同研究开发，成为心理测评工具。

1913年，国际精神分析大会上，荣格首次提出个性的两种态度类型，即内倾和外倾。1921年，他在专著《心理类型学》一书中又进行了详细的阐述，并提出四种功能类型，即理性功能的相互对立的两种类型——思维功能与情感功能，以及非理性功能的相互对立的两种类型——感觉功能和直觉功能。荣格将两种态度类型和四种功能类型组合起来，形成了八种个性类型，即外倾思维型、外倾情感型、外倾知觉型、外倾感觉型、内倾思维型、内倾情感型、内倾知觉型、内倾感觉型。

布里格斯和迈尔斯在荣格的两种态度类型和四种功能类型的基础上，又增加了判断和知觉两种类型，由此组成了个性的四维八极特征，它们彼此结合就构成了16种个性类型。经过二十多年的研究，她们将这一理论运用在职业选择的实践中，通过大量的个案分析，总结出与不同性格类型相对应的职业体，编制成"迈尔斯—布里格斯类型指标"。迈尔斯又在荣格的优势功能和劣势功能、主导功能和辅助功能等概念的基础上，进一步提出"功能等级"等概念，并有效地为每种类型确定了其功能等级的次序，提出了类型的终生发展理论，对心理类型理论作出了新的贡献。

MBTI性格类型揭示了一个人深层的"本我"、真实的我、自我的核心，最本能、最自然的思维、感觉、行为模式，而不是在别人面前所表现出来的表面的性格特征。通过MBTI性格类型理论，可以帮助人们了解自己和他人的性格倾向，更好地理解自己的优点和缺点，更好地接受和包容他人，使人们明白为什么人与人之间会在思维、观念、行为上产生不同与差异，为什么不同的人对不同的事物感兴趣，为什么不同的人擅长不同的工作。

近年来，MBTI 性格类型理论成为当今世界上应用最广泛、最为著名和权威的性格测试工具之一，它被翻译成 20 多种语言，每年的使用者多达 200 多万人，包括世界著名的迪士尼公司、百事可乐公司、西南航空公司都在使用这种方式进行员工测试。据统计，世界前 100 强企业中有 89% 的公司都引入了 MBTI 作为招聘选拔、人职匹配、组织诊断、改善团队沟通及人际关系的重要方法。

（二）MBTI 的四个维度

MBTI 衡量的是个人的类型偏好（Preference），或称作倾向。所谓"偏好是一种天生的倾向性，是一种特定的行为和思考方式"。这些偏好并无优劣之分，却形成了人与人之间的不同。它们各自识别了一些人类正常和有价值的行为，也可能成为误解和偏见的来源。MBTI 用四维度偏好二分法来评估一个人的类型偏好，每个维度偏好二分法均由两极组成，具体见表 3-1。

在 MBTI 测评结果中，一个人在每个维度上只能是一种偏好，如一个人是内倾的就不可能是外倾，是知觉型的就不会是判断型的。一个人如果是内倾，就意味着在绝大多数情况下其自然反应是内倾的，但是也有外倾的时候。在特别的情境下，甚至可能主要表现为外倾。所以，测评结果的类型所指并不是"非此即彼"，而是"主要"表现。

表 3-1　MBTI 性格类型量表

能量倾向：你更喜欢将自己的注意力集中于何处？你从何处获得活力？　E-I 维度	
□ 外倾 Extroversion（E）	□ 内倾 Introversion（I）
注意力和能量主要指向外部世界的人和事，从与人交往和行动中得到活力	注意力和能量集中于自己的内心世界，从对思想、回忆和情感的反思中得到活力
● 关注外部环境	● 关注自己的内心世界
● 喜欢用谈话的方式进行沟通	● 更愿意用书面方式沟通
● 通过谈话形成自己的意见	● 通过思考形成自己的意见
● 用实际操作或讨论的方式能学得最好	● 用思考、在头脑中"练习"的方式学得最好
● 兴趣广泛	● 兴趣专注
● 好与人交往，善于表达	● 安静而显得内向
● 先行动，后思考	● 先思考，后行动
● 在工作和人际关系中都很积极主动	● 当情境或事件对他们具有重要意义时会采取主动
接受信息：你如何获取信息？　S-N 维度	
□ 感觉 Sensing（S）	□ 直觉 Intuition（N）
用自己的五官来获取信息。喜欢收集实实在在的、确实已出现的信息。对于周围所发生的事件观察入微，特别关注现实	通过想象、无意识等超越感觉的方式来获取信息。喜欢看整个事件的全貌，关注事实之间的关联。想要抓住事件的模式，特别善于看到新的可能性

续表

● 着眼于当前的实际情况	● 着眼于未来的可能
● 现实、具体	● 富于想象力和创造性
● 关注真实的、实际存在的事物	● 关注数据所代表的模式和意义
● 观察敏锐，并能记住细节	● 当细节与某一模式相关时才能够记得
● 经过仔细周详的推理一步步得出结论	● 靠直觉很快得出结论
● 通过实际运用来理解抽象的思维和理论	● 希望在应用理论之前先能对之进行澄清
● 相信自己的经验	● 相信自己的灵感
处理信息：你是如何做决定的？T-F 维度	
□ 思考 Thinking（T）	□ 情感 Feeling（F）
通过分析某一行动或选择的逻辑后来作出决定。会将自己从情境中分离出来，对事物的正反两方面进行客观的分析。从分析和确认事件中的错误并解决问题中获得活力。目标是要找到一个能应用于所有相似情境的标准或原则	喜欢考虑对自己和他人来说什么是重要的。会在头脑中将自己放在情境所牵涉的所有人的位置上并试图理解别人的感受，然后在此基础上根据自己的价值判断作出决定。从对他人表示赞赏和支持中获得活力。目标是创造和谐的氛围，把每个人都当作一个独特的个体来对待
● 好分析的	● 善于体贴他人、感同身受
● 运用因果推理	● 受个人价值观的引导
● 以逻辑的方式解决问题	● 衡量决定对他人产生的后果和影响
● 寻求一个合乎真理的客观标准	● 寻求和谐的气氛和积极的人际交往
● 爱讲理的	● 富于同情心
● 可能显得不近人情	● 可能会显得心肠太软
● 公平意味着每个人都能得到平等的待遇	● 公平意味着每个人都被作为独特的个体来对待
行动方式：你如何与外部世界打交道？J-P 维度	
□ 判断 Judging（J）	□ 知觉 Perceiving（P）
喜欢将事情管理得井井有条，过一种有计划的、井然有序的生活。喜欢作出决定，完成后继续下面的工作。生活通常会比较有规划、有秩序，喜欢把事情敲定下来。按照计划和日程安排办事对他们来说很重要。从完成任务中获得能量	喜欢以一种灵活、自发的方式生活，更愿意去体验和理解生活而不是去控制它。详细的计划或最后决定会使他们感到被束缚，直到最后一分钟。足智多谋，善于调节自己适应当前场合的需要，并从中获得能量
● 有计划的	● 自发的
● 喜欢组织管理自己的生活	● 灵活
● 有系统、有计划	● 随意
● 按部就班	● 开放
● 爱制订短期和长期计划	● 适应，改变方向
● 喜欢把事情落实敲定	● 不喜欢把事情确定下来，以留有改变的可能性
● 力图避免最后一分钟才做决定或完成任务的压力	● 最后一分钟的压力会使他们感到活力充沛

(三) 16 种 MBTI 类型

对照四个维度的描述，可以识别出自己在每个维度上的偏好。每个维度上偏好类型的代表字母组合在一起，就构成了性格类型。四个维度、八个端点组合成 16 种性格类型，见表 3-2。

表 3-2 几种 MBTI 类型

内倾、感觉、思维、判断（ISTJ）	内倾、感觉、情感、判断（ISFJ）	内倾、直觉、情感、判断（INFJ）	内倾、直觉、思维、判断（INTJ）
内倾、感觉、思维、知觉（ISTP）	内倾、感觉、情感、知觉（ISFP）	内倾、直觉、情感、知觉（INFP）	内倾、直觉、思维、知觉（INTP）
外倾、感觉、思维、知觉（ESTP）	外倾、感觉、情感、知觉（ESFP）	外倾、直觉、情感、知觉（ENFP）	外倾、直觉、思维、知觉（ENTP）
外倾、感觉、思维、判断（ESTJ）	外倾、感觉、情感、判断（ESFJ）	外倾、直觉、情感、判断（ENFJ）	外倾、直觉、思维、判断（ENTJ）

1. ISTJ 型：内倾 + 感觉 + 思维 + 判断

基本特征：安静、严肃，以周到、可靠取胜；实干，注重事实、现实，负责任；理性地决定要做的事情，之后便可排除干扰坚定地付诸实施；乐于将事情处理得井井有条，包括工作、家庭、生活；重视传统与忠诚。

劣势：不喜欢变动，死板、僵硬，对改变适应性差；比较固执，见到实际应用的结果后才肯接受新观点，不能很好地理解他人，对自己的认识不足。

2. ESTJ 型：外倾 + 感觉 + 思维 + 判断

基本特征：实干、现实、注重事实；决断、迅速地执行决策；组织人完成任务或项目，着力于以可能的最有效的方式达到目的；注重日常细节；有清晰的逻辑标准并系统地遵守；强制执行他们的计划。

劣势：在工作中不太留意别人的反应和情感，天生喜欢批判，不虚心听取意见，有时甚至会粗暴无礼；对不遵守程序的人或对重要细节不重视的人缺乏耐心；不能容忍工作没有效率，追求目标时总想凌驾于他人之上。

3. ISFJ 型：内倾 + 感觉 + 情感 + 判断

基本特征：安静、友好、负责任、谨慎；恪守自己的义务；周到、勤恳、精确；忠诚、体贴，能注意到并记住那些对自己重要的人的细节，关心他人的感受；努力在家里和工作中营造有序与和谐的工作环境。

劣势：过于现实，很难全面地观察问题，准确预见情况的可能性；对自己的需求判断不果断，灵活性差，难以适应突然的变化；若认为自己不被需要或不被欣赏，容易灰心丧气。

4. ESFJ 型：外倾 + 感觉 + 情感 + 判断

基本特征：热心、认真负责、有合作精神；希望有和睦的工作环境，并在工作中努力营造这种气氛；喜欢与他人一起按时、准确地完成任务；忠诚，即使在细小的事情上也能坚持到底，能注意到他人日常生活所需并努力满足；希望因为自己所为能被人感激、欣赏。

劣势：对批评过于敏感，在紧张的环境中容易倍感压力；过于关注他人对自己的肯定和表扬，一旦没有就会失望；做决定过快，有点固执己见。

5．ISFP 型：内倾＋感觉＋情感＋知觉

基本特征：安静、友好、敏感且和善；享受当下的时刻以及周遭发生的事情；忠诚于自己看重的人和价值观；不喜欢意见不一、冲突；不会将自己的观点与价值观强加于人。

劣势：对别人的批评相当敏感，容易把别人的批评和否定看得很重；不喜欢提前做准备，时间安排有困难；工作中轻易接纳别人的行为，不考虑隐含的含义和动机。

6．ESFP 型：外倾＋感觉＋情感＋知觉

基本特征：外向，友善，包容；热爱生活，重视物质上的享受；喜欢与别人共事；会将常识运用到工作中，奉行现实的风格，力求将工作变得有趣；灵活、自发，容易适应新的人以及环境；把与他人一起尝试新的技能看作是最好的学习。

劣势：把体验和享受生活放在第一位，工作中不是特别尽职尽责；易受干扰且分心，不善于提前做好计划和察觉行动征兆；易冲动发脾气，易情绪焦躁，不能独自工作，对不相关事物和言外之意悟性不够。

7．ISTP 型：内倾＋感觉＋思维＋知觉

基本特征：宽容、灵活、安静的观察者，直至出现问题才迅速寻找解决方法；分析什么是有效的方法，能迅速处理大量的数据来找到问题的核心；对原因和结果感兴趣，运用逻辑原理组织事实；看重效率。

劣势：缺乏语言交流的兴趣和能力；对抽象和复杂的理论缺乏耐心，工作中对别人的要求和情感无动于衷，容易产生疲劳感和倦怠感。

8．ESTP 型：外倾＋感觉＋思维＋知觉

基本特征：灵活、忍耐力强、实际、注重结果；对理论和抽象的概念感到厌烦；喜欢精力充沛地解决问题，专注于眼前，有自发性，享受与他人在一起的每一刻；享受物质上的舒适，在实践中学习能达到最好的效果。

劣势：目光有时不够长远，只关注眼前；在工作中不能很好地遵守规章和制度，对他人的感受不敏感，对工作的期限和日程安排不能很好地遵守。

9．INFJ 型：内倾＋直觉＋情感＋判断

基本特征：寻求思想、关系、物质等之间的意义和联系；希望了解人类的动机，对他人富有观察力；恪守自己牢固的价值观；对如何更好地为公益服务有清晰的观点；在实践自己的想法时条理清晰且决断。

劣势：思维单一，缺乏灵活性和弹性；过于追求尽善尽美；与人交流时想法、方式比较复杂，难以获得他人的理解。

10．ENFJ 型：外倾＋直觉＋情感＋判断

基本特征：温情，有同情心，反应敏捷，有责任感；非常关注别人的情绪、需要和动

机；善于发现他人的潜能，并希望能帮助他们实现；能够成为个人或群体成长和进步的催化剂；忠诚，对赞美和批评都能作出积极的回应；在团队中能很好地帮助他人，并有鼓舞他人的领导能力。

劣势：过于认真，容易动感情，把人理想化；做决定过快，不善于解决冲突和清除表面掩盖下的问题；对待批评和指责过于个人化、情绪化；有时会注意不到事情的精确性。

11．INTJ型：内倾＋直觉＋思维＋判断

基本特征：在实现自己的想法和达成自己的目标时有创新的想法和非凡的动力；能迅速洞察到外界事物间的规律并形成长期的远景计划；一旦决定做一件事就会开始规划直到完成；具有怀疑精神、独立，对自己和他人的能力和表现都要求非常高。

劣势：对自己和他人要求严格，过于独立，在工作中对他人不够包容，容易固执己见；缺乏恒心，一旦创造性地解决问题后会迅速对该事情缺乏兴趣。

12．ENTJ型：外倾＋直觉＋思维＋判断

基本特征：坦诚、果断，有天生的领导能力；能发现组织中的不合理性和低效能性，进而创立全面的解决问题的系统并付诸实施；善于做长期的计划和目标的设定，通常见多识广、博览群书，喜欢拓宽自己的知识面并将此分享给他人；在表达观点时具有说服力。

劣势：重视工作，认为工作至上，工作中挑剔、严厉、爱发号施令；性子急，可能会因为急于做决定而忽视事情发生、发展的细节；不善于鼓励、肯定、赞扬他人。

13．INFP型：内倾＋直觉＋情感＋知觉

基本特征：理想主义者，忠于自己的价值观及自己所重视的人；想让外部世界的生活与自己的价值观相符；有好奇心，迅速发现可能性，再加速想法的执行；试图了解别人，协助别人发展；适应力强，柔顺，有弹性，如果与他们的价值观没有抵触，往往能包容他人。

劣势：制订计划时缺乏实际性；如果丧失对工作的控制力，可能会丧失工作兴趣；如果工作趋势没有向他们想象的方向发展，也会情绪低落；在竞争中处于弱势。

14．ENFP型：外倾＋直觉＋情感＋知觉

基本特征：热情洋溢、富有想象力，认为生活充满很多可能性；能迅速找出事情和信息的联系，基于自己的判断解决问题；需要别人的大量肯定，乐于欣赏和支持别人；灵活、自然、不做作，有很强的即兴发挥的能力，语言流畅。

劣势：缺乏条理性，有时候遇到事情不能分清楚主次顺序；不喜欢从事重复、例行的工作，缺乏细节性；独自工作时效率较低。

15．INTP型：内倾＋直觉＋思维＋知觉

基本特征：对任何感兴趣的事物，都要探索一个合理的解释；喜欢理论和抽象的事情，喜欢理念思维多于社交活动；安静，满足，灵活性强，适应力强；对感兴趣的事情有非凡的专注力且深入地解决问题；具有怀疑精神，有时批判，常常善于分析。

劣势：某些观点可能无法实现；他们的观点、思想对他人来说难以理解，可能因丧失兴趣而不能坚持下来；对琐碎的事情缺乏耐心，对别人的反应、感想迟钝。

16．ENTP型：外倾＋直觉＋思维＋知觉

基本特征：敏捷、睿智、机灵、坦率，有激励别人的能力；在解决新的、具有挑战性的问题时足智多谋；善于发现理论上的可能性而后再用战略的眼光分析；善于理解别人；不喜欢例行公事，很少会用相同的方法做相同的事情，能不间断地发展新的爱好。

劣势：当创造性地解决问题后就会对该事情丧失兴趣；不愿意从事具体工作，缺乏恒心；不喜欢例行公事，不喜欢重复单调的事情，坚持以自己的方式行事；经常打断别人说话，可能会因过分自信而导致能力发挥欠佳；可能会不可靠，不负责任。

无论你是哪种性格，性格类型没有对错，而在工作或人际关系上，也没有更好或更坏的组合。每种性格类型对每个人都能带来独特的优点。哪一种性格类型最符合你，是由你自己来做最后判断的。你的性格分析结果是根据你回答问题的选择来建议你最有可能属于哪一种性格类型，但是只有你自己才知道你真正的性格类型。

你可以用性格类型去理解和原谅自己，但不能把它作为你做不做任何事情的借口。不能让性格类型左右你考虑选择任何事业、活动或人际关系。要留意自己对类型的偏见，借此避免负面地定型。

(四) MBTI 与职业的匹配

知道自己的 MBTI 类型，可以帮助了解职业倾向。有研究数据表明，S-N（感觉—直觉）、T-F（思考—情感）两种维度的组合（ST、SF、NF、NT）与职业的选择更为相关。

ST（感觉＋思考）型的人更关注通过实效和实际的方式应用详细资料，如商业领域。例如，一位 ST 型的心理咨询硕士将会成为心理测评和应用方面的专家。

SF（感觉＋情感）型的人喜欢通过实践的方式帮助别人，如健康护理和教育领域。例如，一位 SF 型的心理咨询硕士将关注自己的管理、督导技能，以发展和促进同事之间有效的工作关系。

NF（直觉＋情感）型的人希望能通过在宗教、咨询、艺术等领域的工作来帮助人们。例如，一位 NF 型的心理咨询硕士将成为临床专家来帮助人们成长、发展，学习如何更好地了解自己和他人。

NT（直觉＋思考）型的人更关注理论框架，如科学、技术和管理，喜欢挑战。例如，一个 NT 型的心理咨询硕士将运用他的战略重点和管理技巧，成为人力资源领域的管理者。

工作安全感则受 IJ（内倾＋判断）、IP（内倾＋直觉）、EP（外倾＋知觉）、EJ（外倾＋判断）的影响最大，其中 EJ 类型的人最易有工作安全感，而 IP 类型的人常常在工作中对组织、未来等缺乏安全感。

当然，16 种 MBTI 类型各有其职业倾向。其中，职业倾向的描述都是从大的类别描述的，从中理解自己的职业倾向时，不要陷入类别名称的描述，更重要的是要看到这一类别工作的特点。因为在现实的工作世界中，工作岗位名称千变万化，即使相同名称的职位也可能因不同公司而要求各异，所以只有知晓适合自己性格类型的工作特点才能灵活地运用这一理论帮助自己选择工作。

1．ISTJ——强硬的监督者和执行者

（1）适合岗位的特点：技术型的岗位，对实体产品的操作，能提供周详的服务体系，有独立的工作环境，有充裕的工作时间，有规范解决问题的程序及方法。

（2）适合领域：政府机构、技术领域、医务领域、金融银行业、工商业领域等。

（3）适合岗位举例：政府公务执行人员（法律、税务、工商等），运动项目裁判员，审计师（员），会计，工程师（机械、质量、安全、土建、暖通、电气、造价、估价、电子、网络、软件、硬件等方向）及技术工作者、后勤和供应管理、信息总监、办公室行政管理，证券经纪人，银行信贷员，保险精算师，地质工作者，气象工作者，外科医生，牙科医生，药剂师，实验室技术人员，文字处理工作者，检查、检验、检测员。

2．ESTJ——灵活行使监督执行职责的管理者

（1）适合岗位的特点：喜欢工作中带有和人接触、交流的成分，喜欢做见效快、看得见、摸得着的工作，能有效地利用时间和资源，岗位目标明确，绩效考核公正合理。

（2）适合领域：无明显行业领域偏好。

（3）适合岗位举例：教师，银行职员，证券经纪人，保险代理人，软件分析师，政府公务员，外资企业员工，业务经理，中层经理（多分布在财务、营运、物流采购、销售管理、项目管理、工厂管理、人事行政部门），职业经理人，各类中小型企业主管和业主。

3．ISFJ——忠诚而随和的保护者和支持者

（1）适合岗位的特点：需要细心观察，追求精确度，付出能及时得到肯定。

（2）适合领域：医护业、教育业、服务业、消费类商业及其他行业。

（3）适合岗位举例：行政人员、秘书、总经理助理、人事管理者、物流经理、律师助手等；NLP研究者、家庭医生、牙科医生、医学专家、营养学专家、室内装潢师等；零售店/精品店店主、大型商场/酒店管理人员、室内设计师等；教师、信贷/保险经纪人、神职与宗教类活动人员、护士、药剂师、社工、民政部门职员、簿记员、打字员、服务员、乘务员等。

4．ESFJ——追求和谐的合作者与供给者

（1）适合岗位的特点：能够与很多人接触和交流，密切参与整个事件的决策流程；工作的目标明确，有明确的业绩标准；能组织、安排自己及周围人的工作，以确保一切进展得尽可能顺利。

（2）适合领域：初等教育、餐饮/酒店/旅游业、其他无明显领域特征。

（3）适合岗位举例：办公室行政或管理人员、秘书、总经理助理、项目经理、客户服务、采购和物流管理人员、酒店管理、公关客户经理、电话营销业务员、银行个人业务员、销售代表、人力资源顾问、接待文秘、口语翻译人员等；安全主任（员）、内科医生、牙科医生等；饮食营养顾问、护士、小学健康教师或班主任、初等学校管理者、零售业主、家居店业主等。

5. ISFP——有爱心的艺术工作者

（1）适合岗位的特点：非常符合自己内心价值观，能够独立进行工作而又能与他人（尤其是合得来的人）保持联系，较少地受繁文缛节或一些僵化程序的约束；可以通过双手创造出美丽、吸引人同时又有用的东西。

（2）适合领域：艺术领域（含手工艺）、医护领域、商业、餐饮娱乐服务业等领域。

（3）适合岗位举例：服装设计师、首饰设计师、素描画家、商品规划师、装潢设计、室内/景观设计师、宝石设计师、园艺设计师、漫画/卡通制作者、导演、画家、作家等；牙医、药剂师、外科医生、营养学者、康复专家、职业咨询师、健身教练等；植物/动物/生物学者、地质/考古学者、摄像师、计算机操作员等；文科教师、警察、美容专家、策划人员、翻译人员、社会工作人员、客户销售代表、工程师、娱乐工作者、消防员、野外探险领导者、保险鉴定人等；绘画/舞蹈/陶器/乐器/烹饪/调酒师、美甲师、香水调配师等。

6. ESFP——社会活动的积极参与者

（1）适合岗位的特点：能在实践中学习，利用常识收集各种事实来寻找问题的解决方案；直接与顾客和客户打交道；能同时在几个项目或活动中周旋，适合能发挥自己审美观的项目或活动。

（2）适合领域：消费类商业、服务业、广告业、娱乐业、旅游业、社区服务及其他领域。

（3）适合岗位举例：精品店/商场销售人员、餐饮业客户经理、房地产销售人员、汽车销售人员、市场营销人员（消费类产品）等；广告设计/创意/广告客户经理、时装设计和表演人员、摄影师、脱口秀节目主持人、演员等；公关经理、融资经理/专员、劳工关系经理/专员、保险代理/经纪人、社区工作人员、旅游服务销售代表、导游、健身和运动教练、医护人员等。

7. ISTP——冲动的操作者和执行者

（1）适合岗位的特点：工作充满乐趣、活力，具有良好的独立性，操作性强，能经常地去户外，工作能随自己的感觉独立地进行。

（2）适合领域：技术领域，证券、金融业，贸易，商业领域，户外、运动、艺术等领域。

（3）适合岗位举例：机械/电气/电子工程师、各类技术专家和技师、计算机硬件系统集成专业人员等；产品代理商（有形产品为主）、后勤与供应经理、证券分析/银行职员、外科医生、警察、侦探等；运动员、赛车手、飞行员、雕塑/雕刻家、画家、手工艺人、司机等。

8. ESTP——活动的挑战者和创设者

（1）适合岗位的特点：能随意与许多人交流；工作中充满冒险和乐趣，能冒险和随时抓住新的机遇；工作中，当自己觉得有必要时才作出相关的组织和安排，而不是听从别人的安排。

（2）适合领域：贸易、商业、娱乐、服务业、金融证券业、体育、艺术等领域。

（3）适合岗位举例：各类贸易商、批发商、中间商、零售商、旅游代理、餐饮娱乐服务业业主、自由职业者等；销售，如房地产经纪人、保险经纪人、股票/证券经纪人、汽车销售等；综合网络专业人士、技术培训人员、土木/工业/机械工程师等；律师、私家侦探、警察、新闻媒体记者、娱乐节目主持人、体育节目评论、脱口秀、音乐、舞蹈表演者、健身教练、体育工作者等。

9. INFJ——善于发现问题的咨询师和指导者

（1）适合岗位的特点：能从事创新型的工作（如能够帮助别人成长），经常面对紧急突发事件，生产或提供一种自己能感到自豪的产品或服务，符合自己的价值观，能够发挥自己语言及交际才能的优势，能够发挥个人独创性，能够有较充足的个人决策空间。

（2）适合领域：咨询、教育、科研、文化、艺术、设计、公共关系、政治等领域。

（3）适合岗位举例：心理咨询工作者、心理诊疗师、职业指导顾问、大学教师（人文学科、艺术类）、心理学/教育学/社会学/哲学及其他领域的研究人员、高校辅导员、教导员等；人力资源经理、事业发展顾问、市场营销人员、企业组织发展顾问、职位分析人员、人才测评师、员工培训主管、媒体特约规划师、编辑/艺术指导（杂志）、口译人员、社会科学工作者、临床医学家等；作家、诗人、剧作家、电影编剧、电影导演、画家、雕塑家、音乐家、艺术顾问、建筑师、设计师等。

10. ENFJ——有效的指导者和说服者

（1）适合岗位的特点：工作中能建立温馨的人际关系，能使自己置身于自己信赖且富有创意的人群中工作。希望工作多姿多彩，但又能有条不紊地开展。

（2）适合领域：培训、咨询、教育、新闻传播、公共关系、文化艺术及相关领域。

（3）适合岗位举例：教师、大学教师（人文学科类）、教育学、小企业经理、销售、人力资源培训主管、团队培训员、职业指导顾问、心理咨询工作者、心理学研究人员等；记者、作家、平面设计师、节目主持人（新闻、采访类）、公关经理等；画家、音乐家、基础护理医师、社会活动家、生态旅游业专家、非营利机构总裁等。

11. INTJ——技术问题的解决者

（1）适合岗位的特点：能创造和开发新颖的解决方案来解决问题或改进现有系统；有意愿且责任心强，在专业知识、智慧和能力方面能赢得自己敬佩的人合作；喜欢独立工作，但也需要定期与少量智囊人物切磋交流。

（2）适合领域：科研、科技应用、技术咨询、管理咨询、金融投资、创造性行业等领域。

（3）适合岗位举例：各类科学家、研究所科研人员、设计工程师、建筑师、系统分析师/员等；管理顾问、经济学者、法律顾问、投资专家/顾问、国际银行业务职员、金融规划师、各类技术顾问/专家、医学专家、精神分析学家、学术研究者等；运营总监、信息系统开发/信息总监、财务预算经理、社论作家等。

12. ENTJ——擅于指挥的调度者

（1）适合岗位的特点：能够做领导（发号施令）或指导他人，完善某个运作系统。使系统高效运行并如期达到目标，能够从事长远战略规划，寻求创造性地解决问题的方式。

（2）适合领域：工商业、政界、金融和投资、管理咨询、培训等专业性领域。

（3）适合岗位举例：投资分析师、风险投资家、特许经营业主、社会团体负责人（组织重建、战略、财务、后勤、信息技术等）顾问、经济学家、知识产权专家、科技专家等；政府官员、各类企业的总经理、高级主管（财务、人事、销售、营销）、国际业务经理、股票经纪人/交易员、大学教师、技术培训人员、程序设计员、环保工程师、法官、律师、演员等。

13. INFP——富有理想主义色彩的治疗师和导师

（1）适合岗位的特点：合乎个人价值观，能通过工作陈述自己的远见；工作环境有灵活的架构，在自己激情高昂时可以从事各种项目，能发挥个人的独创性。

（2）适合领域：创造性、艺术类、教育、研究、咨询等领域。

（3）适合岗位举例：心理学专家、心理辅导和咨询人员、教育顾问、社会科学工作者、团队建设顾问、口笔译人员、娱乐业人士、宣传工作、社会工作、图书馆研究、个别辅导者；各类艺术家、插图画家、诗人、小说家、建筑师、设计师、文学编辑、艺术指导者、记者、大学教师（人文类）等。

14. ENFP——富有激励精神的创新者

（1）适合岗位的特点：在创造性灵感的推动下，与不同的人群合作从事各种项目；较少需要处理日常琐碎杂务的工作，能按自己的工作节奏行事。

（2）适合领域：广告、营销策划、公关、教育、培训、咨询、文艺创作、艺术等领域。

（3）适合岗位举例：企业/团队培训人员、投资发展经理、人力资源经理、变革管理顾问、营销经理、广告客户经理、战略规划人员、事业发展顾问、开发总裁、职业规划顾问、心理学工作者、大学教师（人文类）、幼儿教师等；广告创意、广告撰稿人、记者（访谈类）、节目策划和主持人、公关经理、专栏作家、剧作家、艺术指导设计师、卡通制作者、电影及电视制片人等。

15. INTP——理性问题的解决者

（1）适合岗位的特点：能酝酿新观念，专心负责某一创造性流程，而不是最终产品，在解决复杂问题时，能获得支持，采用突破常规、存有一定风险的解决方案。

（2）适合领域：计算机技术、专业技术研究、理论研究、学术、创造性等领域。

（3）适合岗位举例：系统分析师/员、软件设计人员、软件测试工程师、软件开发人员、计算机程序员、数据库管理员、信息服务开发商等；系统建设者、证券分析师、金融规划师、企业金融律师、变革管理顾问、故障排除专家、科研机构研究人员、数学家、物理学家、经济学家、考古学家、历史学家、逻辑学家等；建筑师、语法学家、语言学家、作家、音乐家、艺术家、艺术鉴赏家等。

16．ENTP——不断超越的创新者

（1）适合岗位的特点：有机会从事创造性解决问题的工作，工作有一定的逻辑顺序和公正的标准，能够通过工作能力提高个人权力并常与权力人物交流。

（2）适合领域：投资、银行、公共关系、政治、市场营销、自我创业、创造性领域。

（3）适合岗位举例：各类项目的策划人和发起者、投资顾问（房地产、金融、贸易、商业等）、企业主、社团负责人、政府官员等；投资经纪人、金融规划师、艺术总监、访谈类节目主持人、公关专业人士、企业公关经理等；产品开发／营销策划管理系统开发／工业设计类经理、投资行业职员、广告创意指导等。

二、探索性格的其他方法

（一）行为评定法

行为评定法主要包括观察法、谈话法、作品分析法、个案法四种方法。

（1）观察法。通过在自然条件下观察一个人的行为、言语、表情、态度从而分析其性格的方法。观察法为确保获得资料的真实性，要求被观察者处于自然情景中，在观察中一直保持心理活动的自然性和客观性。

（2）谈话法。通过与某人谈话从而了解其性格特征的方法。谈话法在心理咨询中应用广泛，它对了解人们的性格、收集资料、确定解决问题的途径具有重要的意义。

（3）作品分析法。通过对一个人的文字创作作品，如日记、命题作文、信札、笔记等分析，间接了解其性格特征的方法。这种方法一般用来收集资料，对研究人的性格具有辅助性的意义。

（4）个案法。通过收集一个人的家庭历史、社会关系、个人成长史等多方面资料分析和了解其性格特征的方法。实际上，个案法就是观察法、谈话法、作品分析法的综合运用。

在日常生活中，行为评定法是了解性格的一种重要方法，如人们在结交朋友，与室友、同事相处等情境中都会或多或少运用到一些这种方法。此方法的优点是简便易行，不为被评定者注意，得到的评定结果具有较高的预测价值。但是这种评定方法需要花费大量的时间、精力关注被评定者，再加上评定结果容易受到评定者个人因素的影响，要做到评定结果的客观一致是很困难的，因而这种方法也具有一些局限。

（二）自然实验法

自然实验法是试验者根据研究目的创设试验情境，主动引起被试验者某种性格特征的表露，然后根据行为分析确定其性格特征的方法。这种方法最大的特点是简便易行，获得的材料真实可靠。其中，最著名的试验是苏联心理学家阿格法诺夫设计的"拾柴火"的试验，以研究儿童在困难条件下的性格意志特征。试验是这样的：一个冬天的夜里，试验者在被观察的孩子们住房附近放了一堆湿柴，在远处山谷里堆放了许多干柴，要求孩子们定期在夜晚去捡柴火（不指定地点），试验者则藏在岔路口的小房内观察。结果，少数孩子们勇敢而负责任地到山谷中取干柴；多数孩子怕黑不敢走远，只把近处的湿柴拿了回来；还有一部分孩子们继续留在住房不愿意执行任务，有抵触情绪。在这个试验中，试验者真实地了解到不同孩子们性格意志特征的差异。

（三）自陈法

自陈法也称问卷法、量表法，使测试者按一定标准化程序和要求一次回答问卷中的大量问题，根据测验分数和常模来推知测试者属于哪种性格类型。这是一种常用的评定性格的方法。国内外常见的性格量表问卷有以下几种。

1. 卡特尔 16 种人格因素问卷（Sixteen Personality Factor quesionnaire，简称 16PF）

该问卷根据美国心理学家卡特尔提出的 16 种根源特质编制而成，共有 187 道题目，适用于具有阅读能力的 16 岁以上的成人。卡特尔等人后又设计了分别适用于中学生、小学生、学前儿童的三个个性问卷。

2. 明尼苏达多项人格调查表（Minnesota Multiphasic Per-sonality Inventory，简称 MMPI）

该问卷是由美国明尼苏达大学教授哈瑟韦和心理治疗学家麦金力编制，1966 年的修订版共包括 566 个题目，14 个分量表。它可以测量人格的各个特征，也可以鉴别癔症、强迫症、精神分裂症、抑郁症等。目前为国际上广泛应用的个性测验问卷。

3. 艾森克人格问卷（Eysenck Personality Questionnaire，简称 EPQ）

该问卷是由英国心理学家艾森克等人编制的个性问卷。该问卷有适用于 7～15 岁儿童和 16 岁以上成人两个版本，各包含 100 个左右的题目。每种问卷包括 4 种分量表，即内外倾向量表、精神质量表、情绪性量表和效度量表。

4. Y-G 性格问卷（Yatabe—Gnilford Test）

该问卷是由日本京都大学教授矢田部达朗等人以美国心理学家吉尔福特（J.P.Guilford）的三种性格测验为基础编制的。该量表由 120 个题目组成，测量 12 个性格特质，每个特质各有 10 个题目，适用于 7 岁以上的正常人。

（四）投射测验法

投射测验法是评定者向被评定者提供一些无确定含义的刺激，使被评定者在不知不觉中自由地把自己的思想感情投射出来，从而确定其性格特征。最常用的投射测验有以下几种。

1. 罗夏墨迹测验

罗夏墨迹测验由瑞士精神病学家罗夏于 1921 年编制。测验内容由 10 张对称的墨迹图片组成，其中 5 张是浓淡不同的黑白图片，5 张彩色图片（2 张是黑红色图片，3 张是多色混合图片）。测试时主试者把墨迹卡片按顺序让受测者看，让受测者说出他看到什么，墨迹图形像什么，想起了什么。主试者记录下受测者的反应，从这些反应中分析判断受试者的人格特征。墨迹测验不受语言文字的限制，因而还广泛地应用于人格发展和跨文化研究。

2. 主题统觉测验（Thematic Apperception Test，简称 TAT）

主题统觉测验由美国心理学家默里和摩根等于1935年编制完成。测试内容由30张黑白图片组成，图片上的人物关系及其所处背景含义都比较模糊，根据受测者的年龄、性别采用其中20张进行测试，要求受测者根据图片讲故事。主试者从受测者讲述的故事中解读、分析出其动机、需要、态度等性格特征。TAT适用于各种年龄和不同种族。

3. 房树人测验（House-Tree-Person，简称 HTP）

房树人测验又称屋树人测验，它始于美国心理学家约翰·巴克在1948年发明的"画树测验"，受测者需要在三张白纸上分别画屋、树及人以完成测试。1970年，罗伯特·伯恩斯将画树测验扩展为动态屋、树、人分析学，要求受测者在同一张纸上画屋、树及人。屋树人测验描绘的是画，具有主动性、构成性和非言语性的特点，避免了反应内容在言语化过程中的变形，可以更具体地了解受测者的人格特征，捕捉到难以言表的心理冲突，并且不容易引发受测者的警觉、反感或创伤体验。该测验考察的内容比较丰富，能涉及受测者人格特征中的感受性、成熟性、灵活性、效率性和综合性，还具有一定的创造性，甚至可以涉及个人智力，既可以用于团体测试，又可以用于个体测试。

学习单元三　打造职业性格

思维导图

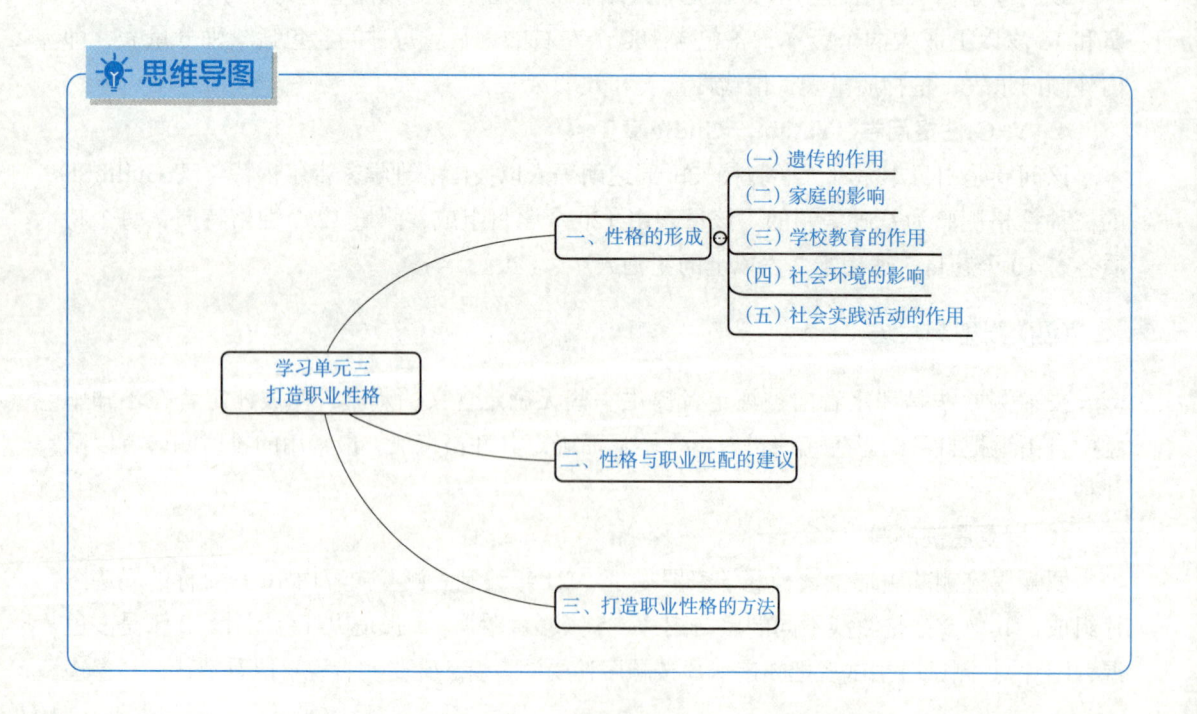

```
学习单元三
打造职业性格
├── 一、性格的形成
│   ├── （一）遗传的作用
│   ├── （二）家庭的影响
│   ├── （三）学校教育的作用
│   ├── （四）社会环境的影响
│   └── （五）社会实践活动的作用
├── 二、性格与职业匹配的建议
└── 三、打造职业性格的方法
```

性格是一个人在生活过程中形成稳定的态度体系，但这并不说人们面对性格的固定性毫无办法。性格很大程度上来源于后天的培养，并不是完全无法改变的。当发现自身性格与职业的匹配度不高时，可以通过个人努力来弥补不足，充分发挥自己性格优势方面的作用，避免或减少自己性格中的劣势方面对事业的影响。

一、性格的形成

影响性格形成的因素是多方面的，一般认为性格的形成和发展受到遗传、家庭、教育、环境等因素的影响。

（一）遗传的作用

人的神经系统类型在性格形成中有一定的作用。人的气质影响性格特征的外部表现。例如，在不利的客观条件下，抑郁质的人比胆汁质的人容易成为懦夫；而在顺利的条件下，胆汁质的人比抑郁质的人容易成为勇士。多血质的人善于与人交往，而黏液质的人难于与人相识。研究还表明，神经系统的某些遗传特性也可能影响某些性格的形成，加速或延缓某些行为方式的产生和发展。关于精神分裂症患者发病率的研究表明，父母均为精神分裂症患者，其子女的发病率为68.1%；父母一方为患者，其子女的发病率为16.4%；家族中无病史者，其子女的发病率为0.85%。可见，对性格变态的人来说，遗传的因素有一定的作用。

性格作为人对现实的态度及行为方式的系统，主要是由社会关系决定的。遗传对性格的形成有些影响，但它不起主要作用。对同卵双生子的研究表明，在不同环境中长大的同卵双生子，气质特征非常相似，而性格却明显不同；且随着他们年龄的增长，分开生活的时间越长，性格的差别也越大。神经系统的遗传特性可以影响一个人接受刺激的能力、动作反应的速度和灵活性，但不能决定一个人的性格特征。在一个家庭内，父母与子女之间，兄弟姐妹之间，可能有完全不同的生活道路，出现完全不同的性格，这显然不是由遗传因素决定的。

（二）家庭的影响

家庭是社会的基本单位和社会生活中各种道德观念的集合点，也是个体出生后最先接触并长期生活的场所。因此，家庭被称为"制造人类性格的工厂"。家庭的教育态度和教育方式对个体性格的形成与发展起着直接的影响作用。研究证明，父母教育方式不同，个体会形成不同的性格特征，见表3-3。

表3-3 父母教育方式与儿童性格的关系

父母的教育方式	儿童性格
支配性型	消极、顺从、依赖、缺乏独立性
溺爱型	任性、骄傲、利己主义、缺乏独立精神、情绪不稳定

续表

父母的教育方式	儿童性格
过于保护型	缺乏社会性、依赖、被动、胆怯、深思、沉默、亲切
过于严厉型	顽固、冷酷、残忍、独立、怯懦、盲从、不诚实、缺乏自信心和自尊心
忽视型	妒忌、情绪不安、创造力差,甚至有厌世轻生情绪
民主型	独立、直爽、协作、亲切、善社交、机灵、安全、快乐、坚韧、大胆、有毅力和创造精神
父母意见分歧型	易生气、警惕性高,有两面讨好、投机取巧、好说谎的作风

家庭生活气氛和父母的性格特征对个体的性格也有明显影响。例如,家庭成员互助互爱、民主团结、通情达理、和睦相处,则有助于个体良好性格特征的形成;反之,若家庭生活气氛紧张,家庭成员经常争吵、打斗,则导致个体不良性格特征的形成。家庭的政治和经济地位、父母的文化素养和为人处世方式、个体的出生顺序等因素也潜移默化地影响着个体性格特征的形成与发展。

(三)学校教育的作用

学校教育是有目的、有计划、有组织地按照一定社会政治经济的要求和个体身心发展规律,对其所实施的德、智、体、美、劳诸方面影响,以使其形成一定的知识、技能和个性。学校教育和教学对个体性格的形成起主导作用。

(1)学校教育的方针、内容、方法,教师的榜样、态度,学校的校风、班风、传统、规章制度、师生关系、团队生活、课外活动等,都影响学生性格的形成。

(2)教师的榜样作用对学生性格的形成也有重要作用。教育是通过教师和学生的双边活动来完成的。学生常常把教师作为自己的楷模,教师的榜样有形无形地影响着学生性格的形成。师生关系始终是教育人际关系中的主要关系,这种关系也直接影响学生性格的形成。师生关系主要表现为民主型、权威型、放任型三种。

(3)学校中的集体组织及其活动,特别是班集体的特点、要求、舆论、评价等,对学生性格的形成与发展有具体影响。集体对性格的形成有特殊的意义。学生参加集体生活,接受集体的委托与要求,受到集体舆论的影响,这一切都对其性格发展有重要的影响。

(四)社会环境的影响

社会环境对个体性格形成的影响主要是通过文化媒介传播进行的,如社会舆论、报纸、杂志、电影、电视剧等都对其性格的形成、发展产生各种各样的影响。文化媒介中的英雄榜样、典型人物、偶像明星等常常是个体学习和模仿的对象。正面的形象和行为能激起他们强烈的情感与丰富的想象,成为他们效仿的对象和前进的动力。而格调低下、庸俗恶劣的文化媒介则会污染儿童的心灵,给个体带来不良诱导和不健康的联想、体验。

（五）社会实践活动的作用

家庭、学校教育、社会环境因素等都是性格形成的外部条件，虽然它们对性格的形成和发展起着巨大的影响作用，却不能直接形成人的性格。它必须通过人的内部因素才能起作用。性格形成的过程实际上就是主体将其接受的外部社会要求，逐渐内化为自己内部要求的过程。在这个内化过程中，个人的理解和领悟，个人的需要、动机和态度起着调节和控制作用。如果外部要求与自己的态度相吻合，就可能转化为内部要求，并见之于行动，形成自己的态度体系和稳定的行为方式。如果外部要求不符合个人的需要和动机，那么客观的要求就很难转化为内部需要，当然，也就不能形成个人的性格特征。

在个体的成长过程中，自我意识明显地影响着性格的形成。个体的自我意识与性格是同步发展的。个体将自己从客观环境中区分出来是性格形成的开始，从这以后，便开始了自己教育自己、自己塑造自己的努力。随着个体自我意识的发展，这种自我教育、自我塑造的力量就会越来越强。归根到底，人与环境的相互作用，即人的社会实践活动对性格的形成起决定作用。

二、性格与职业匹配的建议

1. 结合自身性格制订职业规划

在即将就业时，或在工作中面对较大的困惑和瓶颈时，应对自身的性格特征进行全面分析和总结，得出自身的性格类型和主要优缺点，总结自身的兴趣爱好，并对自身的知识技能和优势方面进行综合评估，进行科学系统的职业规划。性格作为职业选择中的重要影响因素，应当成为未来职业选择中的重要参考。可借助于职业咨询师的指导，在其专业意见指导下，明确自身能做什么、想做什么，进而进行职业的选择和长远规划。在完成职业规划后，要进行不断的反馈和评估，并在执行的过程中依据实际情况进行适当调整，以确保个人的职业生涯能够顺利实现个人追求和目标。

2. 以性格特征和兴趣爱好指导择业

在职业规划完成后，应将性格特征和兴趣爱好作为择业的重要参考。尽管个人的职业选择受到的影响因素较多，来自社会和家庭的压力较大，但应当综合多种因素，从个人的长远发展出发，进行职业的选择。应分析自身的性格特征，结合性格分类标准，判断自身的性格及优缺点，并充分发挥自身的性格优势。同时，依据平时的兴趣爱好，判断其是否与某种职业及个人能力优势相符合，进而选择相应的职业，达到性格与职业的匹配与契合。在确定意向职业后，分析该职业的具体需求，发挥自身的优势所在，实现职业的准确定位，获取个人良好的职业未来。

3. 让自身性格适应当前工作

对于已经步入职场和已经参加工作的人，如受社会和家庭等客观因素影响较大，无法进行职业的更换，则可依据性格的可塑性，让自身性格逐步适应当前工作。经过后期的实践和调整，人能够主动进行性格的规划和调整，使其符合职业特点，满足职业需求。例如，个人为内向型性格，可通过与人沟通交流、参加社交活动，逐渐培养自信并锻炼自身在公共场合的沟通能力，将性格慢慢向外向型发展；个人为外向型性格，可通过多阅读书籍，通过静坐和沉思，使自身更加沉稳成熟，以适应相应的职业需求。实现性格的调整和塑造，对自身未来的职业发展有较大的帮助和促进。

4. 在职业中完善自身性格

人在职业和工作中存在性格与职业之间的矛盾，经由性格调整和塑造后，逐步适应工作环境和职业特征，在职业中逐渐实现性格与职业的契合。之后，可不断进行自我性格的完善，通过主动干预实现自我性格的完善和优化。对自身的性格缺陷进行挖掘，找到性格的不足之处，进而采取有效的方法和策略。经过不断的学习和实践，逐渐实现对自我情绪的控制，对个性和性格上的缺陷进行弥补。此过程属于对性格的理性化和适当性调整，是实现对情绪的控制而不是对个性的压制，能够促进个人的职业发展，还能实现其人际关系的优化。

三、打造职业性格的方法

性格反映着人们的态度与行为习惯，受现实环境的影响，并非不可改变。当人们正视自身的性格缺陷时，可以从改变生活环境、习惯性的思维方式与行为习惯入手，但要意识到这是一个循序渐进的过程。具体步骤如下：

步骤一：识别自己的自动化思维。自动化思维是一连串的想法，尽管大部分时间人们觉察不到这些思维，但是稍加训练就能很容易将这些思维带到意识层面。例如，一位具有"我做不到啊！"自动化思维的同学，因总是把事情拖延到最后没有时间完成而懊恼，虽然每次在放弃时体验到的是悔恨和焦虑，但其源头是自卑的自动化思维，这种思维可以在生活中的其他领域验证。

步骤二：确定自己的靶向行为目标。定时对自身的靶向行为目标进行观察并记录，给自己制订一个短期的合理目标，并制订奖励办法。例如，如若此次时间上坚持到最后，无论成功与否都会奖励自己一个礼物；坚持每日记录自己做事时坚持的程度，如果出现放弃可以给自己一个负强化如取消一次自己喜欢做的事情。

步骤三：选择适宜的行为环境，制订并执行行为计划。促进想要行为的产生，就必须为它创造最便捷的环境。制订合理的时间计划表，可以起到督促的作用，可以方便检查靶向目标的完成情况，进行反馈，及时调整方案。

经过一段时间的坚持，思维方式与行为习惯都会发生相应的改变，你对自己和他人对你的性格定义自然也会发生变化。

课堂实训

MBTI 性格测试

MBTI 是世界上使用最为广泛的性格类型测试工具之一，每年被 200 多万人使用。

请根据表 3-4 的描述进行自我评价，在每题 A、B 的选择方格中评分，A+B 的评分相加必须为 5。

提示：0 代表从不，1 代表很少，2 代表说不好，3 代表很多，4 代表极多，5 代表总是。

表 3-4 MBTI 性格测试

（1）	□ A □ B	先了解别人的想法，再做决定 不和别人商量，就做决定
（2）	□ A □ B	自己是一个富于想象或凭直觉的人 自己是一个讲求精神、讲求事实的人
（3）	□ A □ B	根据现有资料和情境的分析，对他人进行评判 运用同理心与感觉来了解他人需要及价值观，并以此对他人进行评判
（4）	□ A □ B	顺着他人意思作出承诺 作出明确的承诺，并确实给予实践
（5）	□ A □ B	有安静、独立思考的时间 能与他人打成一片
（6）	□ A □ B	运用熟悉的好方法来完成工作 尝试运用新的方法来完成工作
（7）	□ A □ B	以合乎逻辑思考及按部就班的分析得到结论 根据过去生活的体验及信息来得到结论
（8）	□ A □ B	定下完成工作的最后期限 拟定时间表，并严格遵行
（9）	□ A □ B	和他人稍谈话题后，再自我思考一番 和他人尽兴畅谈某事后，再自我思考一番
（10）	□ A □ B	设想各种可能发生的情况 按实际的情况处理问题
（11）	□ A □ B	被认为是一个擅长思考的人 被认为是一个敏于感觉的人
（12）	□ A □ B	事前详细考虑各种可能性，事后反复思考 收集需要的资料，稍做考虑后，作出明确决定
（13）	□ A □ B	拥有内在的思想和情感，而不为他人所知 与他人共同做某些活动或事件
（14）	□ A □ B	抽象与理论 具体与实际
（15）	□ A □ B	协助别人探索他们自己的感受 协助别人作出合理的决定

续表

(16)	☐A ☐B	问题的答案保持弹性，且可修改 问题的答案是明确的、可预知或可预测
(17)	☐A ☐B	很少表达自我内在的想法及感受 自在地表达自我内在的想法及感受
(18)	☐A ☐B	从大处着眼 从小处着手
(19)	☐A ☐B	运用常识，凭着信念来做决定 运用资料分析事实来做决定
(20)	☐A ☐B	事先详细计划 根据临时需要而做计划
(21)	☐A ☐B	结交新朋友 独处或只与熟人交往
(22)	☐A ☐B	重视概念 重视事实
(23)	☐A ☐B	相信自己的想法 相信经证实的结论
(24)	☐A ☐B	尽可能在记事本记下事情 尽可能少用记事本记录事情
(25)	☐A ☐B	在团体中详细地讨论新奇、未决定的问题 自己先想出结论然后和他人讨论
(26)	☐A ☐B	拟订详密的计划，然后确实地执行 拟订计划，但不一定执行
(27)	☐A ☐B	是理性的 是感性的
(28)	☐A ☐B	随心所欲做些事 尽量事先了解别人期望做什么
(29)	☐A ☐B	成为众人的焦点 退居幕后
(30)	☐A ☐B	自由想象 检视实情
(31)	☐A ☐B	体验感人的情境或事物 运用能力、分析情境
(32)	☐A ☐B	在预定的时间内开会 在一切妥当或安适的情况下，宣布开会

计分方法：

（1）将计分表上每一列的总分相加，共四对，八个分数。

（2）分别找出每一对分数中，数字较大者，即个人的四个风格。例如，内向性18分，外向性22分，则取外向性为个人风格，其他以此类推。

（3）每个风格都有程度上的差别，如果在相对应的两个风格中（如外向性对应内向性），有一方的程度较强，即表示另一方程度较弱，其比照分数如下：

30～40分：表示这风格非常强，几乎没有另一对应风格。
25～29分：表示这风格比另一风格强。
22～24分：表示这风格比另一风格稍强一些。
20～21分：表示兼具两个风格的特质。
计分方式见表3-5。

表3-5 MBTI 计分方式表

内向（I）	外向（E）	直觉（N）	感觉（S）	思考（T）	情感（F）	知觉（P）	判断（J）
（1）B	（1）A	（2）A	（2）B	（3）A	（3）B	（4）A	（4）B
（5）A	（5）B	（6）B	（6）A	（7）A	（7）B	（8）A	（8）B
（9）A	（9）B	（10）B	（10）A	（11）A	（11）B	（12）B	（12）A
（13）A	（13）B	（14）A	（14）B	（15）B	（15）A	（16）A	（16）B
（17）A	（17）B	（18）B	（18）A	（19）B	（19）A	（20）B	（20）A
（21）B	（21）A	（22）A	（22）B	（23）A	（23）B	（24）B	（24）A
（25）B	（25）A	（26）B	（26）A	（27）B	（27）A	（28）A	（28）B
（29）B	（29）A	（30）A	（30）B	（31）A	（31）A	（31）B	（31）A

思政园地

培养和践行劳模精神

劳动的内涵在更新，劳模的标准在"进阶"，劳动模范是优秀劳动者的典型代表。劳模精神激励了千千万万劳动者坚守信念、立足岗位、开拓创新、建功立业。劳模精神是社会主义时代精神的重要组成部分，其蕴含的精神内涵与社会主义核心价值观在政治导向、思想引领、文化传承、道德提升等方面密切关联、高度契合。大学生学习劳模精神，有利于促进大学生践行社会主义核心价值观，有利于促进劳动教育融入大学生教育教学的全过程，有利于引导大学生树立科学的职业观和择业观。大学生学习劳模精神，就要深入理解劳模精神的丰富内涵，领悟劳模本质、探究劳模品格、宣传劳模价值。

（一）劳模精神的内涵

劳模精神是劳模在平凡岗位上作出不平凡业绩所坚持、坚守、坚定的基本信念、价值追求、人生境界及其展现出的整体精神风貌。习近平总书记指出：劳动模范身上体现"爱岗敬业、争创一流，艰苦奋斗、勇于创新，淡泊名利、甘于奉献"的劳模精神，是伟大时代精神的生动体现。其中，爱岗敬业是本分，争创一流是追求，艰苦奋斗是作风，勇于创新是使命，淡泊名利是境界，甘于奉献是修为。

（二）大学生学习劳模精神的路径

1. 强化学习领悟

大学生要通过学习深刻领悟劳模精神的时代内涵，端正对劳模和劳动精神的认识，并在学习领悟的过程中，深刻领悟劳模精神产生的过程，以及在这个过程中所蕴含的使命感、责任感和积极性、主动性、创新性；并以此为契机加强对劳动思想、劳动精神的体验和感悟，与自己职业的选择和发展联系起来，使劳模精神成为自身职业发展的精神支柱，坚定信念，夯实政治素养；努力学习，练就过硬本领；锤炼品格，使自己成为新时代中国特色社会主义事业的合格建设者。

2. 明确发展目标

大学生学习劳模精神就要将劳模精神与自身发展结合起来。在职业目标确定的过程中，做劳模精神的实践者、弘扬者和传承者，以成为新时代的奋斗者及有理想信念、有责任担当、有精湛技艺、有创新精神的新时代劳动者为目标。在劳动创造中实现远大理想和个人目标，自觉把人生追求融入国家富强、民族复兴的伟业之中，实现个人与集体、国家的融合发展，真正树立依靠辛勤劳动、诚实劳动、创造性劳动获取财富、实现人生价值的正确思想观念，从而为走出校园后的人生之路奠定良好的事业发展观。

3. 倡导躬身实践

劳模精神是劳动模范工作态度、作风和方式的集中体现。大学生要充分利用工作、学习和实践等各种机会，弘扬劳模精神，感悟劳模品质，要在社会实践和职业体验中践行劳模精神。在日常工作和学习中感悟劳动精神。要努力学习、创新学习，不断提升自身的实践能力，提升自身的科学文化素质和思想道德水平，在敬业奉献、勤勉敬业中培养劳动品质、提升劳动本领、弘扬劳模精神。

学习模块四
自我价值观探索

学习目标

知识目标：
1. 理解价值观的概念、类型及特性。
2. 了解价值观对个人职业选择和发展的影响。

能力目标：
1. 学会探索澄清个人职业价值观。
2. 能够澄清个人职业价值观。

素质目标：
1. 培养学生探索职业价值观的自主意识。
2. 引导学生树立社会主义核心价值观。
3. 引导学生树立正确的职业价值观。

案例导入

鱼与熊掌，你到底要什么？

小王同学已经步入大学的最后一年，很快就面临毕业找工作的问题，但是他对职业选择犹豫再三：是找一份收入一般但环境稳定的工作，还是找一份薪水高但挑战很大的工作？是去陌生的大城市闯荡，承受巨大压力但机遇较多、平台较好，还是留在家人身边，寻求安逸？抑或远赴人才稀缺的西部，参与国家基层项目，效力祖国的边疆？

小张同学同样为找工作的问题而困惑。他有一个表哥在一家外企工作，表面上风光无限，其实累得要命，"白加黑""5+2"是常有的事情，他从小以表哥为榜样。直到逐渐长大才看到表哥背后的不易和艰辛，不禁思索起来：是否要选择别人眼中风光无限的工作？是他人期待重要还是要考虑这究竟是不是自己想要的工作呢？

案例思考

其实关于"鱼和熊掌"的选择的困惑还有很多，不断抉择的过程让人们走上不同的道路，不断的取舍也让人们在其中成长。"鱼和熊掌，我到底要什么？""考研还是就业？""毕业后去哪座城市发展？""什么是好工作？""什么是最适合自己的工作？""在哪项工作中，我能真正开开心心地投入并实现自己的价值？"这些困惑是每个面临择业、需要做职业决策的大学生都要面对的，这就需要大学生直面自己的价值观。

学习单元一　价值观概述

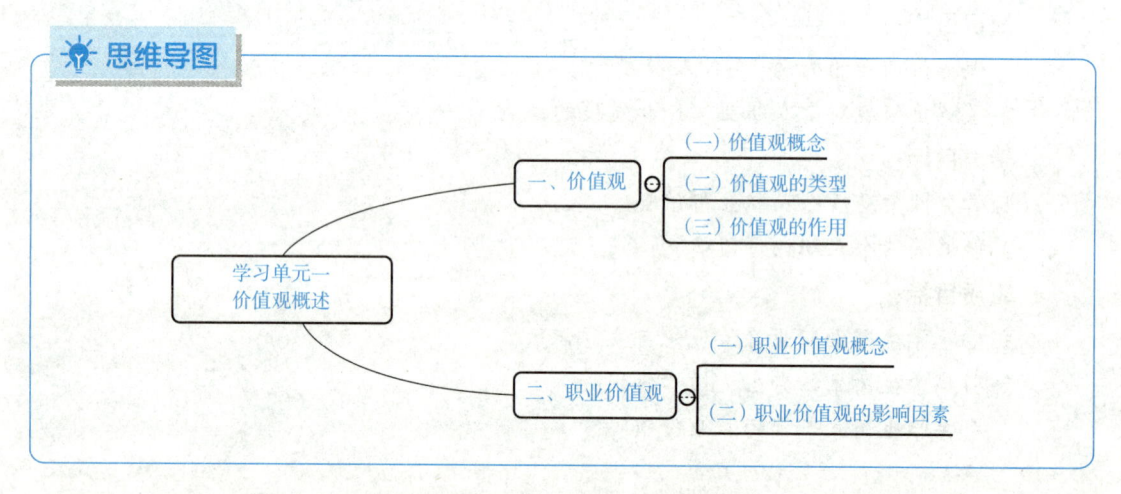

思维导图

```
                              ┌─ （一）价值观概念
                ┌─ 一、价值观 ─┼─ （二）价值观的类型
                │             └─ （三）价值观的作用
学习单元一 ─────┤
价值观概述      │               ┌─ （一）职业价值观概念
                └─ 二、职业价值观 ┤
                                └─ （二）职业价值观的影响因素
```

价值观是人们在生活和工作中所看重的原则、标准或品质。它指向人们一生中最重要的东西，是个体行为背后的深层动机，对个体的职业选择和发展起到重要的激励、影响作用。

一、价值观

价值是一个含义十分复杂的范畴，在不同的语境中具有不同的含义。在哲学中，价值的一般本质在于，它是现实的人的需要与事物属性之间的一种关系。某种事物或现象具有价值，就是该事物或现象能满足人们某种需要，成为人们的兴趣、目的所追求的对象。在日常生活中，价值是人们经常会遇到的问题，如做事、说话经常要考虑"值不值得""有没有益处""美不美"，这里的"值""益""美"就是一种价值判断。

（一）价值观概念

价值观（Values）是人们用来区分好坏的标准并指导行为的心理倾向系统。价值观往往容易被看作仅属于认知的范畴，其实它通常是充满着情感和意志的。价值观为人们自认为正当的行为提供充分的理由，是浸透于整个个性之中支配着人的行为、态度、观点、信念、理想的一种内心尺度。

1．价值观因人而异

由于每个人的先天条件和后天环境不同，人生经历也不尽相同，每个人的价值观的形成会受到不同的影响。因此，每个人都有自己的价值观和价值观体系。在同样的客观条件下，具有不同价值观和价值观体系的人，其动机模式不同，产生的行为也不同。

2．价值观相对稳定

价值观是人们思想认识的深层基础，它形成了人们的世界观和人生观。它是随着人们认知能力的发展，在环境、教育的影响下，逐步培养而成的。人们的价值观一旦形成，便具有相对稳定性。

3．价值观在特定的环境下可以改变

由于环境的改变、经验的积累和知识的增长，人们的价值观有可能发生变化。

（二）价值观的类型

德国心理学家斯普兰格在《人的类型》中指出：价值观的类型与人们对社会生活的六个领域的兴趣程度有关。由于人对社会生活不同领域的价值在认识上存在差异，因而在态度、偏好和行为上表现不同。这六种价值观分别为理论的、经济的、艺术的、社会的、政治的、宗教的。美国心理学家奥尔波特认为，在每个人的身上，会同时存在六种价值观，但是依据不同的倾向程度，价值观的组合排序有所不同。

1．理性价值观

理性价值观是以知识和真理为中心的价值观。这种类型的人把追求真理看得高于一切。这类价值观的人主要兴趣是发现真理，好钻研，求知欲强，对探索事物的本质有明显的价值倾向。

2．艺术性价值观

艺术性价值观是以外形协调和匀称为中心的价值观。这种类型的人将美和协调看得比什么都重要，主要兴趣是对任何事物都从艺术的角度加以看待，认为美的价值高于一切。

3．政治性价值观

政治性的价值观是以权力地位为中心的价值观。这种类型的人将权力和地位看得最有价值，主要对权力感兴趣，有较强的领导和支配他人的愿望与才能。

4．社会性价值观

社会性的价值观是以群体和他人为中心的价值观。这种类型的人将为群体和他人服务看得最有价值，大多表现为随和、善良、宽大为怀、不自私和献身等，以提供服务为最大乐趣。

5．经济性价值观

经济性的价值观是以有效和实惠为中心的价值观。这种类型的人认为世界上的一切，实惠的就是最有价值的，非常注重实际与效用，重视财力、物力、人力和效能。

6．宗教性价值观

宗教性的价值观是以信仰为中心的价值观。这种类型的人重视命运和超自然力量，认为信仰是人生最有价值的，他们自愿克服一切低级冲动，乐于自我否定而沉思于高尚的心灵境界中。

（三）价值观的作用

价值观决定人的自我认识，它直接影响和决定一个人的理想、信念、生活目标和追求方向的性质。价值观的作用大致体现在以下两个方面。

1．价值观对动机有导向的作用

人们行为的动机受价值观的支配和制约，价值观对动机模式有重要的影响。在同样的客观条件下，具有不同价值观的人，其动机模式不同，产生的行为也不同。动机的目的方向受价值观的支配，只有那些经过价值判断被认为是可取的，才能转换为行为的动机，并以此为目标引导人们的行为。回答"怎么样"的问题，即人生态度问题，同样要以对人生的价值判断为根据。一个人以这样或那样的方式对待生活，处理生活实践中遇到的各种问题，是因为在他看来，他选择的生活方式才是有意义的。对人生价值的看法，在整个人生观体系中具有重要地位，它在深层次上影响、制约和指导人们的实践活动，为人们的人生目的和人生态度的选择提供依据。当代大学生只有正确地理解人生价值的内涵，明是非、辨善恶、知荣辱，才能在实践中最大限度地创造人生的价值，成就人生的辉煌。

2．价值观反映人们的认知和需求状况

价值观是人们对客观世界及行为结果的评价和看法。它从某个方面反映了人们的人生观和世界观，反映了人的主观认知世界。人生价值是一种特殊的价值，是人的生活实践对社会和个人所具有的作用与意义。选择什么样的人生目的，走什么样的人生道路，如何处理生命历程中个人与社会、现实与理想、付出与收获、身与心、生与死等一系列矛盾，人们总是有所取舍、有所好恶，对于赞成什么反对什么、认同什么抵制什么，总会有一定的标准。人生价值观就是人们从价值角度考虑人生问题的根据。

二、职业价值观

价值观是人们在考虑问题时所看重的原则和标准，是人们内在的驱动力。价值观在人们的生涯发展中往往起到极其重要的、决定性的作用，甚至可能超过了兴趣和性格对个人的影响。

(一)职业价值观概念

职业价值观是指价值观在职业选择上的体现,也可称为择业观,是人们对待职业的一种信念和态度,或人们在职业生活中表现出来的一种价值取向。在选择职业时,个人的择业标准及对具体职业的评价集中反映了其职业价值观。

著名的职业辅导理论家高特弗莱德森(Gottfredson)提出了职业选择上的"限制与妥协"理论。她认为:人们在遇到环境限制时,在职业选择上通常最先放弃的是兴趣,其次是社会地位,最后是性别角色(即人们传统上认为适合男性或女性担任的职业,例如,男性很少会从事护理专业)。"社会地位""兴趣"或"性别角色"在人们心目中的重要程度,体现了社会群体的价值观。在社会群体中,文化价值观很容易为个人所采纳,从而对个人的生活产生影响。

(二)职业价值观的影响因素

职业价值观从外部因素而言会受到社会、学校、家庭的影响,从内部因素而言会受到个人的健康、性别、兴趣、性格、能力等的影响。

1. 社会因素的影响

随着我国改革开放的不断深入,社会的政治、经济、文化都发生了复杂而深刻的变化。经济成分和经济利益多样化,社会生活方式和组织形式多样化,打破了原有的价值观念、利益格局,进而改变了人们旧的职业价值观念。大学生作为极其活跃而敏感的群体,其价值观念更易受社会环境变迁的影响,他们的竞争意识、利益观念和自主观念等都会进入新的价值体系中。

2. 学校因素的影响

学校是有目的、有计划地进行教育的专门场所。尤其以培养高等专门人才为根本任务的大学教育,其教育活动对个体职业价值观的形成和发展有直接的影响。

3. 家庭因素的影响

家庭是社会的基本单位,是一个人成长成才的第一所学校,是影响大学生职业价值观最原始、最初级的场所。大学生在与父母的朝夕相处中,受到了来自父母的教导。家庭成员尤其是父母的社会背景、经济状况、爱好特长、宗教信仰、个性特征及其人生观、价值观等,无不对子女日后职业方面的观念、态度与行为产生潜移默化的影响。

4. 个人因素的影响

大学生职业价值观的形成除受上述因素影响外,还与个人因素有关。个人因素包括健康、性别、兴趣、性格、能力等。

(1)健康。健康是任何人职业生涯开始的首要条件。几乎所有的职业都需要有健康的身体,但是不同的职业对身体健康会有不同的要求。例如,采矿、勘探等职业要求从业者身体状况良好,有强健的体魄,从事精密仪器制造业不能眼睛高度近视等,因此,个人的健康状况会影响到大学生的职业选择。

（2）性别。性别因素在职业发展中扮演着重要的角色。大学生在进行职业选择时，较多男生首先倾向于那些能较好发挥自己的特长及有较好工资待遇的职业，而大部分女生则倾向于选择稳定有保障的职业，因此，性别差异也会影响到大学生的职业选择。

（3）兴趣。兴趣是大学生形成职业价值观的前提因素。大学生选择什么专业、从事什么职业往往是从兴趣出发的。

（4）性格。人的性格千差万别。职业心理学的研究表明，不同的职业有不同的性格要求，同时，人的性格不同对不同职业的适应性也有所不同。人的性格特征，对企业而言，决定了每个员工的工作岗位和工作业绩，对个人而言，决定着自己的事业能否成功。

（5）能力。能力是一个人能否进入职业岗位、胜任工作的先决条件。能力不同，对职业选择就有差异。个人的能力是影响大学生职业选择的一个重要因素。个人能力的大小对职业定向与职业选择起着筛选和定位作用。

学习单元二　价值观澄清与匹配

思维导图

学习单元二 价值观澄清与匹配
- 一、路易斯·拉斯价值观澄清理论
  - （一）第一阶段：选择（Choosing）
  - （二）第二阶段：珍视（Prizing）
  - （三）第三阶段：行动（Acting）
- 二、职业价值观匹配
  - （一）价值观对职业选择和发展的影响
  - （二）价值观与个人职业发展之间的关系
  - （三）价值观与企业发展之间的关系
- 三、职业价值观发展

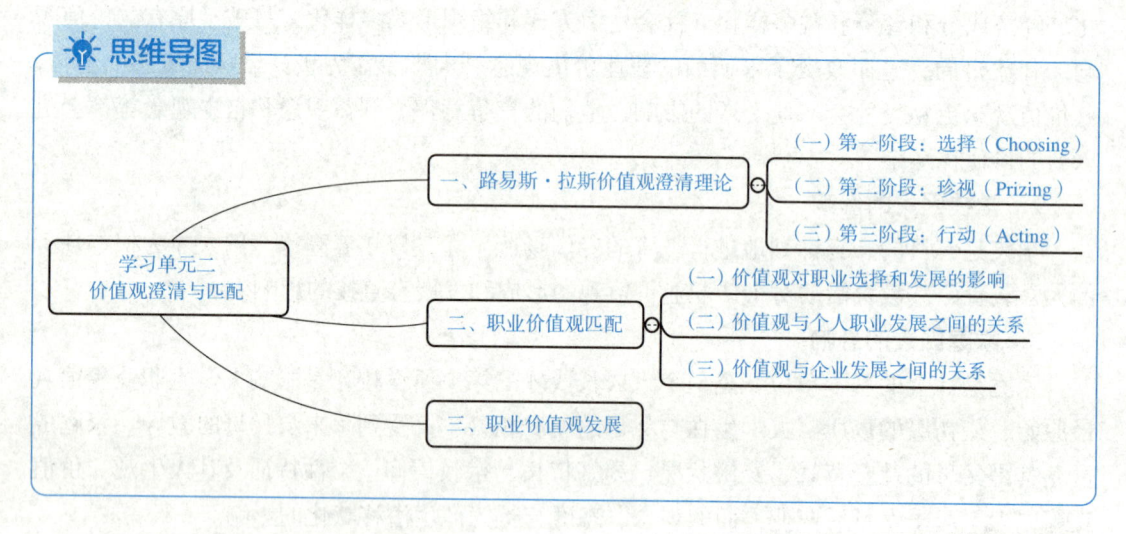

每个人的思想观念、生活阅历、家庭环境、兴趣爱好等方面不同，其择业价值取向也存在着差异。从大学生群体来讲，因时代不同、地域不同等原因也会出现择业价值取向的不同。了解自己的价值观取向有利于大学生作出适合自己的生涯规划决策。

一、路易斯·拉斯价值观澄清理论

在多种价值冲突下，儿童很难获得一个稳定的发展生态，从而导致了八种心理障碍，即冷漠、心灰意冷、犹豫不决、自相矛盾、漂浮不定、盲从、盲目反抗和逢场作戏等。美国纽约大学教育学院教授路易斯·拉斯等人认为，传统的说教、榜样、说服、限制性鼓励、宗教等都不能解决这些新问题，他们一针见血地指出，"我们不怀疑这些方法在过去可能控制过行为，甚至形成过信念和态度。然而，我们肯定这些方法并没有也不可能导致我们所关心的那种意义上的价值观，即代表着理智的人类在与复杂变化的环境相互作用时所作出的自由的和深思熟虑的选择"。把那些预定到的东西强加给别人，不仅不能产生思想，还会扼杀德行的发展。因为他们缺乏人性所需要的自由探究、审慎思考和理性的观念，这些方法都没有考虑如何帮助儿童发展一种评价过程，而仅仅是如何劝说儿童应采纳"正确""永恒"的价值观。

价值观澄清理论抛弃了 20 世纪 30 年代单纯对概念的诠释，继承了进步主义主张，不仅靠教师言语和范例教会道德，而应力图使学生产生价值观共鸣的思想，尤其深受杜威相对论价值观的影响，并接受了认知论关于发展儿童道德认知判断力的主要观点，以及人本主义德育关于尊重学生、理解学生，给学生以选择和发展自己能力的主张。他们努力通过帮助学生掌握价值澄清的方法，使人们更好地适应民主体制，为人们提供了最充分的机会，在政治、宗教、友谊、爱情、性、种族、财富等方面战胜矛盾和冲突，使儿童从来自父母、破裂家庭、电视及各种群体中导致的价值混乱中解脱出来，创建一个更加理性的文明民主的世界。

基本模式即价值形成过程（或称评价过程）的基本模式，他们指出，任何信念、态度等价值要变成某个人的价值，必须符合这一过程的七个标准，否则将不可能成为他的价值观。路易斯·拉斯等人研究认为，完整的过程可分为以下三个阶段。

（一）第一阶段：选择（Choosing）

（1）自由选择：只有在自由的选择中，人们才能根据自己的价值观行事。被迫的选择是无法将这种价值整合到人们价值观体系中的。

（2）从多种可能中选择：提供多种可能让人们选择，有利于人们对选择的分析思考。

（3）对结果深思熟虑的选择：即对各种选择都作出理论的因果分析、反复衡量利弊后的选择。在此过程中，个人在意志、情感及社会责任等方面都受到考验。

例如，你考虑过任何一个选择吗？你想可能的结果是如何？你自己愿意去做吗？

（二）第二阶段：珍视（Prizing）

（1）珍视与爱护：珍惜自己的选择，并为自己能有这种理性选择而自豪，看作是自己内在能力的表现和自己生活的一部分。

（2）确认：即以充分的理由再次肯定这种选择，并乐意公开与别人分享而不会因这种选择而感到羞愧。

例如，你觉得这么做是对的吗？你愿意向谁讲呢？

（三）第三阶段：行动（Acting）

（1）依据选择行动：即鼓励人们把信奉的价值观付诸行动，指导行动，使行动反映出所选择的价值取向。

（2）反复地行动：即鼓励人们反复坚定地把价值观付诸行动，使之成为某种生活方式或行为模式。

例如，到目前为止做得怎样？你下一步要怎么办呢？

二、职业价值观匹配

（一）价值观对职业选择和发展的影响

"人各有志"，这个"志"字即表现为人在职业生涯规划道路上选择的职业价值观，是一种具有明确的目的性、坚定性及自觉性的职业选择态度和行为，也对一个人职业目标和就业择业动机起到了决定性作用。大学校园的学生来自五湖四海，生长的环境、年龄、阅历、身心的条件、教育情况及兴趣爱好等都具有不同的特点，因此对职业价值观的选择，也会有不同的评判。从社会方面来讲，社会分工的差别和生产力水平相对落后，职业在劳动性质上和劳动的难度及强度、劳动的条件和待遇上都存在差别，加之传统观念职业分类在多数人心中的声誉地位，也有好坏、高低之分。例如，已在社会发展的长河中形成了普遍的职业价值观——父母辈希望孩子能够从事稳定的铁饭碗工作，顺从"一颗螺丝钉干到退休"的职业价值观。随着时代的发展，物质条件的逐步提升，"90后"或"95后"一般都生长在衣食不缺的富足家庭，因此只满足衣食条件这样的职业价值观也在悄然发生着变化。后现代价值观以"实现个体幸福的最大化"为主要导向，主要表现在期盼从职位中获得自身的乐趣，满足自身的价值观，能够在工作中感受到充实感及尊重。

（二）价值观与个人职业发展之间的关系

价值观和职业之间有一定的匹配性。各种职业都有各自的特性，不同的人对职业的特性可能有不同的评价和取向，这就是所谓的职业价值观，也称择业观。作为人们对待职业的一种信念和态度，职业价值观往往决定了人们的职业期望，影响人们对职业方向和职业目标的选择。

（1）价值观和组织文化有一定的匹配性。是要工作舒适轻松，还是要高标准的工资待遇；要成就一番事业，还是要安稳太平，当两者有矛盾冲突时，最终影响人们决策的是存在于内心的职业价值观，而组织文化恰恰要与之相匹配才能契合。

（2）职业经历有可能塑造人们的价值观。职业经历在潜移默化中影响着价值观。例如，作为军人有当代革命军人的核心价值观，那便是"忠诚于党、热爱人民、献身使命、崇尚荣誉、报效国家"；作为企业员工，"敬业、奉献、诚实、守信"的价值观在员工的心灵深处扎根，员工也会逐渐理解付出与回报的关系、自身价值与社会价值的关系等。

（3）价值观会给人们的工作赋予个人的特色。对每个员工而言，虽然分工不同，但无论哪个角色都意味着不同的责任。各安其位，各负其责，无论身在何种位置，对自己的工作态度和方式都将逐渐形成一种个人风格。一个员工若是墨守成规，那企业也就会渐渐失去发展的内动力，而有进取精神的员工（即自动自发具有积极思想）却会为企业不断注入新鲜的血液，愈发展现自己的光芒。

（三）价值观与企业发展之间的关系

（1）引导企业对人员招聘的要求。企业在发展的过程中，会不断取舍自身的企业文化，为吸引志同道合的成员。企业在招聘的过程中也会重视与自己观念相合的员工，通常体现在人事经理对应聘者的观察和提问中。

（2）企业发展的走向。企业价值观的凝练往往决定着企业的发展方向。职业价值观不仅对个人产生影响，还对整个集体甚至国家都产生着深远的影响。

三、职业价值观发展

从舒伯的生涯发展理论和马斯洛的需求层次理论可以看出，个人由于所处的生涯发展阶段和社会环境的不同，他的需求会发生改变，从而导致价值观的变化。例如，有很多刚毕业的大学生，都希望进外企，做白领，将赚钱当作自己的首要目标。因为在这个阶段，他们面临买房、成家等任务，这些都需要经济支持。再如，在工作十余年有了一定经济基础的人群中，则有不少人意识到，仅仅为了钱而从事自己不喜欢的工作是一件痛苦的事情。所以，他们在考虑职业选择的时候，薪酬就不再是排列首位的价值观，寻找一个适合自己兴趣爱好的、能够兼顾家庭的工作成为他们的目标。他们的需求发生了改变，他们在职业上所看重的东西（即工作价值观）也随之变化。

另外，由于人们身处的时代是一个多元社会，多种价值观的冲击也会导致原有价值体系的混乱乃至改变。仅以个人的职业发展而言，在计划经济体制时期讲的是"干一行，爱一行""我是革命的一块砖，哪里需要往哪里搬"；如今，"尊重个体的差异和独特性，充分发挥个人才能"已经成为人们推崇的理念，并成为生涯规划这一行业发展的契机。

一个人越清楚自己的价值观，越了解自己在工作和生活中想要寻求什么、什么对自己来说是最重要的，他的生涯发展目标也就越清晰。当现实环境与理想发生冲突、鱼与熊掌不可兼得时，他也更容易作出决策，因为他清楚哪些东西是可以放弃的，哪些是不可或缺的。不同的价值观会产生不同的行动选择。而价值观不清晰的人，往往会陷入混乱，难以抉择。

> 课堂实训

价值观大拍卖

1. 拍卖规则

（1）拍卖的东西见表4-1，每一样东西的底价都是5 000元。

（2）每个同学有6 000元（不可转借），每次叫价最低500元，叫价三次若无人加价则价高者得。

（3）叫价者必须举手经同意站起来，然后大声报出价格，否则叫价视为无效。

（4）若有多人同时出最高价抢拍同一物品，则启动竞争模式：速度大竞拍，石头、剪刀、布。

（5）竞拍物品出价三次无他人叫价则成交，并转入下一物品；卖出货品概不退换，也不可二手转卖。

（6）有效利用你手中的金钱，尽可能买更多的东西或你认为最需要的东西。

（7）金钱用完或所剩金钱不足以购买竞拍物品，则自动退出竞拍。

2. 拍卖开始

对各项目逐一进行拍卖。

3. 团体分享与讨论

（1）对参与了叫价的同学进行采访，采访问题如下。

1）竞拍成功的同学：你在拍卖过程中和结束后，心情是怎样的？你拍到的物品是否是你最想要的？为什么？

2）没有拍到物品的同学：你在拍卖过程中和结束后，心情是怎样的？你最想拍的是哪件物品？为什么？

（2）采访未叫价的学生为什么没叫价。

表4-1 价值观大拍卖

项目	价值观	成交价格	获得者
1. 做全世界最聪明的人			
2. 有一颗使人说实话的药丸			
3. 有一帮志同道合的知心朋友			
4. 有一个幸福的家庭			
5. 可以环游世界，尽情享乐			
6. 有机会完全自主			
7. 成为富翁，有一屋子钱			
8. 有机会成为国家领导			
9. 富有亲和力，被班上每个人喜欢			
10. 在世界上最美的地方有一座别墅			

续表

项目	价值观	成交价格	获得者
11. 每天都过得很快乐			
12. 有机会成为世界500强的CEO			
13. 成为公认的帅哥或美女			
14. 有机会健康地活到100岁			
15. 成为某一领域的知名专家			

4. 总结与分享

从这次"价值观大拍卖"中，同学们从自己的取舍中了解、思考和澄清了自己的价值观，了解到了什么对自己来说是最想要的。与此同时，同学们要选择对自己来说最重要的东西，树立正确的价值观。一旦锁定目标，就要紧紧抓住机会、努力争取，别让最重要的东西从身边匆匆而过。

思政园地

培养和践行社会主义核心价值观

(一)"富强、民主、文明、和谐"

"富强、民主、文明、和谐"是我国社会主义现代化国家的建设目标，也是从价值目标层面对社会主义核心价值观基本理念的概括，在社会主义核心价值观中居于最高层次，对其他层次的价值理念具有统领作用。富强即国富民强，是社会主义现代化国家经济建设的必然状态，是中华民族梦寐以求的美好夙愿，也是国家繁荣昌盛、人民幸福安康的物质基础。民主是人类社会的美好诉求。我们追求的民主是人民民主，其实质和核心是人民当家作主。它是社会主义的生命，也是创造人民美好幸福生活的政治保障。文明是社会进步的重要标志，也是社会主义现代化国家的重要特征。它是社会主义现代化国家文化建设的应有状态，是对面向现代化、面向世界、面向未来的，民族的、科学的、大众的社会主义文化的概括，是实现中华民族伟大复兴的重要支撑。和谐是中国传统文化的基本理念，集中体现了学有所教、劳有所得、病有所医、老有所养、住有所居的生动局面。它是社会主义现代化国家在社会建设领域的价值诉求，是经济社会和谐稳定、持续健康发展的重要保证。

(二)"自由、平等、公正、法治"

"自由、平等、公正、法治"是对美好社会的生动表述，也是从社会层面对社会主义核心价值观基本理念的概括。它反映了中国特色社会主义的基本属性，是中国共产党矢志不渝、长期实践的核心价值理念。自由是指人的意志自由、存在和发展的自由，是人类社会的美好向往，也是马克思主义追求的社会价值目标。平等指的是公民在法律面前一律平

等，其价值取向是不断实现实质平等。它要求尊重和保障人权，人人依法享有平等参与、平等发展的权利。公正即社会公平和正义，它以人的解放、人的自由平等权利的获得为前提，是国家、社会必然的价值理念。法治是治国理政的基本方式，社会主义民主政治的基本要求通过法治建设来维护和保障公民的根本利益，是实现自由平等、公平正义的制度保证。

（三）"爱国、敬业、诚信、友善"

"爱国、敬业、诚信、友善"是公民的基本道德规范，是从个人行为层面对社会主义核心价值观基本理念的概括。它覆盖社会道德生活的各个领域，是公民必须恪守的基本道德准则，也是评价公民道德行为选择的基本价值标准。爱国是基于个人对自己祖国依赖关系的深厚情感，也是调节个人与祖国关系的行为准则，与社会主义紧密结合在一起，要求人们以振兴中华为己任，促进民族团结、维护祖国统一、自觉报效祖国。敬业是对公民职业行为准则的价值评价，要求公民忠于职守、克己奉公、服务人民、服务社会，充分体现了社会主义职业精神。诚信即诚实守信，是人类社会千百年传承下来的道德传统，也是社会主义道德建设的重点内容，它强调诚实劳动、信守承诺、诚恳待人。友善强调公民之间应互相尊重、互相关心、互相帮助、和睦友好，努力形成社会主义的新型人际关系。

深刻理解和践行社会主义核心价值观，不是停留在口头上的说教，而是一个内化于心、外化于行的实践，实质上也是一个逐渐接受和主动选择的结果。广大青年要通过各种方式学习、理解和践行，从信到行，再到习以为常，从而使社会主义核心价值观的基本精神转化为国民的群体意识和国民性格。

学习模块五
职业能力探索及培养

📝 **学习目标**

知识目标：
1. 掌握能力的含义和种类。
2. 认识到可迁移技能和自我管理技能对个人职业发展的重要性。
3. 了解职业对能力的要求。
4. 了解职业能力提升的途径。

能力目标：
1. 能够掌握培养职业能力的方法。
2. 能够运用成就、故事等方法辨识自己的职业能力。

素质目标：
1. 引导学生树立职业能力培养意识。
2. 引导学生向职业标杆人物学习。

👤 **案例导入**

高铁焊接大师李万君

1987年，19岁的李万君职高毕业，成为中车长春轨道客车股份有限公司焊接车间水箱工段的一名焊工。当年的车间火星子乱蹦、烟雾弥漫、噪声刺得耳朵疼。夏天，焊枪喷射着2 300 ℃的烈焰，烤得人上不来气；冬天，在水池子里作业，脚上穿着水靴，身上挂一层冰。由于条件艰苦，短短一年，当初和李万君一起入厂的28人中就调走了2个。李万君也想过更换一个轻巧干净的工种，但曾连续7年被评为工厂劳模的父亲劝说"啥活都得有人干，啥活干精了都会有出息"。于是李万君留了下来，琢磨着怎么把活干精。每天中午，大家都在午休，李万君却在琢磨工艺；下班后，大家回家了，他仍蹲在车间练个不停。练习时没有料，李万君就自己到处捡废铁；把本厂名师拜了个遍，还向其他厂的师傅学。厂里要求每人每月焊100个水箱，李万君总会多焊20个；厂里两年发一套工作服，可他一年得磨破四五套。入厂第二年，李万君就在车间技能比赛中夺冠。

多年的勤学苦练下来，李万君把焊枪使得"出神入化"。两根直径仅有32毫米的不锈钢焊条，可以被分毫不差地对焊在一起，不留一丝痕迹；20米外，只要听到焊接声，李万君就能判断出电压的大小、焊缝的宽窄、焊接质量如何。他凭着一股不服输的钻劲、韧劲，积极参与填补国内空白的几十种高速车、铁路客车、城际列车转向架焊接规范及操作方法研究，先后进行技术攻关100余项，其中21项获国家专利。2011年，他主持的公司焊工首席操作师工作室被国家授予"李万君大师工作室"称号，5年来组织培训近160场，为公司培训焊工1万多人次，帮助他们考取各种国际、国内焊工资质证书2000多个，满足了高速动车组、城际列车、出口车等20多种车型的生产需要。他从一名普通焊工成长为中国高铁焊接专家，获得"全国技术能手""中华技能大奖""全国劳模""感动中国"十大人物、"大国工匠"等多项荣誉，被誉为"工人院士""高铁焊接大师"。

> **案例思考：**

　　李万君以精湛技术打造了最安全可靠的中国制造高速列车，同时，又培养带动出一批技术精湛、职业操守优良的技能人才，为打造"大国工匠"储备了坚实的新生力量。这充分说明了职业能力在职业发展中的重要性。如果职业兴趣能决定一个人的择业方向以及在该方面乐于付出的努力程度，那么职业能力就能说明一个人在既定职业方面能否胜任，也能说明一个人在该职业中取得成功的可能性。只有拥有一技之长才能在职业生涯中站稳脚跟，才有自己的立足之地。

学习单元一　职业能力理论

思维导图

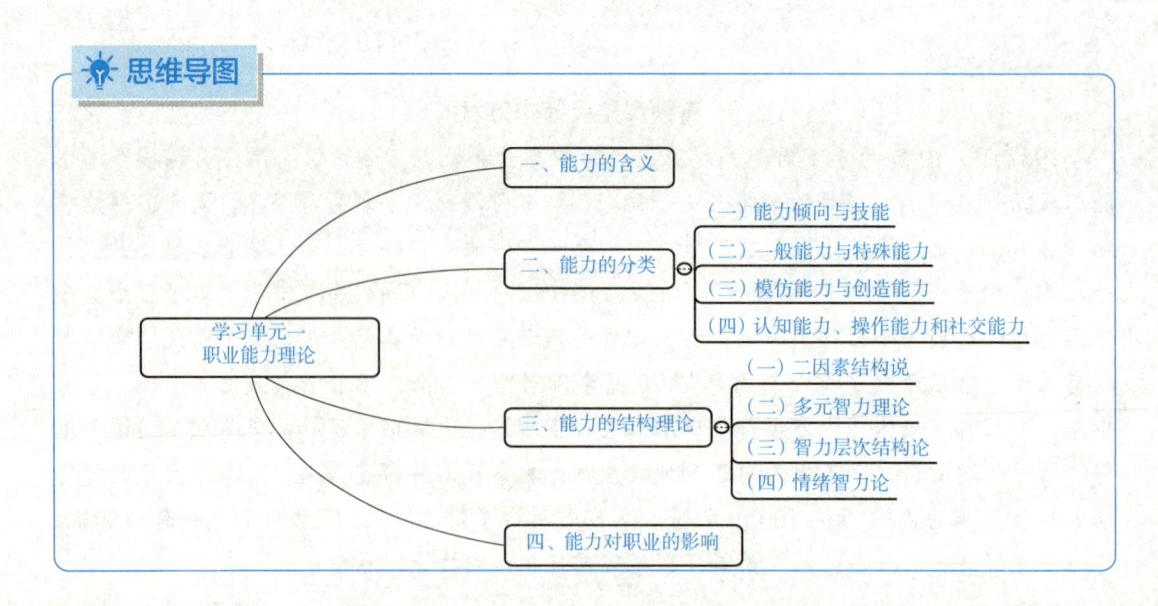

学习单元一 职业能力理论
- 一、能力的含义
- 二、能力的分类
  - （一）能力倾向与技能
  - （二）一般能力与特殊能力
  - （三）模仿能力与创造能力
  - （四）认知能力、操作能力和社交能力
- 三、能力的结构理论
  - （一）二因素结构说
  - （二）多元智力理论
  - （三）智力层次结构论
  - （四）情绪智力论
- 四、能力对职业的影响

相对于兴趣和性格而言，能力是用人单位最关心的问题，也是人们立足社会的根本，是大学生证明自己能否胜任该职位的关键。怎样发现、培养和表现自己的能力，是在人才市场中脱颖而出的关键因素。

一、能力的含义

能力是一个人能否进入职业领域的先决条件，也是其能否胜任工作岗位的主观条件。在心理学中，能力是个性性格结构特征中的效能系统，关系到心理活动和行为的效率。能力是指直接影响人的活动效率，并使活动的任务得以顺利完成的、最必需的个性心理特征。能力是先天和后天共同作用的结果。例如，语言能力就是与生俱来的，而演讲、写作、沟通等就是通过后天学习获得的。所有能力都是可以通过刻苦学习和实践活动而不断提高的。能力是人们成功地完成某种活动的潜能，它不仅是指一个人现在已达到的水平，还包含了一个人所具有的潜力。

能力总是与某种活动联系在一起的。人的能力是在活动中形成、发展和表现出来的。我国古代思想家王充，早在他的《论衡》中就指出，"施用累能""科用累能"。就是说能力是在使用中积累的，从事不同职业活动的人积累不同的能力。苏联著名戏剧家斯坦尼斯拉夫斯基也说："没有顽强的、细心的劳动，即使是有才华的人也会变成绣花枕头似的无用的玩物。"这都突出了实践活动在能力形成和发展中的作用。职业能力和职业实践互为因果，从事一定的职业活动需要有一定的能力前提，但在实际过程中不断涌现出来的新问题、新要求则会促使相应能力水平的持续提高。因此，每个人只有在活动中努力发现和积极培养自己的能力，才能为今后从事的职业活动做准备。

能力是个性心理特征的综合表现。绝大多数的活动都需要多种能力相互配合，只具备单一的能力往往无法完成任务。例如，学生在学习时，就需要记忆力、理解力和概括能力等多种能力共同作用；外交官从事外交工作时，要具有灵活而敏捷的思维能力、较好的语言表达能力、较强的记忆能力等；飞行员参与飞行训练，则需要良好的直觉辨别能力和注意分配能力，同时，还需要动作反应灵活协调、情绪稳定、意志坚强等心理品质，这些心理品质都属于能力的不同方面。每种职业活动都需要特定的能力组合。能力倾向会影响个体的职业发展。

能力是存在个体差异的，这表现在质和量两个方面。在质上，每个人都有自己的特殊能力。例如，有的人擅长绘画和音乐，有的人擅长运算和分析，有的人过目能诵，有的人想象力超群。另外，就同种能力，个体间也表现出不同的差异。如言语能力，不同的人就在其形象性、生动性或逻辑性等方面各有所长，这都适用于不同职业活动的要求。在量上，职业能力的个体差异主要表现在能力的发展水平和发展速度的差异。从发展水平上看，人的能力会有大小、高低之分，这种差别集中表现在人的工作效率和成就水平上。例如，美国福特公司在20世纪40年代，由于老福特缺乏管理方面的才能，公司每况愈下，1945年竟每月亏损900多万美元，整个公司濒临破产。同年，老福特退休后，他让受过高等教育颇有管理才能的孙子亨利·福特接班，结果当年就扭亏为盈，赚了2 000万美元。经过几年努力，福特公司重振雄风，资本总额高达116亿美元，使福特家族成为美国最富有的家族之一。亏盈之别，在于老、小福特管理能力高低不同。

从能力的发展速度上看，差异主要表现在人们职业适应性的大小或强弱、职业技能转换的快慢和成就表现的早晚上。例如，有人职业角色转换快速，干啥像啥；有人则定性较强，不适应变动；有人少年得志；有人则大器晚成。这种差异不仅表现在不同的个体间，不同类型的能力在发展、衰退的时间和程度上，也有所区别。有研究显示，创造力发展的最佳阶段，化学家是26～36岁，数学家是30～39岁，心理学家是30～39岁，声乐工作者是30～34岁，诗歌创作者是25～29岁，绘画者是32～36岁，医学工作者是30～39岁。

在职业生涯规划中，能力和探索的兴趣是两个截然不同、相互独立却又相辅相成的概念。兴趣表明人们喜欢或讨厌某事，体现了人们的偏好，而能力则表明人们是否能做某件事情及所具有的本领。例如，人们很喜欢李白的诗、苏轼的词，但这并不代表人们可以像他们一样妙笔生花。能力和兴趣的一致性则体现在人们虽然拥有多项能力，但其中有些是人们感兴趣的，而有些则是一点都不感兴趣的。人们对自己感兴趣的能力，更加愿意使用和提高，而不感兴趣的能力则会因为不愿意使用而变得越来越弱。例如，既擅长游泳，同时又非常擅长做网页，而人们对网页非常感兴趣，对游泳则没兴趣甚至还有些厌烦，尤其是在参加过多场游泳比赛后，人们就很容易把更多精力放在学习和提高做网页的水平上。

与能力相关的还有一个重要的概念，就是自我效能感。自我效能感是指个人对自己利用自身能力，完成一项工作所拥有的信心或把握程度，是个人对自己是否有能力完成某行为所进行的推测与判断。有关研究发现，在实际生活和工作过程中，个人具体行为起决定作用的往往不是个人实际能力的高低，而是个人的自我效能感。例如，一份关于男女薪酬差异的调查指出：男女两性在薪酬上的差异部分来自女性的数学水平普遍低于男性，通常薪酬高的职业会要求比较高的数学能力。女性在数学学习上的弱势并非由于女性天生不擅长学习，更主要的原因是相对男性而言，女性对自身学习数学的能力缺乏信心而倾向于在该科目上花更少的时间。在实际生活中，人们会看到有些人本身能力不错，由于自我效能感低，自卑而束缚自己，做事畏首畏尾，不能充分发挥自己的能力。自我效能感是个人预测自身能力的第一风向标，如果一个相信自己能处理好各种事情，那么他在生活中就会更积极、主动。这种"我能做什么"的认知反映了个体对环境的控制感。人们自我效能感在外在体现上，常常等同于个体的自信感，也就是个体自信心的高低。

二、能力的分类

人的能力是多种多样的，研究者从不同角度对其进行分类。

（一）能力倾向与技能

按照其获取方式（先天具有与后天培养），能力可分为能力倾向和技能。

1. 能力倾向

能力倾向（Aptitude），又称智力，是指每个人与生俱来的特殊才能，如音乐、绘画、运动能力等。它是上天赋予个体的特殊天赋，既有可能得到充分施展，也有可能因未被开发而荒废，因此这是一种潜能。例如，有人可能会说："你具有运动方面的天赋。"在这里，能力倾向就意味着你学习的能力，就好像说："你现在可能还不具备这项能力或者不能熟练掌握这项能力，但你比他人有潜力更容易地去掌握它。"能力倾向指的是潜在能力。它经常用来描述人们在某一知识或行为领域有异于他人的能力或倾向。能力倾向代表着人们现在的能力可能是有限的，但可挖掘的潜力却是无限的。此种潜能予以训练后，容易使人们获得某种知识或行为的能力，因为这种潜能是与生俱来的。其实，人与人之间不存在谁更聪明的问题，只是不同的个体在不同方面的聪明及聪明的方式不同。每个人都是独特的，也是出色的，正所谓"天生我材必有用"。

2. 技能

技能（Skill）是指只有经过后天学习、练习和培养才能形成的能力，如阅读能力、人际交往能力、管理能力等。在个人成长过程中，从什么都不会的婴儿到成为能够独立生活、倾听、观察、表达、行走、写字、阅读的普通成年人，其实人们已经学会了许多技能，只是没有意识到，所以才经常说："我上了四年大学，可是好像什么技能都没有掌握。"

在现实生活中，个人的能力水平往往是能力倾向和技能两个因素共同作用的结果。对很多成功人士的调查显示，先天良好的禀赋和后天不懈的努力共同构建了他们成功的基石。但是也要注意这两者的区别。在生活中，经常会听到某人说"我这方面能力不行"，分辨究竟是他缺乏这方面的天赋，还是由于缺乏条件和机会没有得到有意识的培养和训练，这要具体问题具体分析。事实上像演讲能力、组织能力、人际交往能力等都是可以通过后天的练习来加强的。俗话说"勤能补拙""笨鸟先飞"，先天的不足是可以通过后天的加倍努力得以弥补的。例如，邓亚萍虽然作为乒乓球运动员的先天条件并不好，但通过后天的刻苦训练还是取得了惊人的成就。其实，每个人都有无限学习、成长的能力，但许多人成年以后就故步自封了。如果能像孩子一样勇于、勤于学习，并且不怕失败和挫折，那么很多技能都是可以通过练习而获得的。处于信息化时代的当代大学生，完全可以通过自己的努力，广开渠道，通过讲座、阅读、向成功人士请教的方法了解、提高自己的能力和技巧，抓住一切机会进行职业技能训练。

（二）一般能力与特殊能力

从能力的适用范围角度，可以将能力划分为一般能力和特殊能力。

1. 一般能力

一般能力也称为"智力"，是指人从事一切活动所必须具备的一些基本能力的综合。其主要包括以下几种基本能力：

（1）思维能力，即对事物进行分析、综合、抽象和概括的能力，也是一般能力的核心能力。

（2）观察能力，即对事物进行全面、细致审视的能力。

（3）语言能力，即个体描述客观事物的语言表达能力。

（4）想象能力，包括再造想象和创造想象能力。

（5）记忆能力，即个体积累经验、知识、技能的能力，是形成个性心理的重要心理条件。

（6）操作能力，即通过人的各种器官解决人机协调、完成操作活动的能力。

智力就是以上这些一般能力的稳定、有机的综合，它适用于人类广泛的学习、生活与生产活动。其中，抽象概括能力是智力的核心；创造能力则是智力的高级表现。

2. 特殊能力

特殊能力也称"技能"，是指人完成某种专业活动所必须具备的能力，它只适用于少数特定活动范围，如节奏感知能力、色彩鉴别能力、文字核对能力、计算推理能力、肌肉协调能力、平衡控制能力和机械驾驶能力等。特殊能力是完成专业活动所特需的能力的综合，是一般能力在职业活动中延伸、在职业实践中得到体现的能力。

人们从事一项专业性活动时，不仅需要一般能力，同时，还需要具备特殊能力。两者也是相互促进、不断发展的。一般能力和特殊能力有机地联系在一起，一般能力是特殊能力的组成部分，而人们在活动中发展相应的特殊能力的同时也发展了一般能力。

（三）模仿能力与创造能力

从能力表现出来的创造性成分的多少，可将能力分为模仿能力和创造能力。

1. 模仿能力

模仿能力又称再造能力，是指人们通过观察他人活动和行为，然后以相同的方式作出反应的能力。模仿能力所表现出的创造性成分较低，但它是个体早期获得知识经验的重要手段。

2. 创造能力

创造能力是指产生新的思想和新的产品的能力，所创造出的新思想和新产品应该具有"首创性"（即第一次发现）、"独特性"（即同已有的东西不一样）和"社会价值"。

创造是善于运用前人经验并以新的内容和形式来完成工作任务的能力。模仿只能按现成的方式解决问题，而创造力能提供解决问题的新方式和新途径。人的模仿力和创造力有明显的个别差异。有的人擅长模仿，而创造力较差；有的人既善于模仿又富有创造力。模仿力和创造力有密切的关系，人们常常是先模仿，然后再进行创造。科研工作者先通过观察模仿别人的试验，才提出独创性的试验设计；学习书法的人先临摹前人的字帖，才创作出具有个人独特风格的作品。在这个意义上，模仿也可以说是创造的前提和基础。

（四）认知能力、操作能力和社交能力

根据能力的功能，可将能力分为认知能力、操作能力和社交能力。

1．认知能力

认知能力是指人脑对信息进行加工、储存和提取的能力，也就是通常所说的感知力、观察力、记忆力、想象力、注意力等。人们认识客观世界，获得各种各样知识，主要依赖于人的认知能力。知觉、记忆、注意、思维和想象的能力都包含在认知能力的范围内。美国心理学家加涅提出3种认知能力，即言语信息（回答世界是什么的问题的能力）、智慧技能（回答为什么和怎么办的问题的能力）和认知策略（有意地调节与监控自己的认知加工过程的能力）。

2．操作能力

操作能力是指人们操纵自己的肢体来完成各种各样活动的能力，如劳动能力、艺术表演能力、体育运动能力、试验操作能力等就属于操作能力。操作能力与认知能力不能截然分开。操作能力既是在技能的基础上发展起来的，同时，又是顺利地完成各种各样操作活动的重要条件。不通过认知能力积累一定的知识和经验，就不会有操作能力的形成和发展。反过来，操作能力不发展，人的认知能力也不可能得到很好的发展。

3．社交能力

社交能力是指人们在社会交往活动中所表现出来的能力，这种能力对组织团体、促进人际关系和信息沟通具有重要的作用。社交能力有组织管理能力、人际交往协调能力、领导能力等。在社交能力中包含认知能力和操作能力。社交能力的高低可以看出一个人社会性成熟的程度。

认知能力、操作能力和社交能力相互联系、相辅相成。人在外界相互作用的过程中发展了认知能力，认知能力的提高又有助于操作能力和社交能力的发展。

三、能力的结构理论

为了深入理解能力的本质，合理设计能力测量的手段，研究者们对能力的结构和组成因素进行了深入研究，提出了不同的能力结构理论。下面就对影响较大的几种理论进行介绍。

（一）二因素结构说

英国心理学家斯皮尔曼（C.E.Spearman）指出，能力由两种因素组成：一种是一般能力或一般因素（简称G因素），是人的基本心理潜能，是决定一个人能力高低的主要因素；另一种是特殊能力或特殊因素（简称S因素），是保证人们完成特定的作业或活动所必需的因素。个体完成的任何一项任务都是由G因素和S因素共同决定的，可以应用因素分析对此进行研究。例如，一个算数推理任务由$G+S_1$完成，而一项语言测试任务由$C+S_2$完成，因共同作用它们不完全正相关，则是因为每项任务中包含不同的、无联系的S因素。根据这些相关性，斯皮尔曼认为，在能力结构中，最为重要的因素是一般因素。各种能力测验基于广泛取样而获得G因素。

（二）多元智力理论

对于人的天赋，传统的智力理论认为人类的认知是一元的、个体的，智力是单一的、可量化的，并且通常以语言能力和数理逻辑能力为整体评判的标准，也就是人们所说的智商（Intelligence Quotient，IQ）。1983 年，美国哈佛大学教授、发展心理学家霍华德·加德纳（Howard Gardner）反驳了传统智力理论的观念，他把智力定义为"是在某种社会和文化环境的价值标准下，个体用以解决自己遇到的真正难题或生产及创造出某种产品所需要的能力"。他认为，一方面，智力不是一种能力而是一组能力；另一方面，智力不是以整合的方式存在而是以相互独立的方式存在的。在此基础上，他阐述了其关于智力的种类及其基本性质的多元智力理论。加德纳认为，智力是由同样重要的多种能力而不是一两种核心能力构成，并且各种能力不是以整合的形式存在，而是以相对独立的形式表现出来的。这一理论被称为多元智力理论（Theory of Multiple Intelligence）。加德纳的研究表明，人类至少有八种不同的智力，如图 5-1 所示。

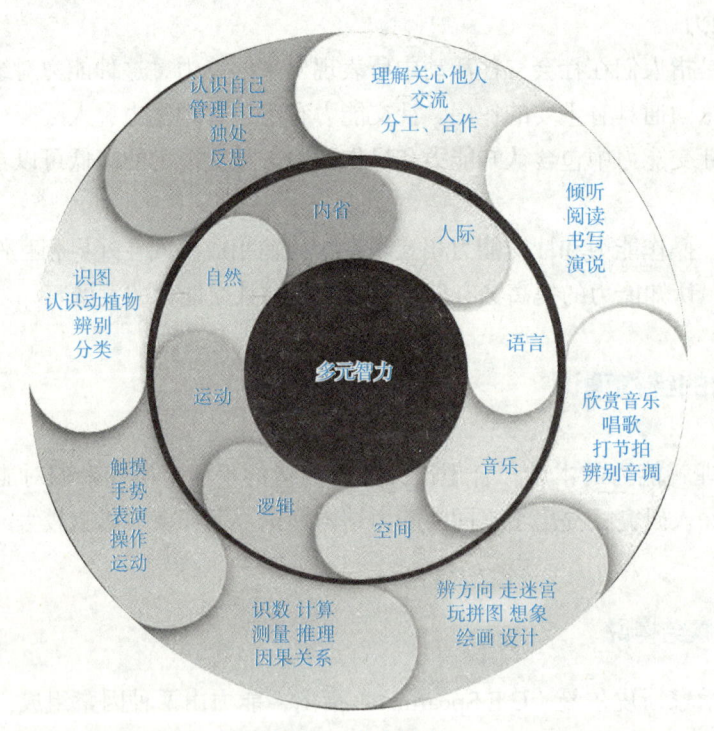

图 5-1 多元智力

1. 语言智力

语言智力（Linguistic Intelligence）是指对语言的听、说、读、写的能力，表现为个人能够顺利而高效地利用语言描述事件、表达思想并与人交流的能力。这种智力在记者、编辑、作家、演说家和政治领袖等人身上有比较突出的表现，例如，对于由记者转变为演说家、作家和政治领袖的丘吉尔，这是一种与生俱来的口才能力，但是与知识面无关。

2. 音乐智力

音乐智力（Musical Intelligence）是指感受、辨别、记忆、改变和表达音乐的能力，具体表现为个人对音乐美感反映出的包含节奏、音准、音色和旋律在内的感知度，以及通过作曲、演奏和歌唱等表达音乐的能力。这种智力在作曲家、指挥家、歌唱家、演奏家、乐器制造者和乐器调音师身上有比较突出的表现，如莫扎特。

3. 逻辑数学智力

逻辑数学智力（Logical-Mathematical Intelligence）是指运算和推理的能力，表现为对事物之间各种关系（如类比、对比、因果和逻辑等关系）的敏感，以及通过数理运算和逻辑推理等进行思维的能力。它是一种对于理性逻辑思维较显著的智力体现，对数字、物理、几何、化学乃至各种理科高级知识有较高的表现。在侦探、律师、工程师、科学家和数学家身上有比较突出的表现，如相对论的提出者爱因斯坦。

4. 空间智力

空间智力（Spatial Intelligence）是指感受、辨别、记忆、改变物体的空间关系并借此表达思想和情感的能力，表现为对线条、形状、结构、色彩和空间关系的敏感，以及通过平面图形和立体造型将它们表现出来的能力。同时，对宇宙、时空、维度空间及方向等领域的掌握理解，是更高一层智力的体现，是有相当的理性思维基础习惯为依托的前提。这种智力在画家、雕刻家、建筑师、航海家、博物学家和军事战略家的身上有比较突出的表现，如画家达·芬奇。

5. 身体运动智力

身体运动智力（Bodily-kinesthetic Intelligence）是所有体育运动员，包括世界奥运冠军们都必须具备的一项智力。运用四肢和躯干的能力表现为能够较好地控制自己的身体，对事件能够作出恰当的身体反应，以及善于利用身体语言表达自己的思想和情感的能力。这种智力在运动员、舞蹈家、外科医生、赛车手和发明家身上有比较突出的表现，如美国篮球运动员迈克尔·乔丹。运动方面也是这种智力的特点，它能有效地组织和协调人的四肢，从而达到有效的运动能量。

6. 内省智力

内省智力（Intrapersonal Intelligence）是指认识洞察和反省自身的能力，表现为能够正确地意识和评价自身的情感、动机、欲望、个性、意志，并在正确的自我意识和自我评价的基础上形成自尊、自律与自制的能力。内省智力是客观、公正、勇气、自信的建立基础，因为人最看不清楚的就是自己，俗话说："你最难战胜的就是你自己！"人在主观时是很盲目的。这种智力在哲学家、思想家、小说家等人身上有比较突出的表现，如哲学家柏拉图。

7. 人际关系智力

人际关系智力（Interpersonal Intelligence）是指与人相处和交往的能力，表现为觉察、体验他人情绪、情感和意图并据此作出适宜反应的能力，也是情商的最好展现。因为人和人的交流就是靠语言或眼神及文字书写方式来传递。这种智力在教师、律师、推销员、公关人员、谈话节目主持人、管理者和政治家等人身上有比较突出的表现，如美国黑人领袖、社会活动家马丁·路德·金。

8．自然智力

自然智力（Natural Intelligence）是指认识世界、适应世界的能力，是一种在自然世界里辨别差异的能力，如植物区系和动物区系、地质特征和气候。对人们身处的这个大自然环境的规律认知，如历史、人体构造、季节变化、方向的确立、磁极的存在，能适应不同环境的生存能力。

每个人都在不同程度上拥有上述八种基本智力，智力之间的不同组合表现出个体之间的智力差异。在加德纳看来是以能否解决实际生活中的问题和创造出社会所需要的有效的产品的能力为核心的，也是以此作为衡量智力高低的标准的。因此，智力是个体解决实际问题的能力和生产出或创造出具有社会价值的、有效的产品的能力。

（三）智力层次结构论

英国心理学家弗农（P.E.Vernon）提出智力层次结构论，他将智力分为四个层次：最高层次是智力的普遍因素（G因素），它在决定人的智力高低中起主要作用；第二层次包含两组因素，即言语和教育方面的因素、操作和机械方面的因素；第三层次包含几个更小的因素群，即言语理解、数量、机械信息、空间信息和手工操作等；第四层次则包含各种特殊因素。

（四）情绪智力论

美国心理学家彼得·萨洛维（Peter Salovey）和约翰·梅耶（John D.Mayer）最早提出了情绪智力（Emotional Intelligence，EI）。他们认为传统的智商概念忽略了情感能力。真正使 EI 得到广泛关注的是美国心理学家丹尼尔·戈尔曼（Daniel Goleman），他对情绪智力进行了如下定义：察觉自己和他人的感受、进行自我激励、有效地管理自己及他人关系中的情绪的能力。戈尔曼认为，与智商或专业技术相比，情商对个人职业生涯的影响更为深远。表 5-1 总结了戈尔曼提出的情绪智力五维度模型。

表 5-1　情绪智力五维度模型

情绪智力的维度	特征	工作中的实例
自我察觉	对自己的了解，认识当前的真实感觉	汤姆意识到自己正处于情绪失控的边缘，因此他决定先冷静下来，利用多种渠道收集信息，之后再作出重要的采购决策
自我约束	控制自己的情绪以利于解决问题而不是阻碍手头的工作，摆脱负性情绪并回到解决问题的建设性轨道上	面对客户的指责，能很好地控制住自己的暴躁情绪，将其隐藏起来，并尽力帮助客户联系相关的技术人员解决实际问题

续表

情绪智力的维度	特征	工作中的实例
自我激励	坚持追求理想中的目标；克服负面的情绪冲动，在实现目标后才感到满足	尽管新计划并没有得到上司的积极肯定和大力支持，玛丽仍然带领下属克服了重重困难，富有干劲、卓有成效地完成了整个计划
共情	能够敏感地察觉并理解他人的感受，能够感觉到他人的感受和需要	因为整个公司正经历着一场裁员风暴，策划组的很多成员都神经紧张、惴惴不安。为了缓解这种情绪，作为组长的安娜，安排了周末的全组野营活动，在相对轻松的环境中了解到了不少组内成员的真实想法
社交技能	辨别社交场合的能力；顺利地与他人互动，形成社交网络，能够引导他人的情绪和行为方式	麦克发觉公司新规定难以得到执行的阻力来源于个别中层管理人员的顾虑和迟疑，因此在一次会议结束后他与这些中层管理人员一对一地进行了交流，通过设身处地的分析打消他们的顾虑

四、能力对职业的影响

在职业生涯中，个人的成功不仅与人的性格、兴趣、价值观等因素相连，与一个人的职业能力也是紧密相关的。能力是个人职业选择的基础，是求职者开启职业大门的钥匙。我国近代职业教育的倡导者黄炎培先生说："一个人职业与才能相当不相当，相差很大，用经济眼光看起来，要是相当，不晓得增加多少效能；要是不相当，不晓得埋没了多少人才。就个人论起来，相当，不晓得有多少快乐；不相当，不晓得有多少怨苦。"因此，对自己的能力要有一个正确的判断与评价，在择业时，应根据自己的能力，扬长避短，"量体裁衣"，选准与自己职业能力倾向相同的职业，以保证在强手如林的竞争中立于不败之地。

不同职业对人的能力有不同的要求，不同的人拥有的能力也各不同。有的人擅长言语交流，有的人擅长实践操作；有的人擅长逻辑分析，有的人擅长事务型工作。每个人都有自己独特的能力结构。社会上不同的职业对从业者的能力有不同要求，有的需要计算能力、有的需要动手能力、有的需要分析能力，而大多数职业都需要几种能力的综合。驾驶员、侦查员、飞行员、服务员需要较强的注意力和观察力，解说员、报务员、售货员要有较强的记忆力等。与此同时，与性格、气质、兴趣不同，人的能力是可以主观改进的，能力的大小与受教育程度和个人主观努力的状况有直接的关系。能力受阅历和知识结构左右，尤其与所接受的专业和教育有关。大学生所进行的专业学习，构建了专业领域系统的知识结构，在此基础上，他们可以发展出相应的专业能力，这种专业能力就成为毕业生求职择业的重要砝码。因此，一个人可以在对自己能力与职业充分了解的基础上，合理作出决策。

学习单元二 职业能力探索与发展

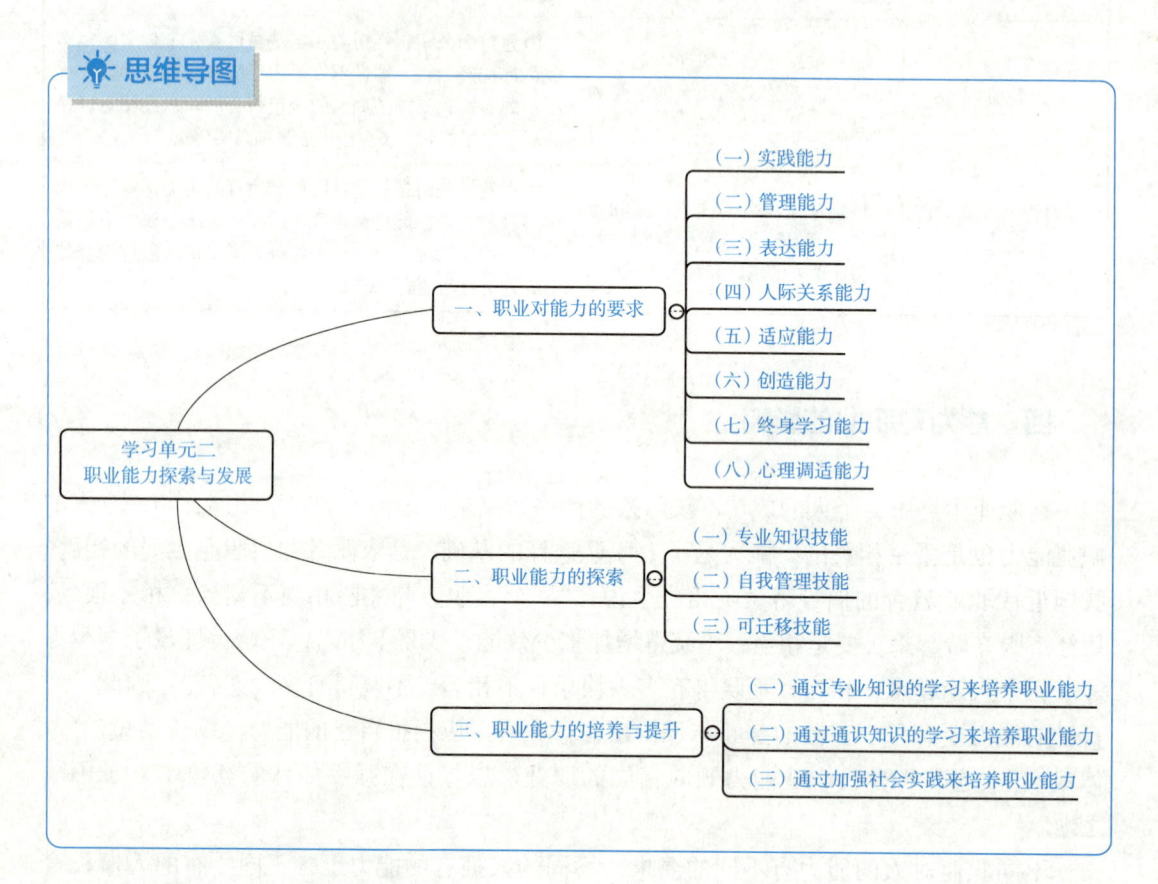

> **思维导图**

```
学习单元二          一、职业对能力的要求 ──┬── (一) 实践能力
职业能力探索与发展                         ├── (二) 管理能力
                                          ├── (三) 表达能力
                                          ├── (四) 人际关系能力
                                          ├── (五) 适应能力
                                          ├── (六) 创造能力
                                          ├── (七) 终身学习能力
                                          └── (八) 心理调适能力

                    二、职业能力的探索 ──┬── (一) 专业知识技能
                                          ├── (二) 自我管理技能
                                          └── (三) 可迁移技能

                    三、职业能力的培养与提升 ──┬── (一) 通过专业知识的学习来培养职业能力
                                                ├── (二) 通过通识知识的学习来培养职业能力
                                                └── (三) 通过加强社会实践来培养职业能力
```

一、职业对能力的要求

在日新月异的时代，任何职业都需要具备以下几种基本能力。

(一) 实践能力

实践能力是指运用专业知识解决实际问题的能力。现在用人单位比较看重实践能力，具备一定的实践能力，就业者可以无须培训直接上岗。大学生可以通过参加各类社会实践活动来加强自己的实践能力，也就是解决问题的能力。

(二) 管理能力

管理能力也称为组织能力或领导能力，是指成功地运用管理者的知识和能力影响机构的活动，并达到最佳的工作目标。目前，组织管理水平的高低，已经成为衡量一项工作、一个部门、一个单位工作好坏的重要指标。现代社会表明，管理能力不仅需要领导干部具备，其他的专业人员也应该具备。虽然不是每个就业人员将来都会从事管理工作，但是每个人在今后的工作中都会不同程度地用到组织管理能力。

（三）表达能力

表达能力是指运用语言、文字阐明自己的观点、抒发思想和情感的能力。这种能力是人们之间交往的基本能力，不仅是将来从事推销职业的人不可缺少的，也是每个求职者就业后经常遇到的。例如，在年终总结、工作报告等方面都需要有表达能力，大学生要重视和培养自己的表达能力，这在将来的就业中是一个非常重要的指标。

（四）人际关系能力

人际关系能力就是与他人相处的能力。卡耐基曾经说过："一个人的成功 85% 来自他的人际交往和处事技巧，另外 15% 是他的专业知识。"人际关系的处理是职场最直接的表现。正确地处理和协调好人与人之间的关系，直接关系到就业者的工作效率、心理健康和快乐，甚至是事业的成功与否。

（五）适应能力

适应能力包括两个方面：一是对环境的适应；二是对周围人的适应。大学生刚入职场，面对新的工作环境不但要培养自己适应新职场的工作能力，还要培养自己与周围同事人际交往的适应能力。只有正视适应的问题，才能在不断变化的环境中，培养较强的适应能力。

（六）创造能力

创造能力是指在运用多种能力发展的基础上，利用已知的信息，创造新颖独特具有社会价值的新理论、新思维、新产品、新创意的能力。创造能力是一种综合性的、高层次的思维能力和行动能力。创新能力包括很多方面，例如，强烈的好奇心，细微的观察力，深刻的洞察力，大胆设想、勇于探索的精神及提出问题、研究问题、解决问题的能力。大学生要培养自己的创造能力，这是在职业岗位上有所作为的坚实基础。

（七）终身学习能力

终身学习能力是指大学生进入社会以后具备获得新知识的能力，对文献、资料过硬的查阅能力和检索能力，对信息的收集、处理能力，对中外文的阅读能力和语言交流能力，敏锐的逻辑、思辨能力等。终身学习是求职者在瞬息万变的社会中，保持与时俱进的非常重要的能力。

（八）心理调适能力

心理调适能力是指面对困难、挫折、失败和意外事件时，能够自我调适心理压力的一种心理调适能力。这种能力对求职者来说是一个必不可少的能力，因为人们的生活和工作都会面临这样或那样的问题，只要生活一天就有一天的问题。如果求职者不具备这样的心理调适能力，很容易丧失自己，遇到挫折会萎靡不振，影响和耽误自己的美好前程。

除以上几个基本能力外，不同的职业还需要具备各自的职业能力。例如，教师、营业员、服务员和演员等职业要具备较强的语言表达能力；会计、出纳、统计、建筑师和工业药剂师等职业要具备较强的计算能力；与工程、建筑打交道的职业，以及牙科医生、内外科医生等职业需要较高的空间判断能力；生物学家、建筑师、测量员、医生、画家、理发师和无线电修理工等职业需要较强的形态知觉能力；统计员、经济学家、记账员、出纳员、办公室职员和打字员等职业需要具备符号知觉能力；飞行员、驾驶员、外科医生、雕刻家、运动员、舞蹈家需要具备动作协调能力；纺织工、打字员、裁缝、外科医生、护士、雕刻家和画家需要具备手指灵活的能力。

二、职业能力的探索

对个人技能的认识，建立在对技能分类的了解上。美国心理学家辛迪·梵（Sidney Fine）和理查德·鲍尔斯（Richard Bolles）将技能分为专业知识技能、自我管理技能、可迁移技能（或通用技能）三种类型。通常，人们会比较容易想到自己所具有的专业知识技能，但实际上后两种技能更为重要。它们使大学生有可能不局限于自己所学的专业，可以在更广的范围内选择职业；对大学生在竞争中胜出具有关键性作用，并且使大学生能够在工作中得以更长久的发展。用人单位对它们的重视程度，也往往超过了对单纯专业知识技能的重视。

（一）专业知识技能

专业知识技能是指那些需要通过专门的教育或培训才能获得的具有一定专业性和系统性的知识或能力。

专业知识技能是不可迁移的，也就是说，它们是一些特殊的词汇、程序和学科内容，必须经过有意识的、专门的培训才能掌握。例如，知道了英语的语法，但不一定知道德语的语法；掌握了管理学知识，但并不一定能掌握医学知识。

它们常常与人们的专业学习或工作内容直接相关。正因如此，许多大学生由于不喜欢自己的专业，在找工作时往往陷入两难的境地。一方面，他们认为找工作必须"专业对口"，但是又不喜欢自己的专业，不想将之作为从事一生的职业；另一方面，如果"专业不对口"，自己不是"科班出身"，则担心自己与专业出身的应聘者相比缺乏竞争力，甚至觉得很难跨越专业的鸿沟。

事实上，专业知识技能并非只有通过正式的专业教育才能获得。除学校课程接受系的专业教育外，课外培训、专业会议、讲座、研讨会、自学、资格认证考试等方式都可以帮助个人获得知识技能。另外，通过业余爱好、娱乐休闲、社团活动、岗前培训、在职教育等渠道都可以获取知识技能。例如，某著名的会计师事务所在对新员工的培训中，第一年的主要内容就是针对非专业学生补充财会基础。由此可见，即使是一些专业要求较高的职业如会计师等，其专业技能也可以在就职后的培训中获得。实际上，越是大的公司，越是看重个人的综合素质（也就是"自我管理技能"与"可迁移技能"），而不那么在意个人是否已经具备专业知识。不少外企在校园招聘时都已不再区分学生的专业背景。

因此，如果想从事本专业之外的工作而又不愿意或不能重新选修一个专业，仍然有许多途径可以获得相关的知识技能。在招聘中，专业知识技能并不是用人机构所重视的唯一技能。当前现存的状况是知识技能的重要性被夸大，以至于许多学生在校内选修很多的课程、在校外参加各种培训班并考取一大堆证书，而这些仅能证明你个人的专业知识技能。现实中，大学生就业难，在一定程度上是因为大学生在校时往往更重视专业知识的学习，而忽视自我管理技能和可迁移技能的培养。事实上，作为接受过国家正规高等教育的合格大学生，就专业知识而言，都应该能够达到工作的要求。但为什么企事业单位普遍对刚毕业的大学生不满意呢？麦肯锡咨询公司早在2005年就曾发布了一份名为《应对中国隐现的人才短缺》的报告，它指出："中国今年将有310万名大学毕业生，是美国的两倍多，但在庞大的毕业生群体中，极少有人具备从事服务业的必备技能。中国工程类职位的求职者存在的主要缺点是教育体系偏重理论，缺乏参与项目或团队协作的实际经验。实践经验和英语口语水平的欠缺，使求职者中不到10%能够满足跨国公司的要求。"从用人单位对大学生的反馈中可以看出：大学生通常不乏知识技能，但常常缺少敬业精神、沟通能力等自我管理技能和可迁移技能。因此，大学生在校期间，一定要在学好专业知识的基础上，加强对自我管理技能和可迁移技能的培养。

需要注意的是，技能的组合更为重要，即通常所说的"复合型人才"，是指具有不同专业知识技能的人。技能的组合使大学生在人才市场上更具有竞争力，也更有可能将工作完成好。例如，如今懂英语的人很多，但既精通英语又精通建筑专业知识的人就不那么多了。而在大型合资建筑工程中，非常需要能与外国专家进行良好沟通的专业人才。一个辅修平面设计专业的心理系学生，更有可能在进行设计工作时运用自己的消费心理学知识与客户进行充分沟通，令客户更加满意。从这个角度来说，无论大学生现在学习的专业是否是所喜爱的，或是将来要从事的，从中获得的专业知识在某个时候就有可能派上用场。甚至一些并非所学专业的，看上去似乎并不那么起眼的知识，都有可能使大学生在面试的时候显得与众不同，比他人略胜一筹。

（二）自我管理技能

第二种技能是辛迪·梵（Sidney Fine）称为的适应性技能（Fine and Wiley）或理查斯·鲍尔斯（Bolles）称为的自我管理技能。自我管理技能经常被看作人格特质或个人品质而不是技能，因为它们被用来描述人或说明人具有的某些特征。这些特征或适应性技能帮助人们更好地适应周围的环境，在周围文化环境中更好地调整自己。适应性技能与人们如何与人相处、如何维持生活、如何管理和维护自己（在穿衣、吃饭、清洁、时间管理、睡眠和住房等方面）、如何应对权威及如何应对环境等相关。自从开始与人交往，人们就已经开始被迫处理诸多的事情。既然适应性技能是用来描述人或说明人的某些特征的，它们在句子中通常以形容词和副词的形式出现。

自我管理技能是指个体在不同环境中是如何管理自己的，是勇于开拓创新还是循规蹈矩，是认真还是敷衍了事，能否在压力下保持镇定，是否对工作有热情，是否有自信等。这些特征是能够通过主观培养和训练的，能够帮助个人更好地适应周围的环境。通常包括时间管理能力、团队协作能力、潜能开发能力、情绪管理能力等素质技能。

自我管理技能是成功所需要的重要品质，是个人最有价值的资产。对大学生来说，在校期间良好的自我管理技能显得尤为重要。自我管理技能无论是一个人先天具有还是后天习得的，都需要练习。它可以从非工作（生活）领域迁移到工作领域。也就是说，这些技能并不是通过专门的课程学习到的，而是在日常生活中随时随地培养的。

这些技能是企业非常看重的，甚至超过专业技能等可再生的能力素质，因为它们有助于个人协调处理复杂的工作事件，是成功所需要的品质。

一个人是如何使用自己的专业知识、以什么样的态度从事工作的，这甚至比工作内容本身更为重要。良好的自我管理技能能够帮助个人更好地适应周围的环境、应对工作中出现的问题。正是这样一些品质和态度，将个人与许多其他具有相同知识技能的候选人区别开，最终得到一份工作，并能够适应新的环境和规则，在工作中取得成就，获得加薪和晋升的机会。

（三）可迁移技能

在大学期间，大学生学习的课程有专业课，也有通识课，既有专业能力，又有通用能力，而通用能力之间是可以迁移的。例如，美国总统里根一生中经历了六次的职业迁移，最终走上了总统的高度。第一次：他用担任救生员赚来的钱读大学，在大学生涯修炼了领导力和演讲力；第二次：凭借演讲力成为播音员，在播音期间抓住机会修炼表演能力；第三次：凭借表演能力成为演员；第四次：成为电影演员协会主席；第五次：利用演员协会主席名义成为主持人，获得商业经验和观众关注；第六次：进入政坛，连续努力15年，最终成为总统。在未来的职业生涯中，人们可能很难一下子就找到适合自己的职位并不断努力，但是可以在每次的经历中，带着思考前进，一点点地清晰自己的规划，努力提高自己的通用技能，即可迁移技能。

所谓可迁移技能，就是一个人能做的事情，如教学、组织、设计、安装、计算、考察、分析、搜索、决策、维修等。可迁移技能一般用动词来表示。

一般来说，工作对象有三类，即人、物和数据。因此，可迁移技能主要有以下三种：

（1）如何与人打交道。与人打交道时，可能用到提问、通知、建议、开玩笑、说服、管理等技能。

（2）如何与事物打交道。与事物打交道时，可能会用到烹调、搬运、驾驶、操作等技能。

（3）如何处理数据。与数据打交道时，可能会用到预算、编程、计算、测量等。

可迁移技能中既有简单的技能，又有复杂的技能。例如，与人打交道的技能中，帮助、服从是较为简单的技能，而指导、管理就属于复杂性技能；如果拥有较高水平的复杂技能，如管理技能，就会拥有其他所有技能，如谈话、暗示、监督等。一个人的可迁移技能越高，选择自己工作方式的自由度也就越大。

可迁移技能又称为"变通技能"或"通用技能"，是指在某种特定环境下获得的，并可以有效地迁移运用到其他不同环境和情况中的技能，其最显著的特点就是可迁移性，即这种技能可以从非工作领域迁移应用于工作领域。例如，一个学生平时就能言会道，善于沟通，担任班委后，能有效地与同学们进行沟通，组织开展各种课余活动，协助教师进行班级管理等，其所具有的沟通、组织、管理等技能也能迁移到他以后的工作及生活中。可迁移技能主要是在日常生活和活动中获得并不断得到提升的技能，且可以在不同的多个领域内得到进一步完善和增强。因此，可以通过多种途径来发展可迁移技能，如专业训练、实习培训、参与社会实践、归纳总结、平时观察学习和模仿体会、社团活动、娱乐休闲、业余爱好等。

在日常生活和工作中，都要用到可迁移技能，它是个人最能持续运用和最能够依靠的技能。随着信息时代的到来，新技术日新月异的发展，知识的更新换代不断加快，这意味着个体需要不断学习新的知识技能才能跟上时代的发展。当今的时代越来越强调"终身学习"。"学习能力"（可迁移技能）已经比拿到某个专业的硕士学位（知识技能）更为重要。

与专业知识技能相比，可迁移技能无所谓更新换代，并且无论需求和工作环境有什么样的变化，它们都可以得到应用。例如，在公开演讲中的沟通表达技巧，同样可以应用于企业宣传、授课培训中。随着工作经验和生活阅历的增加，可迁移技能还会得到不断的发展。既然它们在许多工作中都会用到，它们的重要性就不容忽视。

事实上，专业知识技能的运用也都是在可迁移技能基础之上的。举例来说，专业知识技能也许是英语，将怎样运用它？是做一名翻译工作者，还是做一名英语教师？是做一名英语文学创作者，还是做一名外交工作者？翻译工作需要有收集整理的能力；英语教师和外交工作者都要求你有良好的表达能力，才能将英语知识授给学生或使谈判成功；英文作家更需要有调查研究能力。无论选择以上哪项工作都是通过可迁移技能来运用英语知识技能的。

从这个意义上说，在求职的时候，可能并未从事过将要应聘的职务，但只要具备这个职务所需求的各项技能，就可以证明自己完全有资格去胜任它。因此，无论是"科班"出身还是"半路出家"，都完全可以跨专业从事理想中的职业，尤其是那些对知识技能要求不是很高且可迁移技能占重要地位的职业。例如，非营销专业的学生凭着良好的人际交往技能，曾经担任过某杂志的校园代理，并在地区销售评比中取得过第二名的好成绩。从可迁移技能的角度看，这样的经历可以成功地应聘一个公司的销售职位。

其实，就像水面上露出的冰山一角，专业知识技能是最容易被识别的，但是专业知识技能如何被使用，使用的效果如何，却恰恰取决于隐藏在水面下更大的冰山底座，也就是可迁移技能和自我管理技能。

在职业规划中，当需要勾画出个人最核心技能时，可迁移技能是最需要被最先和最详细叙述的。因为它是最能持续运用和最能依靠的技能。

三、职业能力的培养与提升

（一）通过专业知识的学习来培养职业能力

专业知识是指在特定行业、环境、工作、活动等条件下，履行岗位职责，完成工作任务所必需的知识，与所从事的职业密切相关，具有一定的针对性和适用范围，包括专业理论、专业技术等方面的知识。专业能力是职业能力中的核心内容，随着职业分工的发展而日益细化。无论从事何种工作，都必须具备过硬的专业能力，否则无法履行自身的岗位职责。一个人的专业能力越强，在职业活动中所发挥的作用就越显著。专业知识是职业能力，尤其是专业能力形成的基础。那么大学生应通过怎样的途径和方法来获得专业知识提升专业能力呢？

（1）要努力学习专业课程。虽然目前在就业时已经淡化了专业的概念，并且在现实中也有很多毕业生从事着与自己的专业不甚相关的职业，但这并不意味着可以不学习或不努力学习专业知识。专业知识的学习和掌握在就业中仍占有重要的地位。成绩的好坏仍是专业型用人单位选择的重要标准。当前社会需求的是复合型的人才，毕业生在专业能力的基础上拥有合理的知识结构，无疑会在就业市场中赢得更多的就业机会。

（2）要加强自己的理论研究能力。学海无涯，专业理论的学习绝不能停留在课程学习的层面上，纸上谈兵远不能满足飞速发展的社会对毕业生专业理论的要求。职业能力需要在工作和学习中得到体现和提高。

（3）还可以通过社会培训和参加社会实践来培养专业能力。

总之，努力学习专业知识，提高专业能力对增强自身竞争力和个人发展具有重要的意义。

（二）通过通识知识的学习来培养职业能力

通识知识是指在普遍的条件下，工作和进行与工作相关的生活、学习等方面必须具备的基本知识，是一个人开展工作、活动的前提，具有普遍的适用范围。通识知识是一个人的基本能力形成的基础。随着职业要求的不断提高，单纯的专业能力不能满足工作的发展需要，因此，需要从业人员具有广博的综合知识和基本能力，能够辅助工作顺利开展。通识知识的学习，能够培养大学生适应社会的能力、组织管理的能力、沟通协调的能力、创新能力等。

通过通识知识的学习来培养职业能力可以从以下几个方面着手：

（1）要积累知识。离开知识积累，能力就成无源之水。因此，大学生在校学习期间一定要注意拓宽自己的知识面，勤奋学习，不耻下问。正如王充所说，"智能之事，不学不成，不问不知"。一个人才能的大小取决于掌握知识的多寡、深浅和完善程度。

（2）要勤于实践。能力是在实践过程中培养形成并在实践过程中表现出来的，因此，实践是培养能力的重要途径。

（3）要适当发展个人兴趣。兴趣对培养能力相当重要，古今中外许多著名的科学家、文学家、艺术家，都是在强烈的兴趣驱动下取得事业成功的。杨振宁博士在总结科学家的成功之路时说："成功的秘密是兴趣。"因此，大学生要围绕所学专业发展自己的兴趣爱好，并以这些兴趣为契机，加强相关知识的学习，注意发展自己的优势能力。

（三）通过加强社会实践来培养职业能力

南宋诗人陆游有一传世名句，"纸上得来终觉浅，绝知此事要躬行"。对于大学生来说，社会实践就是青年学生按照学校培养目标的要求，利用节假日等课余时间参与社会政治、经济、文化、生活等活动。

社会实践活动对于培养一个人的能力具有重要的作用。社会实践活动不仅能够积累社会经验，提高基本能力，还能够加强实际应用能力，提高专业技能。通过社会实践活动，能够促进学生的专业理论学习与实践紧密结合，系统了解领域的知识结构，巩固和拓宽所学的专业知识，培养分析问题和解决问题的能力、创新能力，提高专业知识的应用能力、实践动手能力和创业能力。

参与社会实践活动主要有三种形式：一是参与社团活动。学生社团是高校校园文化的主要载体，是高校第二课堂的重要组成部分。参与学生社团是大学生丰富校园生活，培养兴趣爱好，参与实践活动，扩大求知领域，增加交友范围，丰富内心世界的重要方式。二是通过勤工助学参与社会实践。它不仅能够获取劳动所得，减轻家庭的经济负担，而且能增加接触社会的机会。三是毕业实习。毕业实习是大学生在校学习期间的最后一次实习作业，是一门必不可少的必修课。通过实习，大学生可以了解行业、单位的业务内容和工作方法，向有经验的工作人员学习先进的工作经验。

另外，大学生在实践过程中要明确目标，心态要积极，沟通要主动，准备要充分，实践要勤奋等。

职业能力的培养要求大学生有扎实的专业基础知识，以适应将来的发展，还要有广博的知识即通识知识和能力，能更好地发挥自己的专业能力。另外，这些知识和能力的获得还需要通过实践才能得到巩固与发展。

▶ 课堂实训

成就故事法探索职业能力

可以通过编写成就故事来测试人们的各项技能。成就故事就是在成长过程中有意地制订目标并且克服困难完成的事情。每个成就故事都应当包含四个方面的要素，用英文单词的 STAR 来表示。

（1）S（Situation），即当时所面临的具体情况与形势，包括现实的困境等。

（2）T（Task），即所要达成的目标或需要完成的任务。

（3）A（Action），即采取了哪些具体的行动，也就是如何一步步克服困难的。

（4）R（Result），即通过努力和行动达成的结果和取得的成就，如果其是能够量化评估的，那就更容易打动你的雇主。

成就故事可大可小，同时成就故事不一定必须是在工作或学习上的，也可以是在课外活动或家庭生活中发生的，例如，家庭在旅游过程中通过你的努力既节省预算又让旅游非常充实，精心组织和安排的别开生面的同学聚会等。成就故事不必惊天动地，但必须符合以下两个标准：一是喜欢做这件事情时体验到的感觉，完成这件事情的过程不是兴味索然，而是非常受用；二是能够顺利完成这件事情的自豪感或有很强的成就感。当然，如果与此同时能够获得他人的认可或嘉许那就再好不过了，但自己的真实感受才是最重要的。

我的成就故事

我使用的技能如下：

①专业知识技能：

②可迁移技能：

③自我管理技能：

同伴对我使用技能的分析如下：

①专业知识技能：

②可迁移技能：

③自我管理技能：

比较自己对技能的分析与同伴的分析之间的区别和联系，然后按照此模式编写至少五个成就故事，并逐个进行分析和总结。最后写出以下结果。

我喜爱、经常使用且擅长的技能如下：

①专业知识技能：

②可迁移技能：

③自我管理技能：

思政园地

培养和践行工匠精神

劳模精神在当代的核心体现就是工匠精神。从本质上讲，工匠精神是一种基于技能导向的职业精神，它源于劳动者对劳动对象品质的极致追求，它具有精益求精、专注执着、严谨慎独、创造创新、爱岗敬业，以及情感浸透、自我融入的基本内涵，既表现了极致之美的品质追求，又体现了敬业之美的精神原色，更展现了创造之美的价值升华。工匠精神是劳模精神的重要构成要素，也是劳模精神当代品格的核心体现。工匠精神充分彰显了新时代劳模精神中的爱岗敬业、追求卓越、求精品质和价值导向，可以说，工匠精神是对劳模精神的深化、丰富和发展。

工匠精神是一种职业精神，它是职业能力、职业道德、职业品质的体现，是从业者的一种职业价值取向和行为表现。工匠精神的基本内涵包括敬业、专注、精益、创新等方面的内容。工匠们喜欢不断雕琢自己的产品，不断改善自己的工艺，享受着产品在双手中的体验。工匠们对细节要求很高，追求完美和极致，对精品有执着的追求和坚持，追求品质，其利虽微却长久造福于世。

工匠精神是社会文明进步的重要体现，是中国制造不断前行的精神源泉，是企业发展和品牌竞争的资本，是员工个人不断成长的道德指引。工匠精神就是精益求精的品质精神、追求卓越的创造精神、用户至上的服务精神。

（一）工匠精神的内涵

1. 敬业

敬业是从业者基于对职业的热爱和敬畏而产生的一种全身心投入的尽职尽责、认认真真的职业精神状态。中华民族历来有"敬业乐群""忠于职守"的传统，敬业是中华民族的传统美德，也是当今社会主义核心价值观的基本要求之一。早在春秋时期，孔子就主张人在一生中始终要"执事敬""事思敬""修己以敬"。"执事敬"是指行事要严肃认真、不慢怠；"事思敬"是指做事要专心致志、不懈怠；"修己以敬"是指加强自身修养，保持恭敬谦逊的态度。

2. 精益

精益就是精益求精，是指从业者对每件产品、每道工序都凝神聚力、精益求精、追求极致的职业品质。所谓精益求精，是指已经做得很好了，还要求做得更好，即使做一颗螺丝钉也要做到最好。正如老子所说："天下大事，必作于细。"能基业长青的企业无不是对产品精益求精的企业。

3. 专注

专注就是内心笃定、着眼于细节的耐心、执着和坚持的精神，这是一切"大国工匠"所必备的精神特质。从古今中外的实践经验来看，工匠精神都意味着"执着"，即一种几十年如一日的韧性与坚持。"术业有专攻"，一旦选定行业，就一门心思、持之以恒、心无旁骛地在一个细分产品上不断积累优势，在各自的领域成为"领头羊"。在中国古代就有"艺痴者技必良"的说法，如《核舟记》中记载的奇巧人"王叔远"、《庄子》中记载的游刃有余的"庖丁"等。

4. 创新

工匠精神还包括追求革新、突破的创新内蕴。古今中外，热衷于创新和发明的工匠们一直是世界科技进步的主要推动力量。中华人民共和国成立初期，我国涌现出一大批优秀的工匠，如倪志福、郝建秀等，他们为社会主义建设作出了突出贡献。改革开放以来"汉字激光照排系统之父"王选，"中国第一、全球第二的充电电池制造商"王传福，带领团队研发创造世界领先的 5G 技术的任正非，从事高铁研制生产的铁路工人，从事特高压、智能电网研究运行的电力工人等，都是工匠精神的优秀传承者，他们让中国创新再次影响了世界。

（二）工匠精神的现实意义

工匠精神在现代企业管理中有着重要的价值。

当今社会，有些企业追求"短、平、快"（投资少、周期短、见效快）带来的即时利益，从而忽略了产品的灵魂——品质，造成企业大而不精，粗放式生产。这些企业更需要工匠精神，才可能在长期的竞争中获得成功。当某些企业热衷于追求利润时，坚持工匠精神的企业，依靠信仰、信念，使其产品不断改进、不断完善，最终在通过高标准、严要求的历练之后，成为众多用户的骄傲，在这个过程中所体现的工匠精神是脱俗的，也是正面积极的。

（三）工匠精神的发展

在中国古代，工匠是中国老百姓日常生活不可或缺的职业，如木匠、铜匠、石匠、铁匠等，各类手工匠人用他们精湛的技艺为传统生活场景定下了底色。随着农耕时代的结束，社会进入工业时代，一些不适应现代生活的老手艺、老工匠逐渐淡出，但工匠精神永不过时。

工匠精神是工业经济时代的产物，是一种精致化生产的要求，它对农业生产同样适用。从农业生产来讲，其实际上就是指从源头保证食品安全，从种植开始，要保证原料、土地、化肥等方面的安全，要保证品质优良。

工匠精神要求企业如同一个工匠一样，精雕细琢自己的产品，精益求精，经得起市场的考验。工匠精神的核心是企业要追求技术进步、科技创新。如果企业是国家的重要经济力量，那么一个以技术进步、科技创新为主体的企业，就是民族振兴的动力源泉，是国家财富增加的源泉所在。

（四）工匠精神的层面

工匠精神在个人层面就是一种认真精神、敬业精神。其核心不是将工作当作赚钱养家糊口的工具，而是要树立对职业敬畏、对工作执着、对产品负责的态度，极度注重细节，不断追求完美和极致，给客户无可挑剔的体验。我们要将一丝不苟、精益求精的工匠精神融入每个环节，作出一流的、打动人心的产品。与工匠精神相对的则是"差不多精神"——满足于差不多就行了，而不是追求 100%。制造业目前存在创新能力不够强等现象，这与工匠精神缺乏、"差不多精神"有一定关系。

工匠精神在企业家层面可以认为是企业家精神，具体表现在以下几个方面：第一，创新是企业家精神的内核。企业家通过产品创新到技术创新，再到市场创新、组织形式创新等全面创新，从创新中寻找新的商机，在获得创新红利之后继续投入、促进创新，形成良性循环。第二，企业有全身心投到企业发展的不竭动力，才能够将创新当作自己的使命，才能使产品、企业拥有更强的竞争力。第三，执着是企业家精神的底色。在企业处于低谷时，其他人也许选择退出，唯有具备工匠精神的企业家不仅不会退却，还会迎难而上，克服困难，继续坚守。改革开放以来，我国涌现出一大批有胆有识、有工匠精神的企业家，但也有一些企业家缺乏工匠精神，这也是经济发展的隐忧所在。

学习模块六
工作世界探索

学习目标

知识目标：
1. 了解职业环境认知及职业探索的内容。
2. 了解专业和职业的关系。
3. 了解职业的产生与演变历程。
4. 了解现代社会职业发展的特点。
5. 了解职业分类知识。
6. 掌握职业内涵与构成。
7. 认识新职业。

能力目标：
1. 掌握职业环境认知及职业探索的方法。
2. 能够分析不同岗位的工作内容。
3. 能够结合自身特点和专业方向开展职业环境认知和职业探索活动。
4. 能够分析影响职业发展的环境因素。

素质目标：
1. 培养学生冷静、理性地分析择业形势，保持良好的择业心态。
2. 积极探寻未来职业发展的方向。

案例导入

张虹的职业困惑

张虹是某高等职业院校财务管理专业三年级的学生，面临求职择业。在准备求职简历的时候，她这样梳理了自己的大学时光：获得两次奖学金，通过了全国大学英语四级考试，考取了教师资格证，通过了国家心理咨询师的认证。

这样一个在同学们眼中"闪闪发光"的尖子生在求职选择时，却感到茫然了。如她分析:"我学英语是为了通过考级顺利毕业;考教师资格证是因为我母亲是老师,她希望我有多项技能以拓宽就业道路;考心理咨询师是因为宿舍里的同学说要一起学,我也就'跟风'了。为了将来多条出路,大学期间我一直忙着各种考证,现在反而忘记了高考时填报财务管理专业的初衷,忽略了对专业的深入学习。现在的我就好比身上有很多武器,该上战场了,却不知道要用什么了……"

📖 案例思考

面对依然复杂而严峻的就业形势,"多一项技能,多一种选择"成为当今社会的普遍共识。但是,在进行职业选择时,应该尽可能让所学技能有用武之地,从而达到"1+1>2"的效果。

学习单元一 探索工作世界

💡 思维导图

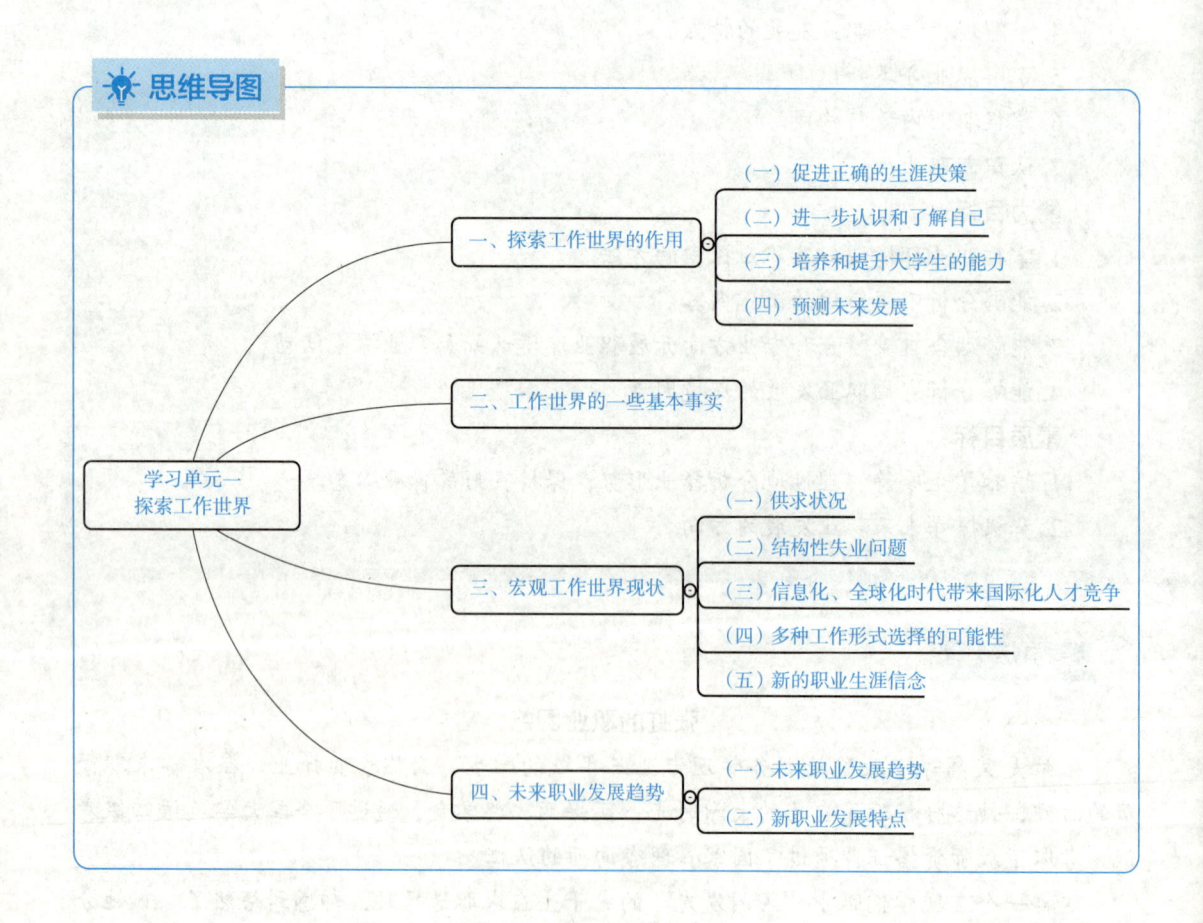

学习单元一 探索工作世界
- 一、探索工作世界的作用
  - (一)促进正确的生涯决策
  - (二)进一步认识和了解自己
  - (三)培养和提升大学生的能力
  - (四)预测未来发展
- 二、工作世界的一些基本事实
- 三、宏观工作世界现状
  - (一)供求状况
  - (二)结构性失业问题
  - (三)信息化、全球化时代带来国际化人才竞争
  - (四)多种工作形式选择的可能性
  - (五)新的职业生涯信念
- 四、未来职业发展趋势
  - (一)未来职业发展趋势
  - (二)新职业发展特点

在探索了职业生涯规划中的"自我"因素以后，大学生对职业自我有了深刻的认识，对自己喜欢从事的职业、适合从事的职业、能够从事的职业都有了清晰的了解，对自己的未来充满了向往和憧憬。但是职业成功和顺利就业并不那么简单，它不只是依赖于兴趣、能力、个性等内部主观因素，更有赖于社会环境等外部客观因素。每个人都不可能脱离环境而单独存在，一切活动都是社会性的活动，受到社会环境的制约。社会环境、学校环境、家庭环境等综合因素都将影响个人的职业发展。

一、探索工作世界的作用

（一）促进正确的生涯决策

工作世界在不同大学生的职场印象里有很大的差别。很多大学生认为工作世界中人山人海充满激烈的竞争，但也有大学生认为职场中有苦有甜、有绚烂的彩虹，说明工作世界中有令人茫然失措的一面，但也有让人充满希望的一面。职场印象有这么大的差别，和是否能全面地了解工作世界有很大关系。只了解和看到负面信息的学生常常会陷入悲观，例如，自己不一定适合做研究或并不喜欢再继续读书，但因为对找工作陷入绝望，怀着"反正也找不到好工作，那就不找工作了，直接考研吧"的想法，作出错误的生涯决策。如果学生能够清晰、全面地了解工作世界，知道尽管毕业生众多、竞争激烈，只要仔细了解企业用人要求及工作发展的普遍路径和规律等，就能够结合自己的特点在社会中找到属于自己的工作，从而作出合理的生涯决策，而不是盲目跟风追逐所谓"好工作"，最后迷失在求职大军中。

（二）进一步认识和了解自己

在探索工作世界的过程中，学生常常会陷入两难的境地。例如，留在大城市找一份不稳定、目前也很不理想的工作，但是未来的学习、发展机会可能很多；回到家乡小城镇有个待遇不错的、稳定的工作，但是自己将来的发展前景非常有限，缺乏挑战性。世间的事没有完美的，外部条件总设立这样或那样的限制，看上去似乎很难，也会有些沮丧，但是深入思考，就会发现正是在这种两难的选择中，越来越知道什么是对自己真正重要的，也越来越了解自己是谁，从而调整自己的行动，走出属于自己的生涯道路。

（三）培养和提升大学生的能力

很多大学生寄希望于学校、职业辅导教师或其他专业的职业辅导工作人员能够告诉他们工作世界是什么样的，但结果常常令人失望。因为每个人（包括专业的职业辅导人士）受知识、经验的局限，不可能完全掌握所有工作世界的信息，所以工作世界的探索更多地需要大学生自己来完成。在这个探索的过程中，大学生可以培养和提升自己的很多能力，如自我管理能力中的为自己负责，可迁移技能中的沟通、收集、观察等能力。

（四）预测未来发展

工作世界信息可以帮助学生预测未来可能发生的情况，以便预先作出准备，但也要知道预测的风险所在，并为此做好心理准备。

二、工作世界的一些基本事实

🔊 课中讨论

拓展职业范围的思考

请你用头脑风暴法列举出与手机相关的尽可能多的职业，并将所有联想到的职业都记录下来。

讨论：你从这个活动中得到了什么启发？

通过这个活动，学生可以了解到一件物品的制造涉及许多的人和职业，如从管理到制造，从研发到市场。这说明有很多专业和技能是可以变通的。因此，同一个专业可以从事多种职业，如机械设计专业毕业的学生，可以从事助理、售前工程师等与人打交道的工作，也可以做研发等与概念相关的工作。因此，大学生在探索工作世界时，应了解和自己专业相关的职业有哪些，学习专业知识的目的是帮助人们并更好地发展自己，而不是限制个人的发展。当用更广阔的思路来看工作世界时，会更容易理解下面的一些基本事实：

（1）目前工作世界中有超过 20 000 种的职业，对于大多数人来说，都有数种职业适合他们。

（2）调查表明，各个经济收入阶层和各种行业领域的人都热爱自己的工作。

（3）没有哪一种工作能够完全满足你所有的需要。所有工作都有其局限性和令人失望之处。你需要通过其他活动来平衡你的生活，才有可能感觉到圆满。

（4）工作市场和经济形势都时常发生变化，甚至是急剧的变化。有的行业在目前可能充满了机会，却会在数年内饱和。

在工作世界中，每个学生都有可能找到属于自己的那份工作，只是需要做好心理准备：这是一个过程，对不同的人，过程会有长短；变化是其中必然要面对的，一个决定可能不会持续一生，也常常伴随着风险，因此，需要个人不断调整和变化才能保持满意度。面对工作世界，需要学会如何应对工作的变动，而不是一味地去回避它。

三、宏观工作世界现状

宏观工作世界的现状包括劳动力供求关系、各地区各行业的需求分布、职业生涯的理念等内容。工作世界信息的实时性很强，因此，在应用此段信息时应当注意其时效性。

（一）供求状况

劳动力市场是指供求两个方面相互作用的市场。在这个市场上，公司通过招聘、面试等方式吸纳人才，而员工则通过自身能力和资源匹配合适的工作。随着社会经济的发展，劳动力市场需求与供给状况也不断变化。

从供给角度来看，近年来，中国高等教育持续扩大，受教育程度不断提高，使得毕业生就业前景更为广阔。其次，大学毕业生规模扩大，就业压力日益加大，劳动力市场的竞争愈加激烈，背景优秀、能力出众的毕业生相对占优势。另外，社会老龄化、城市化和少子化等人口结构变化也影响到人才的供给。

从需求角度来看，在经济增长期，企业需要更多的劳动力，特别是技术型和高端人才。这类人才具有专业知识和技能，能够快速适应公司的要求，提高企业的竞争力。但是，在经济下行期，企业需要精简成本和优化组织结构，以保证公司的生存和发展。此时，企业会选择更为灵活的雇佣方式，如临时工、兼职工等。

值得注意的是，随着人口年龄结构、教育结构的变化，企业对人力资源的需求也出现了变化。随着社会老龄化的不断加剧，企业对劳动力的需求趋向于"年轻化"，即更多地选择招聘年轻人。这类人才年轻、有潜力，同时更容易适应新技术和新理念。此外，由于经济和科技的快速发展，技术型和高端人才成了企业急需的人才群体，如软件工程师、金融专业人才等。

（二）结构性失业问题

结构性失业是指经济、产业结构变化以及生产形式、规模变化促使劳动力结构进行相应调整而导致的失业。由于我国正在对经济结构进行重大调整，与之相应地，劳动力结构必然要进行同步调整，这不可避免地会造成结构性失业。这就意味着"劳动供给过剩和短缺并存"，失业不是因为缺乏就业机会，而是合格的劳动力不足。其中高级技术人才和高级管理人才尤为短缺。

对于大学毕业生来说，主要存在以下三种结构性失业情况：

（1）专业结构性失业。这类结构性失业主要是由大学生所学专业与快速变化的市场需求错位而形成的。当前大学生就业去向与产业结构的调整以及地区经济发展周期有较大的关联，企业对各类专业技术人才和管理人才的需求变化速度往往快于高校培养专业人才的速度，形成了人才供需市场配置的时间差。

（2）素质结构性失业。这类结构性失业主要是由大学生知识结构、综合素质与用人单位的要求不匹配而产生的。现代社会是一个快速发展变化的系统，要适应这些变化，大学生必须构建起宽厚的知识基础，建立合理的知识结构。而大学生现有的知识结构、技能水平、综合素质不能与用人单位的要求相匹配，产生素质结构性失业。

（3）观念结构性失业。这类结构性失业主要是由大学生就业期望与劳动力市场现状反差而产生的。观念结构性失业是指劳动者的就业观念不正确，对岗位、工资、待遇的期望值脱离实际而无业可就。目前大学毕业生在就业观念上普遍存在着期望值过高、追求待遇、相互攀比等倾向。部分同学对就业区域、单位要求较高，对于急需人才的基层、中小企业排斥在外。还有一部分大学毕业生在职业与事业、奉献与索取等矛盾的选择中，个人主义价值观往往占了上风。择业观念的问题也导致了大学生结构性失业。

（三）信息化、全球化时代带来国际化人才竞争

当计算机技术从 PC 发展到互联网，再到 Web 3.0 手机终端功能的日益强大，信息技术的高度发展缩短了全球各个国家的距离，使经济资源在全球范围内进行重新组合和配置。20 世纪 90 年代以来，越来越多的跨国企业进入中国，如宝洁、IBM、家乐福等；同时，中国的企业也开始向国外发展，如联想、华为等，中国的建筑公司开始在国外兴建工程，中国的石油公司开始尝试在国外开采石油。另一方面，中国也成为世界的代工中心，从世界工厂到中国制造，企业的国际化势必要求具有国际化视角与素质的员工。

此外，使用外籍员工也会带来更加激烈的人才竞争压力。就目前的状况看，外资企业比国内企业在员工待遇上要高出很多，而外资企业中外籍员工的薪酬和他们在某一职位上的竞争力又显著地高于本地员工。

因此，大学生进行职业生涯规划时，也应当具有一定的国际化视角，将自己放到更广阔的平台上，这样才有利于长久的发展。

对宏观工作世界的了解可以帮助大学生在求职时比较从容地承受激烈的竞争，提前做好技能、心理等方面的准备，以积极姿态应对所面临的各种情况。

（四）多种工作形式选择的可能性

工作的形式有很多种，最常见的就是全职工作，即连续为同一雇主工作，每周工作 40 或 40 个小时以上的工作。大学生在求职时都是希望能够找到一份全职工作，因为具有相对的保障和稳定性。很多人认为组织有责任照顾他们，不过，他们把自己的将来交到别人手上的做法也会增加自身的风险。

兼职工作是近些年增长很快的工作形式之一。兼职工作者每周为同一雇主工作的时间不足 40 小时，他们通常没有将工作报酬作为生活费的主要来源，不是为了赚取额外的收入而考虑工作。兼职工作虽然收入不一定高，也不够稳定，但对大学生尤其是那些希望继续读书、但又受限于经济条件的学生来说，是很好的增长社会经验的途径。

另一种和兼职工作有些类似的工作形式是多重工作，是指一个人同时兼有 2 个或 2 个以上独立的工作角色。有时，他们也被称做"兼职者"，因为他们经常除了做"有规律的"全职工作外，还有一份兼职的工作。多重工作者的角色包括为两个或两个以上雇主工作，

为一个雇主工作的同时自己也经营企业，经营两家独立的企业。他们喜欢在具有多样性、灵活性和变化性的环境中工作，愿意不断地更新技能，从而为自己提供保障。

自由职业［Small Office（and）Home Office，简称 SOHO］是目前社会中比较受追捧的一种自雇的工作形式，是一个人的经营模式。随着信息技术的发展，这种工作形式已经越来越成为可能。因为这种工作形式具有自由、开放的性质，越来越多的人加入了这个行列。自由职业的风险性相对较大，因此，选此种工作形式的人通常具有良好的心理安全感、自我管理能力和自信心。

自我创业，做一个企业家，也是一种工作形式，其风险最高。企业家既是企业主也是运营官，它的特点是要雇用其他人经营企业，具有高风险、高回报的性质。企业家重视独立、刺激和成功。他们很能容忍不确定的状态，具有控制内在因素的特质。为了取得成功，他们的信仰必须与他们成功的目标保持一致。与众不同的是，企业家会把毕生的资产作为企业成功的抵押。

以上提到的只是目前社会中比较常见的几种工作形式，也许还能列举出更多的工作形式。其实有多少工作形式、如何对它们进行分类并不重要，关键是随着社会的进步和发展，提供给个人的机会越来越大，学生在进行生涯规划时要注意到这些可能性，给自己更大的选择空间。例如，创业是一位大学生的最终理想，但在刚毕业、时机尚未成熟时，可以从其他的工作形式开始，有了各方面的积累后再进行创业。又一时难以找到心仪的全职工作的学生，不妨从兼职工作开始培养自己所欠缺的经验和能力，然后再去争取全职工作。只有在看到更多的可能性时，才会有更多办法走上自己的理想道路，并将经历的过程看作是锻炼和提升的机会。在寻找理想工作的过程中遇到的顺境与逆境都是生涯中精神财富的一部分，不能简单地归为找到工作和没找到工作两种结果，那样将失去找工作过程中创造和努力的可能性。

（五）新的职业生涯信念

在传统的职业生涯信念中，员工是从属于组织的，组织好像父母一样应当照顾员工，同时员工应当以组织为家，以组织利益为第一，以被组织认可获得升职为成功。在新的职业生涯信念中，组织和员工的关系更像是合作者，组织向员工提供横向的职业发展，而员工在接受新的工作或任务时能够不断学习新的技术与知识，以适应组织的需要，同时提升自己的专业能力和就业竞争力。

四、未来职业发展趋势

在当今时代，无论从事何种职业、收入如何，都必须考虑未来的职业变化：现在掌握的技能、所学专业知识能否适应未来的职业发展？只有充分了解未来的职业发展趋势，才能做到有的放矢、未雨绸缪。

（一）未来职业发展趋势

随着政治、经济、文化的发展和社会的进步，职业也在不断迭代与发展。总体来看，未来职业发展主要呈现以下几种态势。

1. 职业种类越来越丰富

在职业产生的初期，种类很少。据史料记载，我国隋朝时期有100多个行业，到了明朝时期增加到了300多个，这就是俗称"三百六十行"的来源。随着社会分工的不断细化，职业的种类越来越丰富，当前全世界的职业种类近3万种，未来将会更多。

2. 由单一基础型向复合型转化

在"工业4.0"（第四次工业革命）的背景下，数字化、自动化、智能化的生产系统可以完成一般意义上操作工的大部分简单、重复性的劳动，把劳动力从流水线上解放出来。5G时代下智能工厂的技术人才需求由原来的单一型向复合型转化，不再需要简单的劳动力，更需要产品创新的策划者及产品制造过程中的管理者、协调者。

3. 由封闭型向开放型转化

随着社会发展的日益进步，职业岗位工作的范围和服务的对象越来越广泛，接收、处理信息的渠道越来越多元化，这就预示着职业的发展由原来封闭型向开放型不断转化。这种开放体现在人与人的合作上，也体现在工作形式的转变上。要成功应对这一趋势变化，需要不断提高自身的沟通能力、团队合作能力。

4. 由服务型向知识技能型转化

市场预测专家称，未来的新职业越来越多地出现在服务业，特别是与健康、通信、计算机相关的行业。这些行业在劳动力数量不断增加的同时，对从业人员的技能素质要求会越来越高，进而产生了知识服务型职业。作为高等职业院校的学生，现在所需要的就是不断增加自身的知识、技能储备，提升自身的素养，以更好地适应未来职业发展的新要求。

（二）新职业发展特点

新职业是随着社会进步和科技水平提升而逐步形成的新的社会群体性工作，是新兴业态中的新就业形态。随着经济社会发展、科技进步、产业结构调整，特别是党的十八大以来，新业态的发展进一步加速，社会上的新职业不断涌现。自《中华人民共和国职业分类大典（2022年版）》颁布以来，我国人力资源和社会保障部与国家市场监督管理总局、国家统计局已联合向社会发布了8个大类、79个中类、449个小类、1636个职业。职业具有时代性，新职业的劳动力要素也具有典型的时代特征。可以说，新职业发展的过程正是我国深化改革、创新发展的缩影，也见证着各行各业发生的巨大变化。

新职业的发展具有以下几个特点。

1. 岗位性质和行业分布

在我国，新职业主要分布在新兴产业和现代服务业两个领域。大致来说，新职业的类别呈现出三个"1/3"的分布特点：1/3是与新兴产业密切相关的工程技术类岗位，1/3是与互联网和信息化相关的数字化管理和服务类岗位，另外 1/3 是与健康养老咨询和服务相关的现代服务业类岗位。

2. 能力构成

大部分新职业要求从业人员具备一定的数字化能力。与传统职业相比，数字化能力是大多数新职业能力要素的基本构成。经过 30 多年的迅猛发展，互联网信息技术（Internet Technology，IT）已经由过去的小众化、研究型转变为大众化、应用型。无论是与区块链、物联网等相关的工程技术类岗位，还是城市管理网格员、互联网营销师、社群健康助理员、在线学习服务师等现代服务业类岗位，都或多或少需要一定的数字化能力。

3. 工作产出

无形性的专业咨询服务成为新职业的普遍性工作内容。现代服务业类的新职业同样需要较高的专业技能，主要是向客户提供专业咨询和专业建议，供客户决策参考。这在客观上也折射出我国经济发展的方向和由传统工业经济向智能制造、服务经济及知识经济转型升级的发展趋势。

4. 工作联系

新职业越来越凸显"连接最后一公里"的特点。这种连接是指在人与机器、传统 IT 与影子 IT、现实世界与虚拟世界、商业与道德之间搭建的"最后一公里"的连接网络。一方面体现为"硬"的物理连接，如区块链、物联网、互联网等行业的新职业，偏重从硬件上建立连接；另一方面表现为"软"的服务连接，如健康照护师、网约配送员等新职业，偏重于建立柔性连接。硬件的物理连接为柔性的服务连接提供了基础和保障，不仅帮助人们获得了专业产品和服务，也提升了人们的体验度和幸福感。

5. 需求规模

新职业的未来市场需求非常大。我国人力资源和社会保障部就业培训技术指导中心联合阿里巴巴和钉钉于 2020 年 7 月发布的《新职业在线学习平台发展报告》显示：未来 5 年，新职业人才需求规模庞大，预计云计算工程技术人员近 150 万人、物联网安装调试员近 500 万人、无人机驾驶员近 100 万人、电子竞技员近 200 万人、电子竞技运营师近 150 万人、农业经理人近 150 万人、人工智能人才近 500 万人、建筑信息模型技术员近 130 万人、工业机器人系统操作员和运维员将达到 125 万人；数字化管理师从业人员已超过 200 万人，人才缺口近千万人。

6. 从业人群

"90 后""00 后"是新职业的主流人群。在年龄维度上，"80 后""90 后"是新职业的主力军，占比达 83%。新职业大部分是全新职业。一方面，"职业自由"成为年轻人追求的工作方式，其掌握多种职业技能，可以选择的职业超过两种以上，具有自主择业主动权。在这种情况下，职业不仅是谋生的重要手段，也逐渐成为体验不同生命历程和感受不同工作状态的重要方式。另一方面，全新职业的出现与"90 后""00 后"等"网生代"的成长背景有着密切的关联。从出生开始，无论是生活还是学习，"90 后""00 后"都与互联网信息技术建立了紧密的联系。

学习单元二　工作世界探索的内容

思维导图

- 学习单元二 工作世界探索的内容
  - 一、职业探索
    - （一）职业探索的概念
    - （二）职业探索的具体内容
  - 二、专业探索
    - （一）专业探索的概念
    - （二）专业探索的具体内容
    - （三）专业与职业的关联性
    - （四）正确处理专业与职业的关系
  - 三、行业探索
    - （一）行业探索的概念
    - （二）行业探索的具体内容
  - 四、企业探索
    - （一）企业探索的概念
    - （二）企业探索的具体内容
  - 五、岗位探索
    - （一）岗位探索的概念
    - （二）岗位探索的具体内容

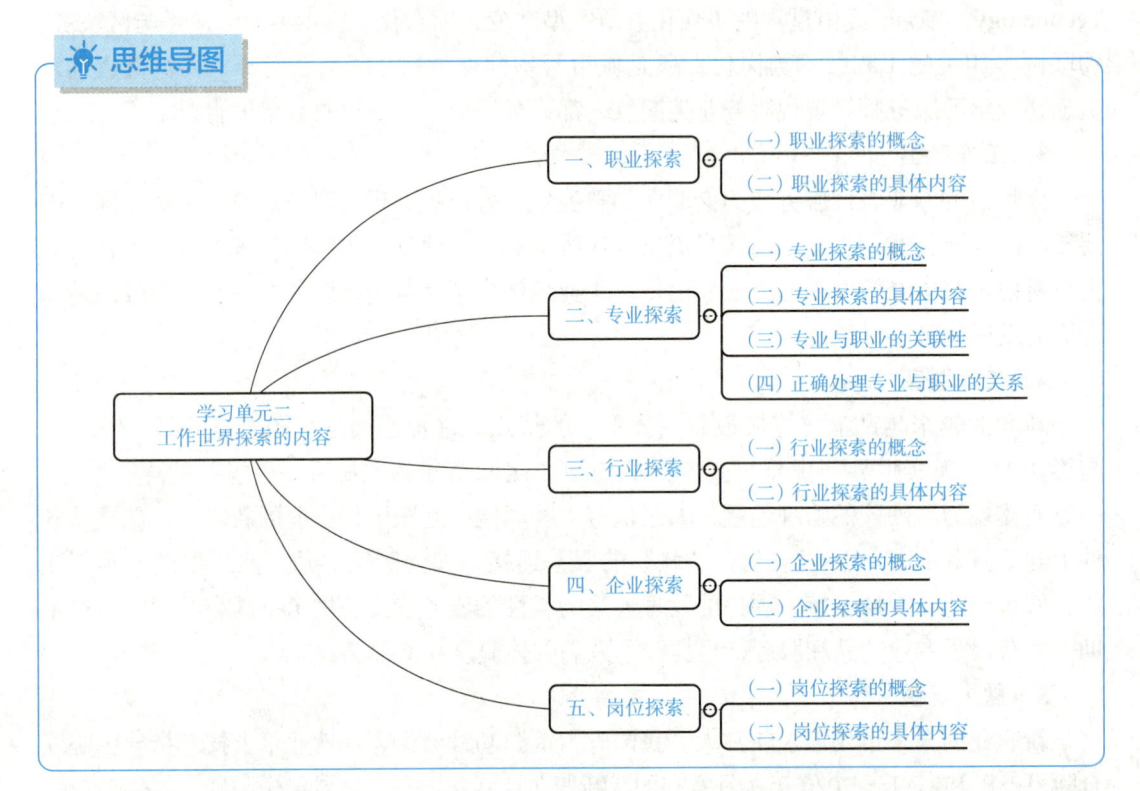

俄国寓言作家伊万·克雷洛夫说："现实是此岸，理想是彼岸，中间隔着湍急的河流，行动则是架在川上的桥梁。"面对就业，我们最好的态度就是"积极行动"。每个大学生对职业的认识都是从无到有，从肤浅到深刻。所以，在大学期间，要深入探索那些可能适合自己的目标职业，探索职业世界，包括对目标职业进行职业探索、专业探索、行业探索、企业探索和岗位探索。

一、职业探索

（一）职业探索的概念

职业探索，是指对个人喜欢或要从事的职业进行理论分析和实际调研的过程，目的是对目标职业有充分的了解，并在明确与职业的差距中制订求职策略，从而有效地规划大学生活。

（二）职业探索的具体内容

1. 职业描述

职业描述，即定义这个职业的内涵，具体包括：职业名称，各方对其的定义。职业描述是对职业最精练的概括和总结，是透彻理解职业和调研职业的基础。在罗列并学习别人对这个职业的看法后，也要给这个职业下一个自己的定义，为自己的职业报告做好第一项准备。可以参照联合国国际劳工组织、我国人力资源和社会保障部等，很多职业分类大典都有对职业的详细介绍。

2. 职业的核心工作内容

每个职业都有核心的工作职责，职责背后对应的就是工作内容。了解职业的核心工作内容，有利于了解完成工作内容背后所必需的工作能力，这样就很容易找到自己与职业之间的差距。成熟的职业都有权威人事部门为其总结确定的核心工作内容。一些企业的招聘广告也有对工作内容的描述。另外，还可以请教一些行业协会，或者该职业的资深人士。企业的人事部门和直接部门经理也有关于职业的具体感悟。

3. 职业的发展前景及其对社会和生活的影响、作用

职业的发展前景，是国家、社会等对这个职业的需求程度，具体包括三个问题：第一，职业在国家阶段发展中的作用；第二，职业对社会和大众的影响；第三，职业对生活领域的影响。不仅要知道这个职业对国家、社会和行业有用，也要知道这个职业对大众和生活的影响，人们对它的依存度和声望度怎样。

4. 薪资待遇及潜在收入空间

职业是社会分工的产物，职业根据参与社会分工的量来确定报酬，在不同的行业、企业、岗位上还有一些潜在的收入空间。收入是人们都关心的话题，很多人也会将收入作为择业的关键因素，所以，在考量职业时也要重点调研职业的薪资状况。

5. 岗位设置及不同行业、企业间的差别

一般来说，岗位设置是指一个职业有一系列岗位，而不同行业、不同性质和规模的企业对岗位的划分与理解也有很大的不同，可能同一个职业名称的工作内容完全不同。了解职业的岗位设置，能加深对职业外延的理解，有针对性地与自己进行比较。一般来说，人事权威网站、职业分类大典、业内资深人士比较了解这个职业的具体岗位设置情况。

6. 入门岗位及其职业发展通路

入门岗位是指针对应届毕业生的工作，职业的一些中低端岗位是面向大学生开放的。还要了解一个岗位所对应的日后职业发展通路是什么，这个岗位有哪些发展途径，最高端的岗位是什么。即使很看好这个职业，最终也是要做工作的，而入门岗位就是提供给大学生的敲门砖，所以，一定要知道能通过哪些岗位进入这个职业。从企业每年的校园招聘里就能看到哪些岗位是针对应届生的。

7. 职业标杆人物

职业标杆人物，就是在这个领域谁做得最好。要研究他是怎么做到的，他都取得了什

么成绩,遇到了什么困难,具备什么素质等。每个职业都有一流的人物,无论是国内的还是国外的。研究职业标杆人物,可以了解他的奋斗轨迹,加深对职业的了解,也会在这个职业领域找到奋斗的途径。

8. 职业的典型一天

职业的典型一天,更多的是在访谈中完成的。要知道这个工作典型的一天是怎样的,工作时间是怎么安排的。了解职业的典型一天是判断自己是否适合这个职业的重要指标。此外,还要考虑这个工作对个人生活的影响。职业的典型一天在职业的核心工作内容中会涉及,但具体到个人的资料就不多,所以建议去找这个职业的工作者做访谈,这样才更真实。

9. 职业通用素质要求及入门具体能力

职业通用素质要求是指从事这个职业的一般的、基本的要求,主要是个人通用素质能力,就是能把这个工作做好所需要具备的能力。通过对职业外在素质要求的了解及与自己的对比看看自己是否能够胜任,还有哪些要加强和补充,从而可以将它们规划到大学生活里。其实每个岗位描述中都有关于任职资格的介绍,要把它们整理出来,尤其要加上职业访谈中的内容,列出十项最常用的能力,然后与自己一一对照,这样可以促使自己发现和认识自我。

10. 工作与思维方式及对个人的内在要求

工作方式和思维方式是做好工作的保证,有些工作对人有很高的内在要求,如态度等。这些是从内在来判断是否适合和喜欢一个职业的核心标准。从内在出发来判断是否喜欢是科学的,因为职业是客观的,只是因为选择了职业才会产生是否愿意做、适合做等问题。当职业的方方面面被考量之后,最后一关就是对职业所要求的内在进行盘点。岗位描述中的任职资格也会有对其内在素质的要求。另外,还要考虑到,业内普遍认同的个人素质在不同行业和不同类型企业之间还存在差异。

二、专业探索

(一) 专业探索的概念

专业探索就是在对本专业的调研中了解本专业毕业生能从事的职业,从而有效地规划大学生活。专业探索可分为对本专业的探索和对自己喜欢的专业的探索,目的都是充分有效地利用大学时间有针对性地学好专业。

(二) 专业探索的具体内容

1. 专业调研

专业调研是整个专业探索的核心任务,具体内容包括:这个专业是什么;这个专业学什么;这个专业有哪些名校名师;与此专业相关的专业有哪些;这个专业对社会和生活的作用；这个专业毕业后的就业方向；这个专业的名人有谁，成就如何；这个专业领域的权威企业有哪些；这个专业的毕业生目前状况如何；怎样才能学好这个专业，学习的圈子和资源有哪些。

2. 专业选择

如果你发现自己不喜欢目前所学的专业，就要探寻自己可能喜欢的专业；信息充分，浏览专业设置目录和说明；了解整体时先确定几个专业大类（如文、理、工、法、管大类）；了解大类和专业时确定专业小类（如管理大类中分公共管理小类、工商管理小类等）；了解各个小类和专业时确定十个专业（如工商管理小类中的人力资源管理，公共管理类中的行政管理等）；针对每个专业进行"专业十项"的调研；最后确定三个目标专业。

3. 专业学习

专业学习有以下要求和方法：自编一个专业通论教材；明确300个概念；抄写一本最厚的专业通论教材；制作一个专业学习和发展手册；拜访与专业相关的50位人士；撰写一篇原创的专业论文；翻译一本外文的专业通论教材；进行一个月的与专业相关的工作的实习。如能运用其中的三个方法并坚持完成，也能为日后的职业探索、职业定位打下坚实的基础。

4. 确定适合的专业

专业的最后结果表现为确定一个自己喜欢并适合的专业。那如何掌握和衡量呢？这里有几个参考方法：熟悉专业通论教材；能写与专业相关的文章；知道专业领域的最新活动和进展；能和专业领域的人士对话；明确专业的毕业出路是什么；喜欢这个专业的书；总去听该专业的课程并且很愿意发表言论；愿意和别人分享你对此领域的看法与见解。如果符合其中三条，那就确定你喜欢这个专业了。

（三）专业与职业的关联性

一份完美的职业生涯规划需要重点分析目前所学专业与未来将要从事职业的关系。有人说，专业决定职业，选择了什么专业，未来就会从事什么职业；有人说，专业与职业的关系并不明显，专业的学习主要是知识能力的储备，不要用专业限制未来的职业发展。下面具体分析专业和职业的关系。

1. 专业包容职业

专业包容职业是指一个人所从事的职业一直在其所学专业领域内。这种情况下，选择的职业与所学专业相吻合，能够做到学以致用。

2. 职业包容专业

职业包容专业是指一个人所从事的职业是在其所学专业的基础上不断向外扩张的。这主要表现为职业的选择与所学专业方向一致，但职业发展远远超出专业学习的范畴。这种情况需要个体根据自身的职业生涯规划，在学好本专业的基础上，辅修或自修其他专业内容，以满足职业发展的需要。

3. 专业与职业交叉

专业与职业交叉是指一个人的职业发展在其所学专业的基础上，有重点地朝某一方向扩张。此种情况下的专业学习同样起到了基础性作用，有着重要的意义。这就要求个体在学好专业知识的同时，在自身职业生涯规划的指导下，规划好其他课程的学习。

4. 专业与职业分离

专业与职业分离是指一个人规划的职业发展与自身所学专业毫无关系。具体来说，其是指个体在充分规划自身未来职业发展的基础上，其所选择职业与目前所学专业方向不一致，出现分离情况。这时应尽早调整专业，或辅修其他专业。

(四) 正确处理专业与职业的关系

在充分了解专业与职业的关系后，作为高等职业院校的学生要以就业为导向，作出正确的选择。

1. 选我所学，充分了解专业

专业是学科与职业之间的纽带，它依学科划分而生且根据职业群的新要求不断调整。高等职业院校的专业设置精准对接人才市场，针对较具体的职业要求，重点培养学生的专业技能，并要求学生在校期间考取相应的职业资格证书及职业技能等级证书，方能帮助其在毕业后顺利就业。在进行职业生涯规划之前，要充分了解自身所学专业。

（1）了解与专业相关的职业。既然高等职业院校的专业设置均指向劳动市场，首先要充分了解与专业相关的职业群。可以通过与辅导员或专业教师进行沟通交流来了解，因为他们往往掌握着本专业较前沿的资讯；也可以与本专业的学长充分交流，通过他们实习或就业的方向，来指导自身制订职业生涯规划；还可以通过网络搜索、人才市场及招聘现场调查等方式获得相应的信息。在了解相关职业群的同时，要清楚自身所学专业的学科特征，了解学科门类中其他相关专业的基本情况，了解本专业人才培养规格的主要特征。"知己知彼，百战不殆"，只有明确了专业培养目标及未来的职业发展方向，才能更好地发挥自身的特长，充分融入专业知识、专业技能的学习中，做到有的放矢。

（2）了解专业人才培养规格。相同的专业在不同的高等职业院校内会有不同的人才培养规格。每一所高等职业院校都会对自己培养的毕业生有一个基本的定位，这个定位主要是根据学校自身的学术水平、社会影响力及社会对学生的需求等方面设定的。专业人才培养规格则是根据学校的整体定位来确定的。要了解自己所学专业是在为谁培养、如何培养、培养哪种类型的人才，是应用型、研究型、复合型，还是具体从事技术开发、生产管理、产品营销等工作。

（3）了解专业与个人职业发展方向的关系。其实每个人心中都有一个大致的职业定位，尽管可能不明确，但都想过自己未来要成为怎样的人，从事哪一类工作。这就需要认准自身的职业定位后，再根据对自身兴趣、爱好、能力、知识、性格等方面的认知，进一步明确自己未来的职业选择与自身所学专业的关系。职业发展需要的知识和技能很多，各专业的人才培养规格和学科特征为大学生提供了一系列的知识和技能组合。大学生应该清楚自身通过专业学习所获得的知识和技能中哪些对职业发展用处较大；除专业学习获得的知识和技能外，对于个人的职业发展还需要补充哪些知识和技能。通常情况下，专业的针对性越强，适应性越小；而适应性增加，则专业针对性或对专业知识、技能的掌握程度就会降低。适应性主要通过基础知识、基本技能和综合素质来体现；专业性则主要由专业知识和专业技能反映出来。

2．学我所选，学好专业技能

（1）要端正学习态度，树立正确的学习目标。对专业不感兴趣的消极认识对学习有着很大的危害，要正确认识专业学习的意义。专业学习的过程是自身学习能力、思维能力的提升过程。通过专业的学习不仅能提升知识水平，更能培养专业技能。

（2）要养成良好学习习惯。大学的学习过程对大学生能否在社会、职场中走稳、走好有着重要的意义。在大学期间，要学会自主学习，养成良好的学习习惯，培养终身学习的意识。每位大学新生都处在同一起跑线上，未来能否脱颖而出，关键在于谁觉醒得早、行动力强。成功需要良好的学习、生活习惯。在大学期间，大学生要加强自我约束、自我监督、自我管理。"学而不思则罔，思而不学则殆"，在大学生活中要勤于思考、勤于提问、勤于阅读、勤于创新，最终结合自身专业的特点，形成一套适合自己的学习方法，养成良好的学习习惯。

在当前就业形势下，为了实现职业理想，大学生要尽快了解自我，了解专业，明确自己的专业定位，处理好职业与专业的关系，尽快进入角色，学好专业知识，掌握专业技能，为自己未来的职业发展打下坚实的基础。

课中讨论

了解你的专业

每个专业都有自己的人才培养方案。所谓人才培养方案，就是培养什么样的人、怎样培养人的一套可行性方案。教育部《关于职业院校专业人才培养方案制订与实施工作的指导意见》（教职成〔2019〕13号）中明确提出专业人才培养方案是职业院校落实党和国家关于技术技能人才培养总体要求，组织开展教学活动、安排教学任务的规范性文件，是实施专业人才培养和开展质量评价的基本依据。所以，想要了解自己的专业，可以先从人才培养方案着手。

以某高等职业院校电子信息工程技术专业人才培养方案（摘要）为例，了解其大致形式与构成。

培养目标定位：毕业生德、智、体、美、劳全面发展，能系统熟悉本专业的基本理论和技能，掌握电子产品的设计原理，灵活运用计算机程序思维和辅助设计方法，能在生产制造企业从事电子产品的工艺实施、生产组织、技术管理，电子设备的运行、操作、管理和维修，电子产品的销售和售后服务工作。

职业面向如下表。

序号	专业领域	岗位（群）
1	一线生产	熟练技工
		线长
		质检员
2	售后	售后服务人员
3	产品维修	家电维修
4	产品研发	技术员
		制图员

人才培养规格：

（1）知识要求。掌握与职业相适应的语文、数学、外语、计算机等基础知识；具备为满足职业需要必备的电工电子知识。

（2）能力要求。具有语言表达、数学计算、外语读写能力，计算机编程能力，硬件电路识别、设计能力，电子产品维修能力；具有探究学习、终身学习和可持续发展的能力。

（3）素质要求。具有吃苦耐劳、积极向上、团队合作等素质；具有工匠精神和信息素养；具备良好的人文素养、科学素养和创新意识。

讨论与思考：

（1）你所学的专业所对应的岗位群有哪些？

（2）你将来可能从事的职业有哪些？

三、行业探索

（一）行业探索的概念

行业探索就是通过理论分析和实际调研的方式对一个行业进行全方位的解读。行业是社会分工的大类，通过了解行业能很好地了解职业世界。

（二）行业探索的具体内容

通过研究以下行业通用因素就可以很全面地了解一个行业。

（1）这个行业是什么。一百个行业会有一百个定义。这个项目就是集众家之长，包括政府、协会、个人对行业的定义。每个定义都是从不同层面对行业进行的阐释，精辟、全面，所以，深入仔细地收集关于行业的定义、观点有益于加深对行业的了解。

（2）行业对生活和社会的作用及其发展前景、趋势。每个行业在社会中都有特定的功能，明确行业对社会和生活的作用，可以在一定程度上了解它的发展前景和趋势，从而能够在选择行业和确定发展方向时有长线的准备。这也是使行业的社会价值最大化的一个方面。

（3）行业的细分领域。行业是大类，在行业内部还有不同的分类，了解不同的行业分类有利于全方位地了解行业。分类的标准决定了具体的分类，可以选择政府、协会的分类标准。以此为线可以很好地厘清行业发展脉络，这也是个人了解行业发展空间的重要依据，如金融业就分为银行、保险、证券、基金等。

（4）国内外最著名的业内公司及介绍。在了解不同行业的细分领域后，就可以找到此领域的标杆公司。标杆公司是此领域的代表，在调研国内外的标杆公司时，所能把握的方向也是国际化的。同时，可以比较国内外不同标杆公司的差距，这有利于了解行业的核心竞争力。值得注意的是，要对每个行业标杆公司进行不同程度的企业探索，从而使行业探索落地。

（5）行业的人力资源需求状况及趋势。了解这个行业需要什么样的人才，当盘点行业的需求状况之后就可以加速自己的职业选择，也为个人的职业定位（确定具体的职业）作出了可能性的探索。还要对行业的未来需求做整理和分析，便于自己站在未来的角度做选择。

（6）从事行业需要具备的通用素质和从业资格证书。每个行业都有一定的入行要求，这就表现为通用素质和从业证书。从业证书是证明通用素质的一种手段，如法律职业的司法考试。一般来说，行业需要哪些通用素质是由这个行业的长期发展所决定的。大学生可以通过考取从业资格证书来获取入行的敲门砖。

（7）有哪些名人做过或在做这个行业。了解行业的标杆人物是进一步了解行业的手段，每个行业都有代表人物。调研行业标杆人物的奋斗轨迹、目前状态等，可以加深对行业的了解，也为自己进入行业提供了一个参照。

（8）行业的著名公司领导或人力总监的个人介绍和言论。整理或访问行业领导、人力资源总监的个人介绍、言论思想是职业访谈的一种高端调研，因为行业领导左右着企业的发展，人力资源总监左右着企业人才的招募，从这两个层面来看可以更全面地了解行业的发展状态和人才状况，也可以进一步拓展行业知识，同时，可以进一步扩大标杆人物。

（9）职业访谈，一般职员、部门职员的一天。与行业的高端人物交流是比较难的，尤其是行业的标杆人物，但与公司的一般职员交流比较容易。这个访谈也是实际调研的主要部分，可以与做过或正在做这个行业的一般职员交流，去询问、了解以上项目，在交流中验证和拓展个人对行业的了解；尤其要加强个人所希望从事的部门或岗位的人的访谈，这样可以有效地了解职业的具体要求。

（10）校园职位对大学生的一般能力要求。当进行了行业的九项调研后，还要对能够应聘的校园职位进行盘点。企业一般都有校园招聘，校园招聘中所列的岗位就是面向大学生的，可以总结某些企业近三年的校园招聘岗位。统计十家企业的招聘岗位后，就可以合并、整理那些岗位，从而在一定程度上了解行业的校园职位。每个岗位在招聘时都会列任职资格，在整理完成相同岗位的任职资格后就可以在一定程度上明确一般能力要求了。如果确定了一个岗位（定岗）并按其任职资格努力，那么在毕业后就很容易如愿以偿。

四、企业探索

(一) 企业探索的概念

企业探索就是大学生通过理论分析和实际调研对自己喜欢的企业进行十个方面的全方位解读。在校期间有针对性地了解企业是踏上职业之旅的重要步骤。

(二) 企业探索的具体内容

1. 企业种类

（1）从法律角度。依据《中华人民共和国公司法》及相关法律，我国企业依据其设立的条件、程序、内部组织机构等，被分为不同类型的企业。不同企业类型适用的法律也不同，主要有《中华人民共和国公司法》《中华人民共和国外资企业法》《中华人民共和国中外合资经营企业法》《中华人民共和国个人独资企业法》等法律及有关法规的相关规定。

（2）从标准角度。企业划分的标准一般是指法定标准和学理标准。法定标准是国家依据法律强制性规定的，具有国家强制力与约束力；而学理标准是指学术界对企业类型的划分，更确切地说应该是理论上的解释与分类，没有强制性。学理标准对法定标准的制定具有指导意义。

（3）从基本形态角度。依据企业的资本构成、责任形式和在法律上的地位，我国企业的基本形态主要被划分为独资企业、合伙企业和公司制企业。独资企业是指个人出资，由个人控制和管理的企业形式；合伙企业是指两个及两个以上的合伙人共同出资、共同管理、共负盈亏的一种企业形式；公司制企业又称股份制企业，是指法定数量以上的投资者共同出资组建、自主经营、自负盈亏的一种企业形式，这种形式下企业的所有人和经营者可能发生分离，由所有人雇用经营者进行生产经营。目前在我国，股份制企业被分为股份有限公司和有限责任公司。

（4）从经济类型角度。依据经济类型对企业进行分类。在中国特色的社会主义经济体制下，一般可分为国有经济、集体经济、个体经济、私营经济和涉外经济（包括外商投资、中外合资及港、澳、台投资经济），相应地，企业可以划分为国有企业、事业单位、股份制企业、私营企业、外资企业等形式。

（5）从企业规模角度。根据公司从业人员数量、资产规模、营业收入等指标，可以将企业分为大型企业、中型企业、小型企业和微型企业。具体衡量标准对各个行业要求不一致。

2. 我国企业性质

（1）国有企业。国有企业是指由国家兴办的企业，国家为投资主体，企业的全部资产归属国家。投资主体包括中央和地方各级国家机关、事业单位和社会团体。投资的财产来源于国有资产。另外，也包括一些特殊的社会团体，这些社会团体实行企业化经营，从事生产经营活动，国家不再核拨经费。

（2）集体所有制。集体所有制企业是指由劳动群众投资兴办的企业，包括城市居民或乡镇居民劳动者集体投资兴办的企业，以及部分个人通过集资自愿放弃所有权，并依法经工商行政管理机关认定为集体所有制的企业。

（3）私营企业。私营企业是指由自然人投资兴办或管理，通过雇佣劳动，参与市场运作的营利性经济组织。与国有企业和集体所有制企业不同，私营企业的资产归私人所有，私人通过控制和管理企业自负盈亏。另外，私营企业的显著特征之一是，它以雇佣劳动为基础，一般要求雇佣人员数量超过八人。在我国，私营企业一般集中于第三产业。

（4）股份制企业。股份制企业一般是指法定数量以上的投资者共同出资组建，自主经营、自负盈亏的一种企业形式。在我国，股份制企业一般指股份有限公司和有限责任公司（包括国有独资公司）。但需要注意的是，在我国，虽然有些国有、集体经济以股份制形式经营，但并未按照法律规定进行改制，也没有以股份制企业的两种形式进行登记注册，仍按原所有制经济性质划归其经济类型。

1）有限责任公司。有限责任公司的规模较小，出资人员在50人以下。股东以其认购股份的数额承担公司的责任，责任是有限的、可量化的，而公司的法人则对公司的债务承担全部责任。有限责任公司不能上市，也不能公开募集资金，其股份在出资人内部可以相互转让，但向外部转让时需要经过一半以上出资人的同意，所以相对封闭。财务报表信息需要及时向出资人公开。有限责任公司一般比较适用于创业型企业。

2）股份有限公司。股份有限公司的规模相对较大，一般由2~200人发起，出资人员无限制。公司的资产被分成等额股份，可以面向全社会公开筹集资金。股东以其所拥有的股份数额对公司承担责任。股份有限公司的开放性更强，流动性更大，融资能力也更强。同时，它的财务报表信息需要向全社会及时公开。

3）有限合伙企业。有限合伙企业是指由普通合伙人和有限合伙人组成的企业，规模较小，一般由2~50个合伙人设立。一般来说，普通合伙人以其全部资产对企业的债务承担无限连带责任，有限合伙人以其认购的出资额有限地对公司债务承担责任。这种企业形式融合了有限责任公司和股份有限公司的特点，一般运用于那些风险投资项目、公司股权激励平台（员工持股平台）等。

（5）联营企业。联营企业是一种综合性的经济组织形式，一般为两种不同所有制性质的企业之间（如企业之间、企业与事业单位之间）联营，组成新的经济组织形式。如果联营企业具有独立的法人资格，则企业独立承担民事责任；若没有，则联营各方以其出资份额或约定或法律规定承担相应责任。法律有相关规定或双方有合法约定的，以法律或协议约定为准。

（6）外商投资企业。外商投资企业一般是外国投资者通过自立企业或与国内投资者共同出资建立企业，进行生产经营活动的企业组织形式，一般包括外商独资、中外合资及中外合作。这类企业一般是依据中国法律规定，在中国境内，由中国政府批准成立的企业。外商独资企业由外国企业、经济组织或个人独自投资和经营，自负盈亏；中外合资和中外合作由外国企业、经济组织或个人与中国企业、经济组织或个人合作，共同出资与经营，在法律范围内协商各自的权利与义务，以法律和双方合法协议对企业承担相应责任，享受相应收益。

（7）个人独资企业。个人独资企业，顾名思义为自然人个人出资、管理和经营，承担风险，自负盈亏的企业。个人投资者以其全部资产对企业承担连带责任。其适用于规模比较小、投资低的企业，在我国一般表现为取得营业执照的个体工商户。

3．企业组织结构

组织结构是指对工作任务如何进行分工、分组和协调合作。组织结构是企业的基本架构，相当于人体的骨骼体系，是企业管理的重要组成部分，是企业运行发展的基础和有力支撑。在企业的运行中，有三种常见的组织结构设计形式，即简单型组织结构（图6-1）、职能型组织结构（图6-2）和矩阵型组织结构（图6-3）。

（1）简单型组织结构是一种扁平式组织结构，通常只有两至三层垂直层次，员工之间的联系比较松散，决策权力集中在一个人身上。简单型组织结构在所有权与经营权合一的

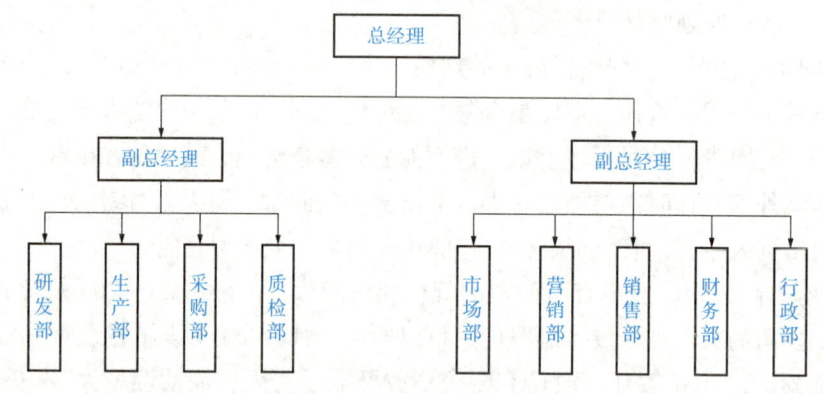

图6-1 简单型组织结构图

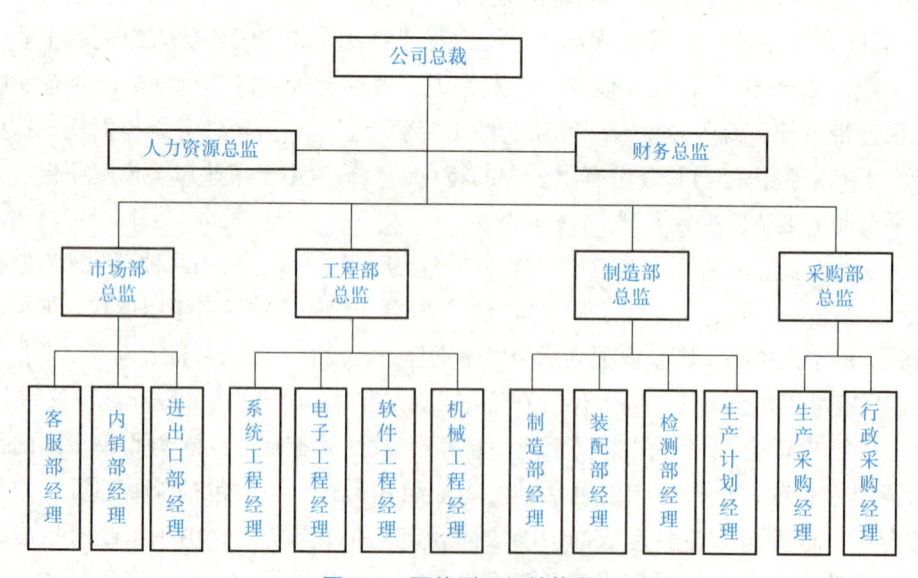

图6-2 职能型组织结构图

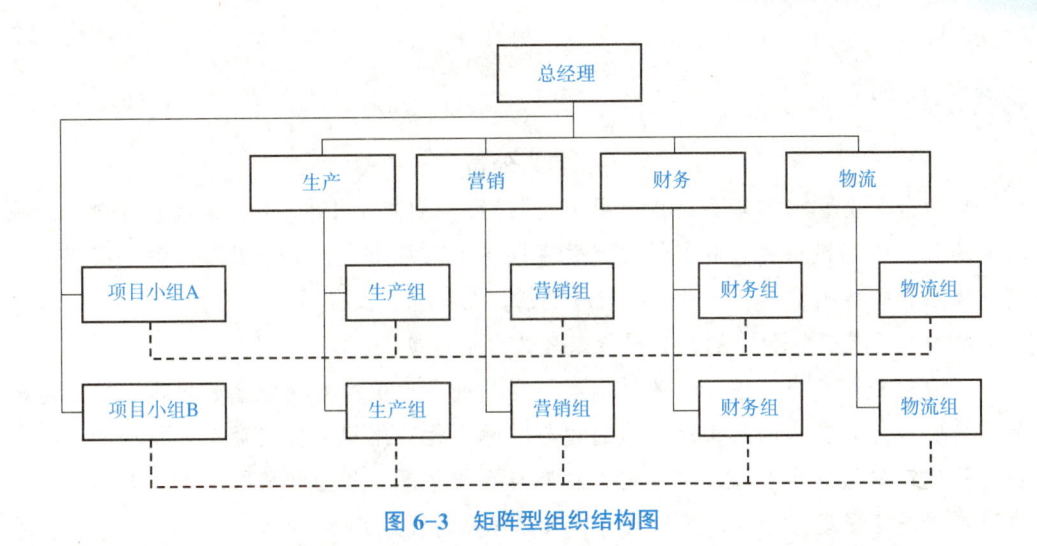

图 6-3　矩阵型组织结构图

小企业中常能见到。简单型组织结构的优点是结构简单，权责分明，指挥统一，运营成本低，反应迅速、灵活；主要缺陷是只对小型组织适用。当组织成长以后，就变得不合适，因为这种模式会导致高层信息超载。

（2）职能型组织结构的特点：将同类专业人员集合在各自专门的职能机构内，并在各自的业务范围内分工合作，任务集中明确，上行下达。职能型组织结构的优点是有利于各部门工作的专业化和高效化。这种模式能从专业化中取得优越性，将同类专家归在一起可以产生规模经济，减少人员和设备的重复配置，通过给员工提供与同行"说同一种语言"的机会而使他们感到舒服和满足，有利于高层领导的集中统一指挥。

职能型组织结构的一个主要不足，可以从下面一家公司四位主管的对话中得到例证："你知道，除非我们生产出东西，否则公司就什么也没发生。"生产部门的主管说。研究开发部主管评论道："不对，除非我们设计出东西，否则公司就什么也没发生。""你们说什么？"市场营销主管说，"除非我们卖掉些东西，否则公司就什么也没发生。"最后，恼怒的财会主管反击道："你们生产、设计、销售什么无关紧要，除非我们核算出各种结果，否则谁也别想知道我们发生了什么。"这段对话说明，在职能型组织结构中，工作专门化导致了各个部门之间的冲突，职能部门的目标有时会凌驾于组织的整体目标之上。

（3）矩阵型组织结构由纵横两套管理系统组成：一套是纵向的职能领导系统；另一套是为完成某一任务而组成的横向项目系统，横向和纵向的职权具有平衡对等性。也就是，既有按职能划分的垂直领导系统，又有按项目（或产品）划分的横向领导系统的结构。

矩阵型组织结构中的员工有两个上司：他们所属职能部门的经理和他们所工作的产品或项目小组的经理。项目经理对于作为其项目小组成员的职能人员也拥有职权，两位经理共同享有职权。一般是给项目经理分配对项目小组成员行使有关项目目标达成的权力，而将晋升、工薪建议和年度评价等决策的职权留给职能经理。为使矩阵型组织结构有效地运作，项目经理和职能经理必须经常保持沟通，并协调他们对所属共同员工提出的要求。

131

🔊 课中讨论

华为公司

华为公司全称为"华为技术有限公司",公司创建于1987年,是信息与通信基础设施及智能终端提供商。其愿景是把数字世界带入每个人、每个家庭、每个组织,构建万物互联的智能世界。它崇尚科技与创新,是一家民营企业。

华为实行员工持股计划,公司股东全部为华为员工。

华为对外以客户为中心,通过创新为客户创造价值;对内依靠公司员工,构建薪酬体系回报努力奋斗的员工;华为通过与国际上行业组织、供应商、合作伙伴、研究机构等建立共赢的生态圈,推动技术发展与合作共赢;华为积极寻求全球合作,遵守各个国家法律规定及标准;并与政府、媒体等保持开放沟通。

华为给世界带来了什么?

(1)为客户创造价值。华为通过技术研发与创新,为全球用户提供安全的网络设备、稳定可靠的云服务及质优价廉的智能终端和智能手机。

(2)保障网络安全稳定运行。华为一向尊重网络隐私与安全,2018年更是将网络安全和隐私保护奉为公司最高纲领;华为通过持续不断的科技创新、技术产品的更新换代,不断追求网络的稳定运行。

(3)推动产业良性发展。华为坚持开放、合作、共赢,加入国际多个标准组织、产业联盟和开源社区,参与标准制定,推动产业持续发展,并且主动探索,承担社会责任,利用通信技术优势为全球经济社会的发展做贡献。

讨论:结合自身实际,谈谈你未来想去哪类企业就职,并查找资料仔细了解该企业文化。

五、岗位探索

(一)岗位探索的概念

岗位探索就是对岗位本身和影响岗位发展的因素的调研。

(二)岗位探索的具体内容

1. 工作内容

工作内容是初入职场关注的关键。何为工作内容?简单地说,就是"做什么"。当申请某个职位后,首先要了解这个职位需要承担的任务是什么、工作的对象是什么、工作量如何等。这些均是工作内容涵盖的方面。

2. 入职条件

在了解了一份工作的主要内容后，接下来就要明确自身是否满足用人单位所提条件（入职条件），即是否能胜任这份工作。每个岗位的入职条件不同，每个单位对员工的要求也不尽相同。纷繁的入职条件总结起来主要有以下几个方面：

（1）受教育程度。受教育程度就是这份工作对学历和专业水平的要求。在招聘简章中，常会看到"全日制大专及以上学历""××专业毕业"等。

（2）性格与能力。不同的工作对性格、能力的要求不同。例如，优秀的秘书需要具备良好的时间管理能力，优秀的销售员需要具备强大的沟通能力等。有些工作则对外语要求较高，如招聘简章中注明"通过英语六级者优先"。

（3）思想道德素质。在招聘简章中，经常提出招聘者要有良好的品行，遵守中华人民共和国宪法和法律，不得因犯罪受过刑事处罚等。有的特殊岗位还会有"中国共产党党员优先"的说明。

（4）资质与经验。有一些特殊岗位的入职条件是需要有社会统一资质认证。例如，导游的入职条件是需要考取导游资格证；护士则需要持有护士资格证；医生的入职条件更高，需要在医疗相关工作岗位从事相关工作一年以上，方可有资格申请参加助理执业医师的考试。

此外，现在很多岗位的招聘都打出"有工作经验者优先"这样一句话。很多人认为这是对应届毕业生求职最不利的因素。其实在经过认真调研分析后发现，用人单位优先招收有工作经验的员工主要是注重员工的实践能力、团队精神、沟通能力等。所以，在校期间，大学生要尽量抽时间参加社会实践活动，在活动中锻炼自己的综合能力。

3. 福利薪金

付出劳动而获得报酬，无可厚非。但是，很多大学生对"报酬"的理解过于片面，认为报酬就是钱。其实报酬是指员工用时间、劳动努力获得的回报，包括物质和非物质两种形式。物质报酬即薪金，包括工资、奖金、津贴等；非物质报酬即福利，包括社会福利，如医疗保险、失业保险、养老保险、生育保险等；个人福利，如退休金、公积金、交通费、午餐费、在职培训、带薪假期等。当然，非物质报酬还包括乐趣、自信和成就感，一份能使人们收获快乐、积累成就感的工作才是最佳的选择。

4. 岗位晋升通路

岗位是在职能的基础上根据具体需要分化产生的。在同一部门、同一职能上一定会有多个类似的岗位，了解这个岗位能为岗位轮换、工作转换、升职等带来很大的方便。这主要包括两个方面：与这个岗位相关的岗位是什么（拓展发展方向即为轮岗、转换工作做准备）；这个岗位的职业发展通路是什么（岗位的晋升方向）。

5. 个人与岗位的差距

当综合了解了岗位要求后，就可以进行差距量化和差距补充了。全面、准确地了解自己是量化与岗位差距的前提和基础。差距是可以量化的，如组织能力不强、英语口语不好等。如果差距不进行量化，就不能明确地行动，那么补充也就没有针对性。

学习单元三　工作世界探索的方法

思维导图

- 学习单元三 工作世界探索的方法
  - 一、职业分类法
    - (一) 工作世界地图
    - (二)《中华人民共和国职业分类大典》
    - (三) 其他分类方法
  - 二、由近及远法
  - 三、生涯人物访谈法
    - (一) 生涯人物访谈的优缺点
    - (二) 生涯人物访谈的步骤
  - 四、形成自己的职业库

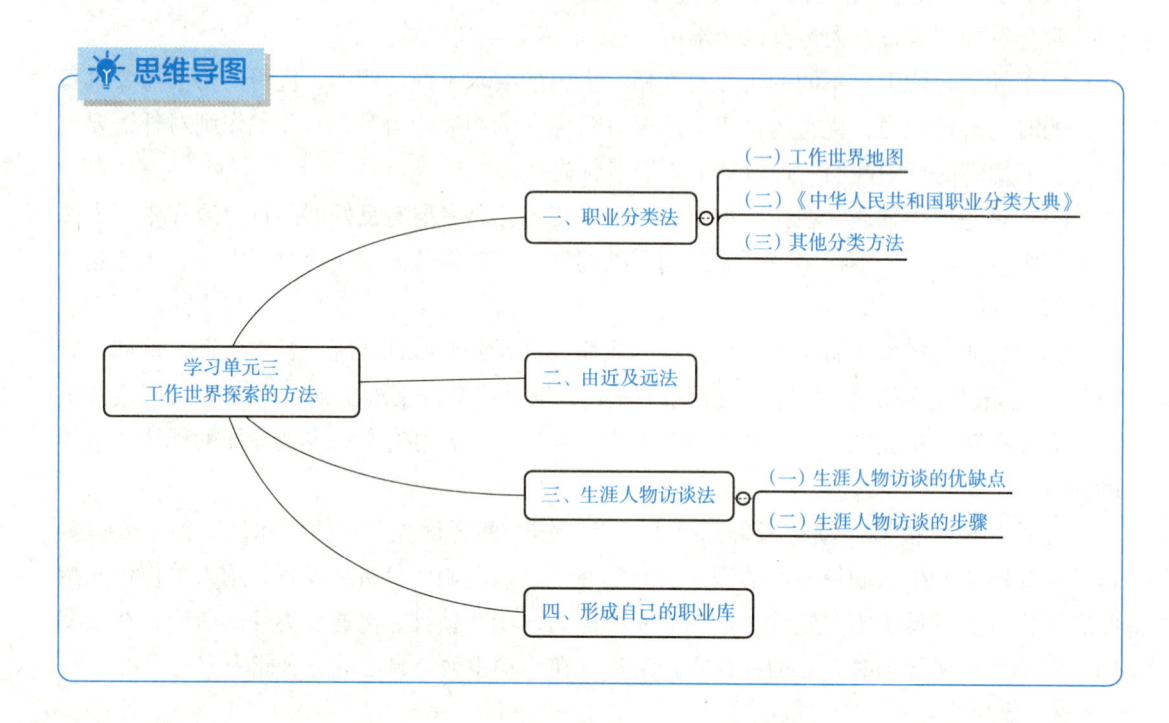

大学生在职业探索的过程中，应充分认识职业探索对个人未来职业发展的意义。进行职业探索时，应主动、充分地认识和了解自我，积极开展校内外职业实践活动，多收集和分析评估职业信息，适当尝试职业测验。

一、职业分类法

在繁杂的工作世界中挑出相关、有用的信息，是一项艰巨的工作。大学生即使形成了自己的职业库，但到底有哪些工作可能和职业库得出的职业特点相符合，这也是一个问题。如果能按照一定的规则将职业分类，学生就可以轻松地找到和这些特点相关的工作了。下面介绍一些比较经典的职业分类方法。

(一) 工作世界地图

普里蒂奇（Prediger）在霍兰德六角形模型的基础上做了一些调整，增加了人—事物维度和资料—概念维度（图6-4）。人—事物维度分别表示与人相关的工作，如为人们提供服务、帮助他们等，以及与具体事物相关的工作，如机械、生物、材料等；资料—概念维度分别表示与具体事实、数字、计算等打交道的工作和用理论、文字、音乐等新方式表达或运作的工作。

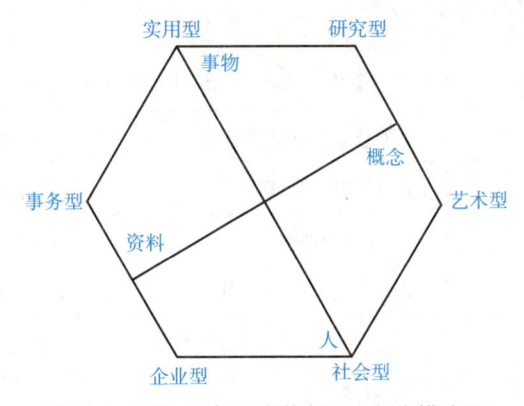

图 6-4 职业分类图的潜在二元向度模式图

（1）资料：事实、数字、文件、计算、商业程序。
（2）概念：洞见、理论、新的表达方式或行动方式，可以是文字、方程式或音乐等形式。
（3）人：你能为之服务、提供帮助、提供信息和照料的人，或是你向其售卖商品的人。
（4）事物：机器、工具、生物、食品、木材、金属等材料。

美国大学考试中心（American College Test，ACT）把普里蒂奇的研究进一步发展，在兴趣的两维基础上，将职业群体的具体位置标定在坐标图上，从而得到工作世界图。该图共分为 12 个区域，共有 20 个职业群，如图 6-5 所示。大学生可根据自己兴趣类型在该图中的位

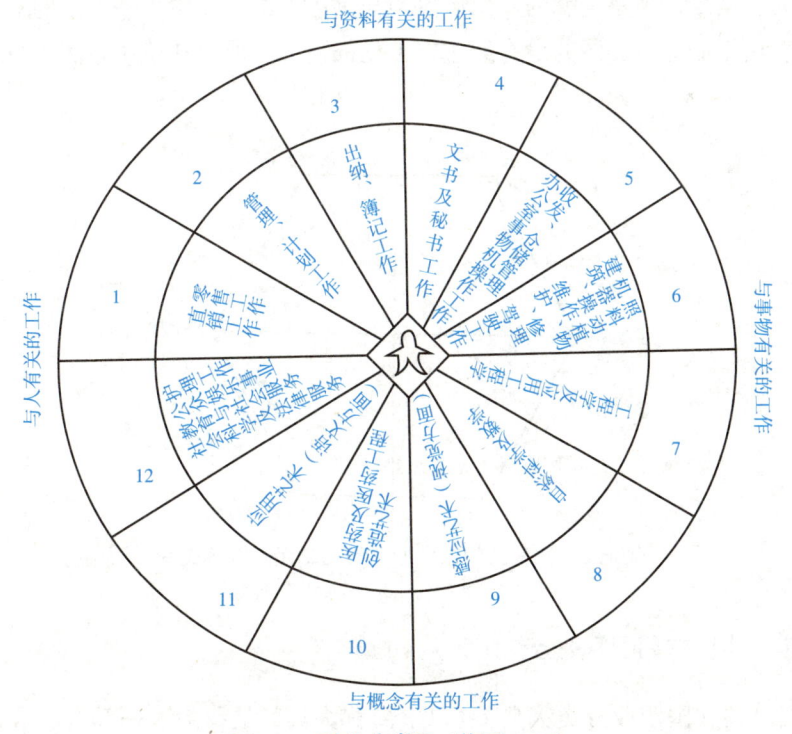

图 6-5 职业分类图（美国 ACT）

135

置，通过与不同职业群的远近位置比较，进一步扩展与自己职业兴趣相关的工作搜寻范围。

我们可以参考ACT工作世界地图中4个维度、12个职业族群和26种职业领域作出适合自己的职业选择（表6-1）。

表6-1 工作世界地图26种职业领域

一、管理与销售职业族群	9.农业、林业及相关工作	19.社会科学
1.就业相关服务	10.计算机和信息专业	五、艺术职业族群
2.市场营销与销售	11.建筑与维护	20.应用艺术（视觉）
3.管理	12.手工艺及相关工作	21.创造及表演艺术
4.管制与保护	13.生产制造和加工处理	22.应用艺术（语言与文字）
二、商业操作职业族群	14.机械、电气专业	六、社会服务职业族群
5.沟通与记录	四、科学与技术族群	23.健康服务
6.金融操作	15.工程与技术	24.教育
7.分配与派发	16.自然科学与技术	25社区服务
三、技术职业族群	17.医疗技术	26.个人服务
8.运输操作及相关职业	18.医疗诊断与治疗	

中国台湾教授金树人等对普里蒂奇的研究做了进一步研究，研究对象为台湾高中生、大学生和成人，结果发现霍兰德的六角形模型与其潜在结构发生了一个新的对应关系，如图6-6所示。由于职业分类图并没有经过本土化的研究，所以在使用该图时可借鉴金树人的研究结果。

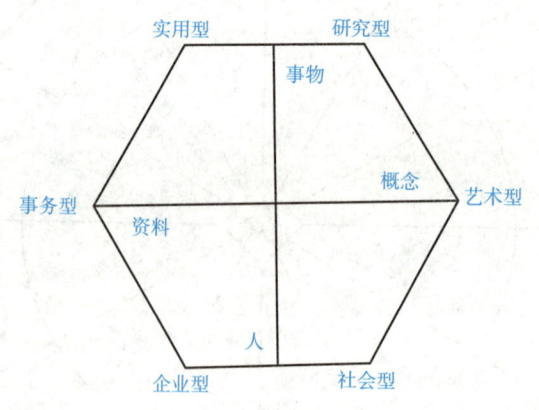

图6-6 改良式的六角形的潜在二元向度模式图

(二)《中华人民共和国职业分类大典》

《中华人民共和国职业分类大典》（以下简称大典）是我国第一部对职业进行科学分

类的权威性文献，由人力资源社会保障部、国家市场监督管理总局、国家统计局联合编制。至2022年9月该大典将中国目前的社会职业分为1 639个。这1 943个职业分归8个大类、79个中类、449个小类，并具体确定了各个职业名称。其中8个大类具体如下：

第1大类：党的机关国家机关、群众团体和社会组织、企事业单位负责人；
第2大类：专业技术人员；
第3大类：办事人员和有关人员；
第4大类：社会生产服务和生活服务人员；
第5大类：农、林、牧、渔业生产及辅助人员；
第6大类：生产制造及有关人员；
第7大类：军队人员；
第8大类：不便分类的其他从业人员。

（三）其他分类方法

其他分类方法中还有一种典型的方法，即霍兰德职业环境分类，由于该方法在职业兴趣探索中有详细的介绍，这里不再赘述。

社会上还有一些通俗的分类方法，如最热门的职业、最受人尊敬的职业、最赚钱的职业、需求量最大的职业、发展前景最好的职业等，这些分类也可以帮助大学生对职业有更多的了解。但应当牢记：最重要的是，选择的职业要适合！

二、由近及远法

所谓近和远，是指信息与探索者的距离。通常近的信息比较丰富，远的信息更为深入，所以，从近及远的探索是一个范围逐渐缩小、了解逐渐加深的过程。图6-7列举了由近及远的职业探索方式。

平面资讯接触
非正式评估
正式评估
印刷或试听媒体
网络资讯
光盘或影带示范
与家人或朋友讨论
生涯人物访谈
实地参考
父母角色示范
定期访视从业人员
生涯影子
建立合作经验
暑假打工
专业实习
实际接触

图6-7 由近及远的职业探索方式

🔊 **课中讨论**

绘制家庭树

首先请你将家族中的亲属及他们的职业填写在下面的家庭职业树上（图6-8），并标注与自己有密切关系的重要任务。

填写完成后，回答以下问题。

图 6-8　家庭树

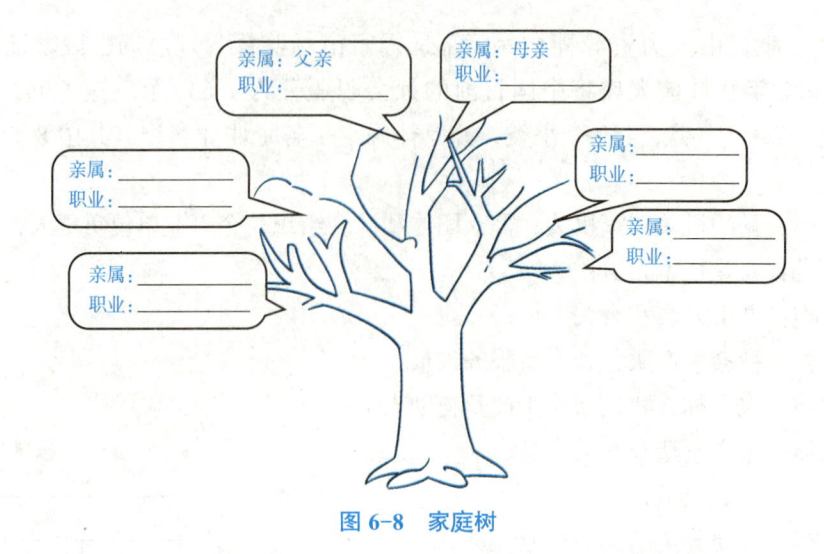

（1）我家族中大多数成员从事的职业是什么？
（2）我想要从事这种职业吗？为什么？
（3）爸爸如何形容他的职业？爸爸平时会提到哪些职业？他是怎么说的？
（4）爸爸的想法对我的影响。
（5）妈妈如何形容她的职业？妈妈平时会提到哪些职业？她是怎么说的？
（6）妈妈的想法对我的影响。
（7）家族中还有谁对职业的想法对我影响深刻？他们是怎么说的？

三、生涯人物访谈法

生涯人物访谈法是指大学生对自己感兴趣的职位的人进行采访。接受访谈者即"生涯人物"的人，他们在这个职位上已经工作了三至五年甚至更长时间。为防止访谈中的主观影响，应访谈至少两人以上，与成绩卓然者谈，则效果会更好。访谈时，应明确访谈的目的是收集供职业生涯决策的信息，而不是利用生涯人物来找工作。

（一）生涯人物访谈的优缺点

1. 生涯人物访谈的优点

生涯人物访谈是大学生了解职场的一种切实可行的好方法。大学生没有工作经验，对于一些感兴趣工作岗位的实际情况不是很了解，采用生涯人物访谈的办法，可以帮助大学生检验和印证以前通过其他渠道获得的信息，并了解与未来工作有关的特殊问题或需要，如潜在的入职标准、核心素质要求、晋升路径和工作者的内心感受，这些"潜在的""内部的"信息也是通过大众传媒和一般出版物得不到的。通过生涯人物访谈，大学生可以建立自己的职场人脉关系，还能正确认识自己的优势和不足，从而制订更加合理的学习、生活和实习计划。

2. 生涯人物访谈的缺点

生涯人物的言行感受有可能误导采访者。生涯人物的感受是主观的。当生涯人物春风得意时，他强烈的自豪感可能会影响到大学生对该行业、职位的向往；当生涯人物怀才不遇时，他悲观消极的情绪也会产生一定的感染力。

因此，为了使生涯人物访谈的效果更好、准确性更高，大学生应做到多听、多看、多比较，不偏听、偏信。除多采访不同工作资历、不同层次的生涯人物外，还要注意分析他们是在怎样的背景和条件下解析职业世界的；哪些是客观的描述、哪些是主观的感受；哪些东西是具有共性的，能基本反映职业世界的本来面目等。通过这些观察、分析与比较，采访者可以更加有效地应用生涯人物访谈这个认知职业世界的工具。

（二）生涯人物访谈的步骤

1. 列出希望从事的职业

根据自己的专业，在知己知彼的基础上，列出自己希望或喜欢的职业。

2. 寻找生涯人物

要深入了解一个职业，应该对这个职业的最低岗位到最高岗位的人都进行访谈，还要涵盖不同行业、不同类型企业及不同发展阶段的企业，这样进行的职业调研才全面和深刻。

可能很多的大学生会有这样的困惑：如何找到生涯人物？即使身边有这样的人，他们愿意接受自己的访谈吗？那么多已经毕业的师兄师姐，还有专业教师，实际上他们都是很好的访谈资源。大多数有多年工作经验的人都非常愿意帮助大学生认识各种工作的特点，所以大胆地开口就好，毕竟这关系到你未来的发展。

大学生可以通过以下 10 种途径寻找访谈对象，如图 6-9 所示。

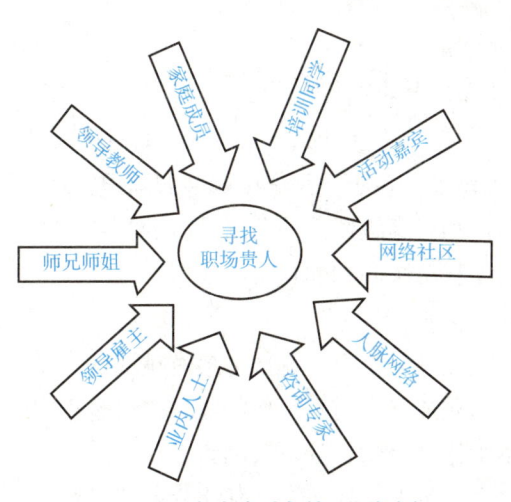

图 6-9 寻找访谈对象的 10 种途径

3. 拟定访谈提纲或问题

为了认真做好访谈工作，规范访谈的基本程序，明确访谈的目的和意义，了解访谈目标的特点，切实掌握实际情况，更好地进行访谈，以备今后总结经验，大学生需要在访谈前拟定好提纲。表 6-2 为生涯人物访谈问题清单。

表 6-2　生涯人物访谈问题清单

职业信息方面	生涯经验方面
工作性质、任务或内容	个人教育或训练背景
工作环境、工作地点	投入该职业的决策过程
所需教育、培训或经验	生涯发展历程
所需个人资格、技能	工作心得：乐趣和困难
收入或薪资范围、福利	对工作的看法
工作时间	获得成功的条件
相关就业机会	未来规划
进修和升迁机会	对后进者的建议
组织文化和规范	
未来发展前景	

下面列出一些生涯人物访谈问题，以供参考。

（1）在这个工作岗位上，您每天要做什么？
（2）您是如何找到这份工作的？
（3）您是如何看待该领域工作将来的变化趋势的？
（4）您的工作是如何为实现组织的总体目标或使命贡献力量的？
（5）所在领域有"职业生涯道路"吗？
（6）本职业需要什么样的人？
（7）到本领域工作所需的基本前提是什么？
（8）就您的工作而言，您最喜欢什么？最不喜欢什么？
（9）什么样的初级工作最有益于学到尽可能多的知识？
（10）本领域初级职位和略高级职位的薪水是多少？
（11）工作中采取行动和解决问题的自由度如何？
（12）本领域有发展机会吗？
（13）本工作的哪部分让您最满意、哪部分最有挑战性？
（14）什么样的个人品质或能力对本工作的成功来讲是重要的？
（15）您认为将来本工作领域潜在的不利因素是什么？
（16）依您所见，您在本领域工作遇到了什么样的问题？
（17）对于一个即将进入该工作领域的人，您愿意提出特别的建议吗？

（18）本工作需要特别的知识、技能和经验吗？

（19）这种工作需要什么样的教育或培训背景？

（20）公司对刚进入该工作领域的员工提供哪些培训？

（21）您的熟人中有谁能作为我下次的采访对象吗？当我打电话给他（她）的时候，可以用您的名字吗？

（22）根据您对我的教育背景、技能和工作经验的了解，您认为我在作出最终决定之前还应在哪个领域、什么样的工作上进行深入的调查研究呢？

当然，还可以根据自己的需要再整理以上这些问题，但还是应该问生涯人物关于工作的主要感受。例如，可以问"就您的工作而言，您最喜欢什么？最不喜欢什么？"这常常能使大学生更立体地了解一种工作。另外，给生涯人物留出提供其他信息的机会，说不定会有意外的收获。最后，不要忘记感谢接受访谈的生涯人物，最好在访谈结束当天发一份电子邮件或一条手机短信表示谢意。

4．预约访谈人物

预约可以通过短信、电话、邮件等方式，注意自我介绍，说明找到他的途径、自己采访的目的、感兴趣的工作类型以及进行采访所需要的时间。如能成功，表示感谢并确认采访的日期、时间和地点；如不能见面，询问能否进行电话采访；如还是不行，就表示遗憾，并请求推荐其他类似人员。

5．开展采访

采访方式可以是面谈、电话访谈、网络访谈。面谈效果最佳。采访应注意以下几个问题。

（1）采访前为自己准备个"30秒的广告"，因为在访谈过程中，生涯人物可能会问采访者的职业兴趣和求职意向。

（2）面谈前，应征求生涯人物的意见，视情况对谈话进行录音或书面记录或不记录。

（3）面谈一定要守时、简洁，不浪费他人时间。

（4）结束时，可以向生涯人物赠送小礼物和一些关于学校或自己所学专业的宣传材料。

（5）访谈结束后，对于不允许访谈现场记录的内容应迅速补记。

（6）采访结束后一天之内，要通过合适的方式表示感谢。

6．访谈结果分析

在一个职业领域采访三个以上的生涯人物后，就可以和之前自己对该职业的认识进行比较，找出主观认识与现实之间的偏差，确定自己是否适合这一行业、职业和工作环境，是否具备所需能力、知识与品质，进而详细制订大学期间的自我培养计划。

四、形成自己的职业库

每个人还有自己心目中理想的职业，可以通过头脑风暴的形式把它们列出来。这样就获得了一个职业清单，看看这些职业有什么共同点，可能会想到更多值得探索的职业，结合你的能力和价值观再次从职业清单中进行筛选，最终就能得到你预期的职业库。

职业探索理论发展于20世纪60年代早期，它被看成人类探索活动中的一种，其目的是职业目标的定位。职业探索是一个长期的过程，并不是在个体面临就业要做选择时，才需要进行职业探索。分析当前的职业环境，激发自身的职业探索意识，应及早地进行职业探索，培养职业兴趣，为以后的职业选择奠定基础。

学习单元四　职业资格制度

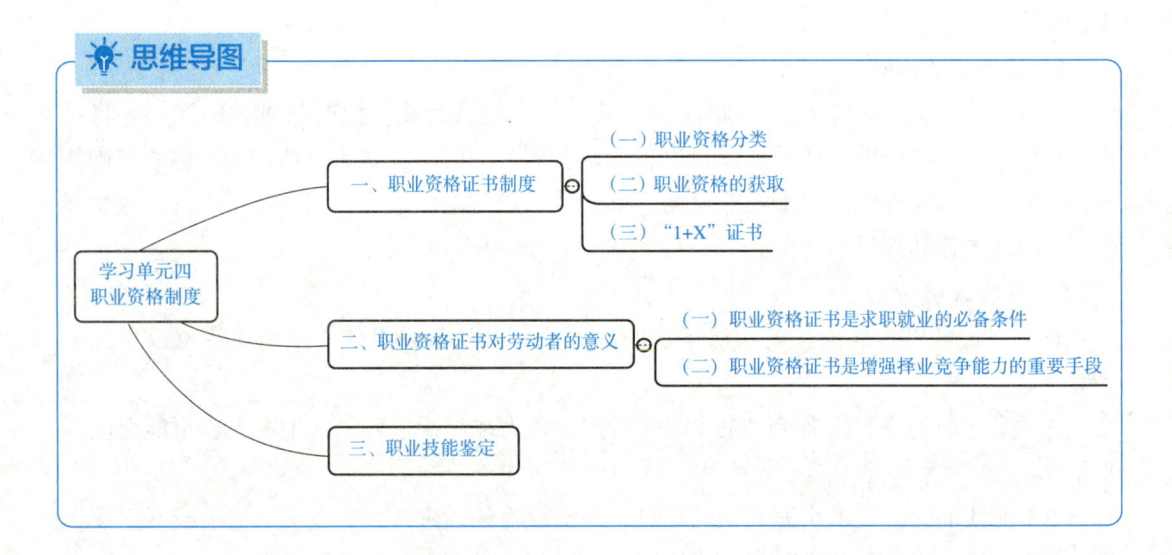

思维导图

```
                          ┌─ 一、职业资格证书制度 ─┬─ （一）职业资格分类
                          │                        ├─ （二）职业资格的获取
学习单元四                │                        └─ （三）"1+X"证书
职业资格制度 ─────────────┤
                          ├─ 二、职业资格证书对劳动者的意义 ─┬─ （一）职业资格证书是求职就业的必备条件
                          │                                  └─ （二）职业资格证书是增强择业竞争能力的重要手段
                          └─ 三、职业技能鉴定
```

职业资格是对从事某一职业所必备的学识、技术和能力的基本要求，反映劳动者为适应职业劳动需要而运用特定的知识、技术和技能的能力。职业资格与学历文凭不同，学历文凭主要反映学习经历，是文化理论知识水平的证明。职业资格与职业劳动的具体要求密切结合，更直接、更准确地反映特定职业的实际工作标准和操作规范，以及劳动者从事该职业所达到的实际工作能力水平。

一、职业资格证书制度

职业资格是指对将要从事某一职业的劳动者所必备的学识、技术和能力的基本要求。职业资格包括从业资格和执业资格。从业资格是指从事某一专业（工种）的学识、技术和能力的起点标准，也是基本的标准或最低要求；执业资格是指国家对某些责任较大，社会通用性强，关系国家、社会公共利益的专业（工种）实行准入控制，是依法独立开业或从事某特定专业（工种）学识、技术和能力的必备标准。

目前，我国的职业资格证书分别由人力资源和社会保障部及其委托的机构，通过学历认定、资格考试、专家评定、职业技能鉴定等方式进行评价，对合格者授予国家职业资格证书。职业资格证书是求职、任职、独立开业和用人单位录用的主要依据。《中共中央关于教育体制改革的决定》中指出："一切从业人员，首先是专业性技术性较强行业的从业人员，都要像汽车司机经过考试合格取得驾驶证才许开车那样，必须取得考核合格证书才能走上工作岗位。"

(一) 职业资格分类

1. 生产、运输设备操作人员

车工、铣工、磨工、镗工、组合机床操作工、加工中心操作工、铸造工、锻造工、焊工、金属热处理工、冷作钣金工、涂装工、装配钳工、工具钳工、锅炉设备装配工、电机装配工、高低压电器装配工、电子仪器仪表装配工、电工仪器仪表转配工、机修钳工、汽车修理工、摩托车维修工、精密仪器仪表维修工、锅炉设备安装工、变电设备安装工、维修电工、计算机维修工、手工木工、精细木工、音响调音员、贵金属首饰手工制作工、土石方机械操作工、砌筑工、混凝土工、钢筋工、架子工、防水工、装饰装修工、电气设备安装工、管工、汽车驾驶员、起重装卸机械操作工、化学检验工、食品检验工、纺织纤维检验工、贵金属首饰钻石珠宝检验员、防腐蚀工。

2. 农、林、牧、渔、水利业生产人员

动物疫病防治员、动物检疫检验员、沼气生产工。

3. 商业、服务业人员

营业员、推销员、出版物发行员、中药购销员、鉴定估价师、医药商品购销员、中药调剂员、冷藏工、中式烹调师、中式面点师、西式烹调师、西式面点师、调酒师、营养配餐员、前厅服务员、客房服务员、保健按摩师、职业指导员、物业管理员、锅炉操作工、美容师、美发师、摄影师、眼镜验光员、眼镜定配工、家用电子产品维修工、家用电器产品维修工、钟表维修工、办公设备维修工、养老护理员。

4. 办事人员和有关人员

秘书、公关员、制图员、话务员、用户通信终端维修员、速录师。

(二) 职业资格的获取

1. 申报要求

参加不同级别鉴定的人员，其申报条件不尽相同。一般来说，不同等级的申报条件为：参加初级鉴定的人员必须是学徒期满的在职职工或职业学校的毕业生；参加中级鉴定的人员必须是取得初级技能证书并连续工作5年以上，或是经劳动行政部门审定的以中级技能为培养目标的技工学校及其他学校毕业生；参加高级鉴定的人员必须是取得中级技能证书5年以上，连续从事本职业（工种）生产作业不少于10年，或是经过正规的高级技工培训并取得结业证书的人员；参加技师鉴定的人员必须是取得高级技能证书，具有丰富的生产实践经验和操作技能特长，能解决本工种关键操作技术和生产工艺难题，具有传授技艺能力和培养中级技能人员能力的人员；参加高级技师鉴定的人员必须是任职3年以上，具有高超精湛技艺和综合操作技能，能解决本工种专业高难度生产工艺问题，在技术改造、技术革新及排除事故隐患等方面有显著成绩，而且具有培养高级工和组织带领技师进行技术革新和技术攻关能力的人员。

2. 报名方法

申请职业技能鉴定的人员，可向当地职业技能鉴定所（站）提出申请，填写职业技能鉴定申请表。报名时应出示本人身份证、培训毕（结）业证书、技术等级证书或工作单位劳资部门出具的工作年限证明等。申报技师、高级技师任职资格的人员还须出具本人的技术成果和工作业绩证明，并提交本人的技术总结和论文资料等。

3. 考试内容

国家实施职业技能鉴定可分为理论知识考试和操作技能考核两部分。理论知识考试一般采取笔试形式；操作技能考核可采取工作现场操作、模拟现场操作、问题答辩等方式进行。这些内容是依据国家职业（技能）标准、职业技能鉴定规范（即考试大纲）和相应教材来确定的。

4. 鉴定方式

职业技能鉴定可分为知识要求考试和操作技能要求考核两部分。知识要求考试一般采用笔试形式；操作技能要求考核一般采用现场操作加工典型工件、生产作业项目、模拟操作等方式进行。计分一般采用百分制，两部分成绩都在60分以上为合格，80分以上为良好，95分以上为优秀。

5. 获证程序

职业技能鉴定所（站）将考核合格人员名单报经当地职业技能鉴定指导中心审核，再报经同级劳动保障行政部门或行业部门劳动保障工作机构批准后，由职业技能鉴定指导中心按照国家规定的证书编码方案和填写格式要求统一办理证书，加盖职业技能鉴定机构专用印章，经同级劳动保障行政部门或行业部门劳动保障工作机构验印后由职业技能鉴定所（站）送交本人。

(三)"1+X"证书

2019年，教育部、国家发展改革委、财政部、市场监管总局联合印发了《关于在院校实施"学历证书＋若干职业技能等级证书"制度试点方案》，部署启动"学历证书＋若干职业技能等级证书"（简称"1+X"证书）制度试点工作。简单来说，"1"是学历证书，是指学习者在学制系统内实施学历教育的学校或其他教育机构中完成了学制系统内一定教育阶段学习任务后获得的文凭；"X"为若干职业技能等级证书。"1+X"证书制度就是学生在获得学历证书的同时，取得多类职业技能等级证书。

X证书的职业技能培训不是专业教学之外再设计一套培训体系和课程体系，而是将其培训内容有机融入学历教育专业人才培养方案。专业课程能涵盖 X 证书职业技能培训内容的，就不再单独另设 X 证书培训；专业课程未涵盖的培训内容，则通过职业技能培训模块加以补充、强化和拓展。

"1+X"制度实现了学历证书与职业技能等级证书体现的学习成果的相互转换。获得学历证书的学生在参加相应的职业技能等级证书考试时，可免试部分内容；获得职业技能等级证书的学生，可按规定兑换学历教育的学分，免修相应课程或模块。学历证书与职业技能等级证书的互通互换，为构建国家资历框架奠定了基础。

二、职业资格证书对劳动者的意义

（一）职业资格证书是求职就业的必备条件

职业资格证书是劳动者求职、任职、开业的资格凭证，是用人单位招聘、录用劳动者的主要依据，是境外就业、对外劳务合作人员办理技能水平公证的有效证件，也是用人单位劳动工资管理的重要依据。

在现代社会，具有全面素质和综合职业能力是人们从事职业活动并得以生存和发展的前提条件。在人才市场上，各类职业资格证书是证明人们具备这些条件的有效证件，也是胜任岗位职责的标志。例如，当人们在宾馆、饭店求职时，必须有秘书证、烹饪师证、面点师证、餐厅服务员证等；如果要到企事业单位当电工，必须有电工证。这些是通向人才市场大门的入场券。如果没有职业资格证书，便难以证明其所具备的职业能力。

（二）职业资格证书是增强择业竞争能力的重要手段

在社会主义市场经济条件下，"双向选择，竞争上岗"已成为就业的必然趋势。在就业市场上，不仅要有学历证书，还要有多个职业资格证书。有了这些证书，在职业选择过程中就会有优势，而且选择职业的范围也较广。如果拥有多种职业资格证书，不仅能提高职业选择的竞争力，而且有利于提高就业后的职业转换能力和相关待遇。

三、职业技能鉴定

职业技能鉴定不是一个简单的考试活动，而是一个与现代社会劳动分工体系、现代劳动力市场体系、现代企业制度密切相关的，集考试学、心理学、测量学、信息学、行为学等多学科为一体的综合系统工程。我国的职业技能鉴定具有以下特征：

（1）在制度体系上，属于国家证书制度。
（2）在认证方式上，采用国际通行的第三方认证的现代认证方式。
（3）在考试性质上，属于标准参照性考试。
（4）在鉴定内容上，主要以职业活动本身为导向决定其考核内容。它由考试考核机构对劳动者从事某种职业所应掌握的技术理论知识和实际操作能力作出客观的测量与评价，是国家职业资格证书制度的重要组成部分。

职业技能鉴定可分为五个级别，即初级、中级、高级、技师和高级技师，如图 6-10 所示。

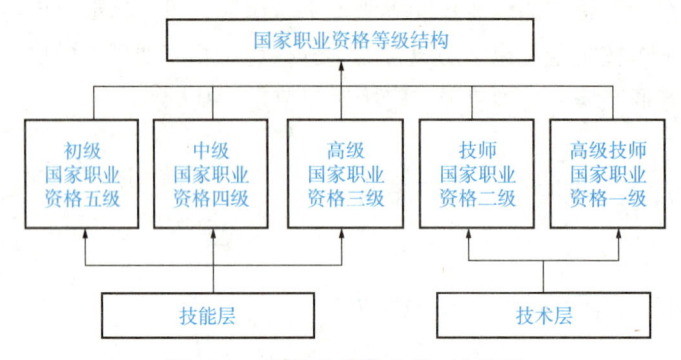

```
                    国家职业资格等级结构
        ┌──────┬──────┬──────┬──────┐
      初级    中级    高级    技师   高级技师
     国家职业 国家职业 国家职业 国家职业 国家职业
     资格五级 资格四级 资格三级 资格二级 资格一级
        ↑      ↑      ↑      ↑      ↑
        └──────┴──────┘      └──────┴──────┘
            技能层                  技术层
```

图 6-10　职业技能鉴定的五个级别

申报职业技能鉴定，首先要根据所申报职业的资格条件，确定自己申报鉴定的等级。如果需要培训，要到经政府有关部门批准的培训机构参加培训。

职业技能鉴定的方式可分为知识要求考试和操作技能考核两部分。知识要求考试一般采用笔试形式；操作技能考核一般采用现场操作加工典型工件、生产作业项目、模拟操作等方式进行，计分一般采用百分制，两部分成绩都在 60 分以上为合格，80 分以上为良好，95 分以上为优秀。经鉴定合格者，由人社部门核发相应的职业资格证书。

不同专业的具体考核内容应参照本专业技能鉴定考试大纲。

▶ 课堂实训

了解职业资格证书

请对照二维码中的国家职业资格目录，确定自己专业对应的职业资格证书有哪些。

技能人员职业资格　　　　　　专业技术人员职业资格

▶ 思政园地

培养和践行社会主义职业道德

社会主义职业道德是社会主义各行各业的劳动者在职业活动中必须共同遵守的基本

行为准则。它是判断人们职业行为优劣的具体标准，也是社会主义道德在职业生活中的反映。《中共中央关于加强社会主义精神文明建设若干问题的决议》规定了各行各业都应共同遵守的职业道德的五项基本规范，即"爱岗敬业、诚实守信、办事公道、服务群众、奉献社会"。为人民服务是社会主义职业道德的核心规范，是贯穿于全社会共同的职业道德之中的基本精神。集体主义是社会主义职业道德的基本原则。因为集体主义贯穿于社会主义职业道德规范的始终，是正确处理国家、集体、个人关系的最根本的准则，也是衡量个人职业行为和职业品质的基本准则，是社会的客观要求，是社会主义职业活动获得成功的保证。

（一）爱岗敬业

爱岗敬业是社会主义职业道德最基本、最起码、最普通的要求。爱岗敬业作为最基本的职业道德规范，是对人们工作态度的一种普遍要求。爱岗就是热爱自己的工作岗位，热爱本职工作，敬业就是要用一种恭敬严肃的态度对待自己的工作。

（二）诚实守信

诚实守信是做人的基本准则，也是社会道德和职业道德的基本规范。诚实就是表里如一，说老实话办老实事，做老实人。守信就是信守诺言，讲信誉，重信用，忠实履行自己承担的义务。诚实守信是各行各业的行为准则，也是做人做事的基本准则，还是社会主义最基本的道德规范之一。

（三）办事公道

办事公道是指对于人和事的一种态度，也是千百年来人们所称道的职业道德。它要求人们待人处事公正、公平。

（四）服务群众

服务群众就是为人民群众服务。社会全体从业者通过互相服务，促进社会发展、实现共同幸福。服务群众是一种现实的生活方式，也是职业道德要求的一个基本内容。

（五）奉献社会

奉献社会就是积极自觉地为社会做贡献。这是社会主义职业道德的本质特征。奉献社会自始至终体现在爱岗敬业、诚实守信、办事公道和服务群众的各种要求之中。奉献社会并不意味着不要个人的正当利益，不要个人的幸福。恰恰相反，一个自觉奉献社会的人，才真正找到了个人幸福的支撑点，奉献和个人利益是辩证统一的。

学习模块七
职业生涯决策

学习目标

知识目标：
1. 了解职业生涯目标的分类、确定原则。
2. 掌握职业生涯决策的概念、类型。
3. 了解职业生涯自我的决策模式。
4. 掌握职业生涯决策的基本理论。
5. 了解影响职业生涯决策的相关因素。

能力目标：
1. 学会分析有关影响决策和制订行动计划的因素。
2. 能够在全面探索自我和职业世界的基础上，进行科学的职业生涯决策。
3. 能够掌握职业生涯规划书的内容及撰写技巧。
4. 能够掌握职业生涯决策方法。
5. 学会职业生涯决策方法的五种方法。

素质目标：
1. 培养学生理性的决策思维。
2. 激发学生在决策过程中的责任感。
3. 引导学生成为担当祖国建设的重任，成为独立、严谨、担当的青年。

案例导入

比塞尔的传说

在非洲的撒哈拉沙漠中，有一个叫作比塞尔的村庄，它倚靠在1.5平方千米的绿洲上。从这里出发，通常需要三天三夜才能离开沙漠。但是在肯·莱文（Ken Levine）1926年发现它之前，这里没有人走出沙漠。为什么几代人从未走出沙漠？据说他们想离开这个贫瘠的地方，但是尝试了很多次并没有出去。作为皇家学院院士的肯·莱文不相信这一点。他做了一个试验，从比塞尔村向北走了三天半，他走了出去。是什么导致这个村庄的人走不出来呢？因此，他聘请了一位比塞尔村庄的村民带领他准备了一个月的水，带了两只骆驼，肯·莱文放下了指南针，然后放了一根木棍，他们在10天内走了约800英里。第11天上午，他又回到比塞尔。肯·莱文最终明白，当地人根本不了解北斗七星。在广阔的沙漠中，他们只能凭无方向的感觉前进。然而，在无尽的沙漠中，如果一个人没有固定的方向，他将走出许多不同大小的圈子，并最终回到他的起点。自从肯·莱文发现村庄以来，他就向当地居民传授了识别北斗七星的方法。比塞尔的人们也走出了他们世代相守的沙漠。如今，比塞尔已成为一个旅游胜地。到达比塞尔的每个人都会在碑石上找到带有醒目的雕纹的纪念碑："新生活朝着选定的方向开始。"

📚 案例思考

在沙漠中没有方向的人只能徒劳地转过身，没有生活目标的人只能无聊地重复他们的平凡生活。新生活朝着选定的方向开始。对现实中的人们而言，新生活是从既定目标中可见的生活开始的，并且有其自己的目的。

学习单元一　职业生涯决策

💡 思维导图

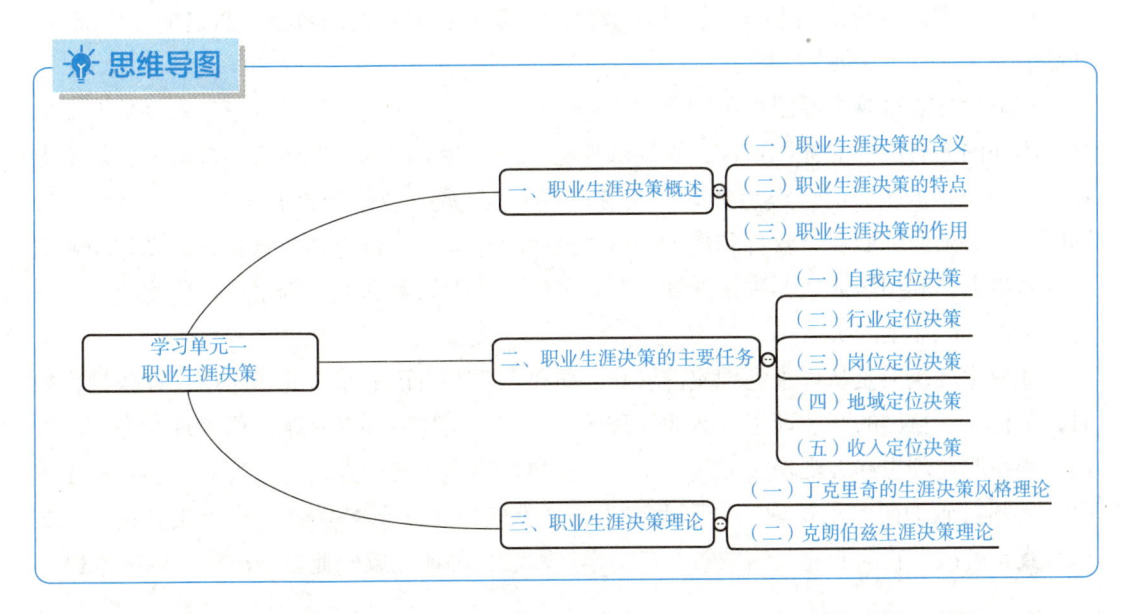

```
学习单元一          一、职业生涯决策概述 ─┬─ (一)职业生涯决策的含义
职业生涯决策                              ├─ (二)职业生涯决策的特点
                                          └─ (三)职业生涯决策的作用

                    二、职业生涯决策的主要任务 ─┬─ (一)自我定位决策
                                                ├─ (二)行业定位决策
                                                ├─ (三)岗位定位决策
                                                ├─ (四)地域定位决策
                                                └─ (五)收入定位决策

                    三、职业生涯决策理论 ─┬─ (一)丁克里奇的生涯决策风格理论
                                          └─ (二)克朗伯兹生涯决策理论
```

如果把一个人的职业生涯比作一次旅行，那么出发前一定要确定旅游目的地，选择好路线，拟订旅游计划，这样才能保证旅程的安全和顺利，才能使自己既不错过梦想已久的景点，又不会历经辛苦却到那些并不喜欢的地方。人们常常"冲动"地买下一件新衣服，

其后果不会对生活造成太大影响，甚至有时会给自己或他人带来惊喜。人们也常常凭"直觉"交到好朋友。但是，这些决策模式用在一些重大的决定中就不适宜了，往往会导致懊悔、耽搁时间、浪费精力等后果。所以，有必要学习科学的决策方法，理性地进行职业决策，以确立适当的职业目标与职业发展路线。

一、职业生涯决策概述

所谓决策，是指为达到一定目标，从两种或两种以上的可行方案中选择一个合理方案的分析判断过程，是人生的一种选择。

（一）职业生涯决策的含义

职业生涯决策是一个复杂的认知过程。通过此过程，决策者组织有关自我和职业环境的信息，仔细考虑各种可供选择的职业前景，作出职业行为的公开承诺。

职业生涯决策是一个过程，不仅是一种结果。生涯发展过程中面临许多需要决策的问题，如高三学生面临选填大学志愿、大学高年级的学生则面临考研和就业、中年业务部经理面临转行等。人们往往认为选择只是面临选项时才发生。其实，人们每天都在面临选择。决策是一个人应该具备的一种普遍的能力。

职业生涯决策是个人针对自己的个性因素，对工作岗位类别进行比较、挑选和确定，是人生的一种重大选择。它是人们从自然人转变为职业人的关键环节，也是人成为社会活动主体，实现人生价值的开端。作出职业生涯决策，意味着人们将走上自己的工作岗位，开始职业生活。

职业生涯决策是个性因素和职业因素的优化统一。在市场经济条件下，选择具有双向性。不同的人有不同的择业目标，不同的社会岗位将对不同的劳动者进行选拔。这就要求在作出职业生涯决策时，必须考虑到性格、兴趣、气质、技能和价值观等相关个性信息，同时，也必须面临职业、教育和休闲的各种选择。这样，才可以在综合自我认知和职业知识的基础上，利用职业生涯决策的知识和技能，对个性因素和职业因素进行优化统一，制订出个人的职业生涯决策。

职业生涯决策是从理想到现实的转化。每个人都对自己的将来充满希望，在谋划将来时，都树立了自己的职业理想。然而，理想和现实之间往往存在差距。作为理性的人，人们必须在职业理想和客观现实之间作出一定妥协。当个人的职业理想与客观现实存在矛盾时，必须打破幻想、承认现实、降低要求，也就是向客观现实妥协。从而在自我反思之后，真正解决"我与职业"的关系，科学、实际、合理地完成职业生涯决策的调试过程。

（二）职业生涯决策的特点

1. 选择性

职业决策是选择与放弃的过程，每个决策情境都有两个及以上的选择可能，决策者必须选择其一。每个人面对发展障碍时的心理反应都不相同，每个决定都有优点和缺点，每条路都会有挑战，能否化险为夷，主要取决于个人的决策能力和努力。

2. 带有倾向性

职业决策一般带有倾向性：是倾向保守路线，还是冒险路线？保守路线的决策变化幅度小、风险低；冒险路线的决策要有"壮士断腕"的决心，放手一搏，往往风险比较大，变化幅度也大。选择结果一般取决于个人的风险偏好和性格。一般情况下，风险与回报是成正比的。

3. 没有标准答案

职业决策的正确与否没有统一标准，如果一定要找出衡量标准，那只能求诉于自己内心的天平。职业抉择通常是在不确定的情况下进行，每个不确定性都可能引发出下一个不确定性。每个选项都有利弊，个体需要根据实际情况，综合判断并选择可以让自己最有收获的那一项。

（三）职业生涯决策的作用

若把人的生命比喻为100米长的线，其中工作要占将近一半，可以说，工作的选择影响人半生甚至是一生。选择正确，可能人生将一帆风顺，充满阳光；选择错误，人生则可能弯路连连，损失较多。职业生涯决策的作用在于以下几个方面：

（1）良好的职业生涯决策有助于理性地确定未来的职业和工作岗位。一些大学生对自己的个性因素分析得非常透彻、合理，也了解了大量相关的职业信息，但是职业生涯决策依然做得非常糟糕。还有一些大学生，做了大量测验了解自己的性格、兴趣、气质、能力和价值观，在计算机数据库和相关书籍上花费了大量时间，依然做不出决策。这是因为他们不能对各种信息进行综合加工从而作出一个选择，缺乏制订决策的知识和技能。职业生涯决策为理性地确定未来的职业和工作岗位提供了方法、技术和实施策略。

（2）良好的职业生涯决策有利于生产要素的双向优化配置。在制订职业生涯决策时，人职匹配是关键。人选择职业，同时职业也在选择人。这就要求在制订职业生涯决策时，要整合个性信息和职业信息，优化配置，使之既符合人的主观能动性，又符合客观实际。在理性分析各类信息的基础上，达到生产要素的双向优化配置。

（3）良好的职业生涯决策有利于把握机遇。在选择上花费一定的时间是必要的。但是面临机遇时，时间同样是宝贵的，它不允许我们在选择上花费过多的时间。因为机遇往往稍纵即逝，所以在进行职业生涯决策时要迅速、科学、实际地作出选择。良好的职业生涯决策可以让人们准确地定位自己，迅速掌握适合个性特征的职业信息，从而利用决策方法和技术，快速制订适合自身的职业生涯决策。

（4）良好的职业生涯决策有利于促进个人的发展。良好的职业生涯决策有利于培养人积极生活的态度，培养人的自立、自主精神；有利于根据社会需求信号和自身条件努力学习，提高文化水平和专业技能；有利于鼓励人的进取精神，鼓励人们通过自己的学习和劳动取得成就。总之，良好的职业生涯决策可以从多方面促进个人的发展。

二、职业生涯决策的主要任务

职业生涯决策的内容包括：选择何种行业；选择行业中的哪种工作；选择所适用的策略，以获得某一特定的工作；从数个工作机会中选择其一；选择工作地点；选择生涯目标或系列升迁的目标。

对于大学生而言，职业生涯决策主要有以下五个方面的任务。

(一) 自我定位决策

自我定位决策就是要根据对自己的需要、兴趣、爱好、特点、能力、技能水平、未来规划等各方面自我定位，客观评价自我，并据此作出决策。对大学生而言，学生角色的要求与职业角色存在明显差别，大学生在进入社会后应从自身实际出发根据自己的能力和技能水平，结合兴趣爱好、气质性格等，找准自己在职业及职场中的定位，避免自我定位过高或过低。

(二) 行业定位决策

行业定位决策就是在选择工作时，就未来入职行业进行选择定位的决策。与自我定位不同之处在于，行业定位更倾向基于对外在因素的考虑，主要包括行业排名、待遇、社会舆论等作出的决策。行业定位时，大学生应注意做到真正地从社会需求出发，结合个人理想兴趣以及实际能力水平作出较为合理的行业定位，而不是片面地追求高薪和热门行业。

(三) 岗位定位决策

岗位定位决策就是指在选择工作时，定位自己工作岗位的决策。工作岗位不同对大学生的个人素质及技能要求不同，"没有金刚钻，别揽瓷器活"。因此，在进行岗位定位时，应该根据自己的性格特点、技能水平，对照用人单位的资格条件要求标准，选择力所能及的工作岗位。

(四) 地域定位决策

地域定位决策主要是指在进行工作选择时，定位自己工作地域的决策。大学生在进行地域选择时，有些倾向于交通便利、经济发展水平较高、配套设施完善、离家近的地域。随着国家西部大开发、建设新农村、振兴东北老工业基地等政策的实施，国家为大学生提供了大量的就业岗位和发展机会。大学生在进行地域定位时，应综合考虑能最大限度发挥自己能力、优势的城市，而不应仅仅着眼于城市规模与经济发展程度。

(五) 收入定位决策

收入定位决策是指在选择工作时，根据自己收入期望作出的决策。收入是大部分工作者的主要追求，高收入对每位求职者均具有较强的吸引力。在对收入水平进行定位时，应结合自己的行业和岗位期望、个人能力、职业规划、岗位发展等得出较合理的收入水平定位，切忌以收入作为唯一衡量标准，也切忌只顾眼前待遇高低，忽略未来发展。

三、职业生涯决策理论

（一）丁克里奇的生涯决策风格理论

决策风格是影响决策效果与决策效率的一个重要因素。1968年，美国著名学者丁克里奇通过访谈研究，将人们做职业生涯决策时的风格归结为以下八类：

（1）冲动型：冲动型者的典型想法是"先找一份工作干着，合不合适以后再说"，对选择非常盲目，只要抓住一个选择就不会考虑其他的选择。这种决策方式非常不明智，会错过很多更好的选择。

（2）宿命型：宿命论者认为所有的东西都是命中注定，人做的一切努力都是徒劳的，他们将生涯决策交给命运，不能以积极阳光的态度面对人生。这样的人容易成为环境的"受害者"。

（3）顺从型：缺乏独立性，在做决策时不考虑自身的实际情况，而是顺从别人的计划，相信"别人都认为是好的，那一定错不了"。这种从众的想法虽然能给自己一些所谓的"安全感"，但是顺从别人计划作出的决策往往并不适合自己。

（4）延迟型：就是人们常说的"拖延症"，把问题往后拖延，如"我先准备下公务员考试再找工作"。延迟型的人总是把该解决的问题拖到最后一刻做，幻想着过段时间问题会自动解决。

（5）烦恼型：遇事不果断，决策时要收集海量的信息，不仅没有找到决策的依据，反而陷入信息洪流中，对不同的信息反复比较，左右权衡，典型的状态是"我还是拿不定主意"。

（6）直觉型：做决策时过度依赖自己的直觉，决策缺少可靠的根据，而是"感觉到是对的"。知觉在缺少充分信息的情况下可能会产生效果，但是和事实可能有偏差。

（7）瘫痪型：瘫痪型的人能够作出决策，但是不敢承担决策后的责任。作出决策时常处于过度焦虑中，"一开始工作就害怕"，无法真正为决策后承担责任。

（8）计划型：使用如同标准化决策模型所推荐的理性策略。

上述八种决策风格各有优缺点。例如，直觉型决策者能快速提取信息，并根据已知信息快速作出决策，但可能会出现认知偏差。烦恼型和顺从型的人有依赖倾向，但是在反复的斟酌中可能会减少个人的认知偏差。决策风格的形成受到自我性格和外部环境的影响，一旦形成就具有一定的稳定性，但也不是无法改变的。

（二）克朗伯兹生涯决策理论

美国心理学家克朗伯兹在其职业生涯决策的社会学习理论中指出，职业选择过程受到四类因素的影响：遗传天赋和特殊能力（如内在素质、身体障碍、音乐和艺术能力）；环境条件与事件（如劳动法规、技术进步、社会机构变化、家庭资源）；学习的经验（如各种工具性学习、行为和认知反应、观察学习）；完成任务的技能（如设定目标、工作习惯、情绪反应方式）。

克朗伯兹和贝克于1977年提出的决策模式包括以下七个步骤：

（1）界定问题：描述必须完成的决策，估计完成所需时间并设定确切的时间表；

（2）拟订行动计划：描述决策所需采取的行动，并估计所需时间及完成的期限；

（3）澄清价值：描述个人将采取哪些标准，以作为评价各种可能选择的依据；

（4）描述可能作出的选择，确认选择方案；

（5）依据所定的选择标准、评分标准，逐一评价各种可能的选择，找出可能的结果；

（6）比较各种可能选择符合价值标准的情况，从中选取最能符合决策者理想的选择；

（7）描述将如何采取何种行动以达成选定的目标。

学习单元二　职业生涯决策的原则与方法

思维导图

学习单元二 职业生涯决策的原则与方法

一、职业生涯决策的原则
- （一）择己所爱
- （二）择己所能
- （三）择世所需
- （四）择己所利

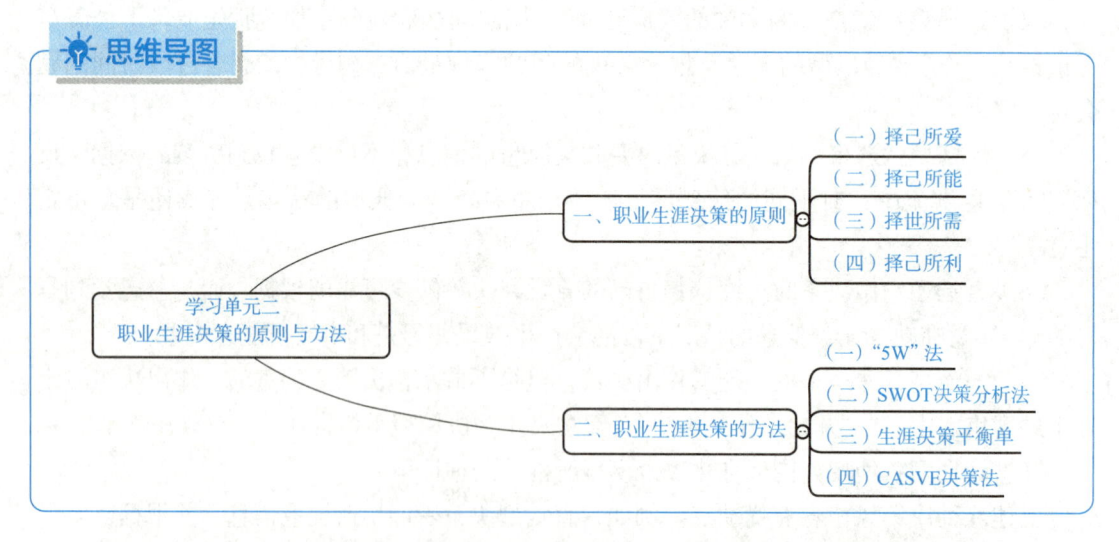

二、职业生涯决策的方法
- （一）"5W"法
- （二）SWOT决策分析法
- （三）生涯决策平衡单
- （四）CASVE决策法

通过对职业生涯决策重要性的了解，发现进行职业生涯决策的关键是要达到人的个性因素与职业因素的优化统一。只有这样，职业生涯决策才能对自身起到指导性的作用。人与职业是相互关联的一对要素，人选择职业的同时，职业也在选择人。两者必须相互一致，相互适应，相互匹配，这样才能较好地完成职业选择，胜任工作，进而取得较高绩效并享受工作的快乐。因此，人职匹配是一个人职业生涯决策的关键。

一、职业生涯决策的原则

要做到人职匹配，进行职业生涯决策时必须遵循以下四个原则。

（一）择己所爱

顾名思义，择己所爱就是选择自己喜欢的职业。也就是说，在选择职业、进行职业生涯决策的过程中，要考虑到自己的人格特性、兴趣爱好。兴趣是人格中最重要的部分，也是人职匹配的依据。从事一项喜欢的工作，工作本身就能有一种满足感，职业生涯也会从此变得妙趣横生。调查表明：兴趣与成功概率有着明显的正相关。在职业生涯决策时，务必注意：考虑自己的特点，珍惜自己的兴趣，择己所爱，选择自己喜欢的职业。

◀)) 课中讨论

桃园摘桃

路边有一片桃园，假如你可以进入桃园摘桃子，但只许前进不许后退，只能摘一次，要摘一个最大的，你会怎么办？

A. 对视野内的桃子进行比较，形成一个大概的标准，再根据这个标准选择最大的桃子。

B. 我感觉这个大！就摘这个了。

C. 去问看桃园的人，让他告诉我什么样的最大！或者问旁边的人什么样的最大。

D. 先别管了，走到最后再说吧。

E. 稍微比较，迅速摘一个。

根据你的选择，看看你的决策风格特征。

A. 理智。强调综合全面地收集信息、理智地思考和冷静地判断分析。

B. 直觉。以自我判断为导向，在信息有限时能够快速作出决策，发现错误时能迅速改变决策。

C. 依赖。采用他人建议与支援，往往不能承担自己做决策的责任。

D. 回避。拖延，不果断，倾向于不考虑未来的方向，不知道自己的目标，不思考，也不寻求帮助。

E. 自发。不确定性及由此带来的焦虑情绪，具有强烈的及时性，对快速做决策的过程有兴趣。

总的来说，理智、直觉和自发这三种风格比较积极主动，而依赖和回避则比较消极被动。

不同的决策风格都有其优劣之处，都可以在某种程度上满足决策者的需要，重要的是识别自身的决策风格，并有针对性地进行调整。

进行科学决策，必须了解个人的决策风格。每个人的生涯形态都是独特的，职业决策的牵动及决策与决策间彼此的关联造成了个人独特的职业决策风格。

通过熟悉和了解决策的过程，理解职业决策的重要性，掌握决策的方法。了解自己的决策风格与决策方式，掌握科学的决策模式。

（二）择己所能

择己所能就是选择自己能力范围所及的职业。能力对于职业生涯的重要性是不言而喻的，人们从事任何一种职业的心理前提是具备一定的能力。可以说，能力是人职匹配的基本因素。任何职业都要求从业者掌握一定的技能，具备一定的能力条件。一个人一生中不可能将所有技能都全部掌握，所以，在进行职业生涯决策时择己所能，有利于发挥自己的优势。运用比较优势原理充分分析别人与自己，尽量选择自己的能力与所从事的工作冲突较少的优势行业。

（三）择世所需

所谓择世所需，就是使自己的选择符合社会的需求，这是人职匹配的外部因素。随着社会需求的不断演化，旧的需求不断消失，新的需求不断产生，昨天的抢手货今天可能会变得无人问津。在进行职业生涯决策时，一定要分析社会需求，择世所需。最重要的是目光要长远，能够准确预测未来行业或职业的发展方向。

（四）择己所利

所谓择己所利，就是在职业生涯决策过程中追求职业选择的预期收益最大化。这是人职匹配的价值取向。职业对于每个人来说，是一种谋生的手段和谋取幸福的途径。因此，在择业时，决策者要考虑自己将来的预期收益，这种预期收益要求实现最大化的幸福，也就是使收益最大化。在一个由收入、地位等变量组成的函数中找到一个最大值，这就是在制订职业生涯规划中的收益最大化原则。

二、职业生涯决策的方法

（一）"5W"法

1. "5W"法的内容

在进行职业生涯决策时，运用"5W"法深入剖析自己与所面临的环境，归零思考，作出正确的职业生涯决策。这一决策方法被许多成功人士广泛应用，涉及自我定位、偏好、能力评估、外部环境及高层次的规划与自我实现。如果能够综合考虑且成功回答完五个问题，职业生涯决策将会比较容易作出。

"5W"具体内容是指：

（1）Who am I？（我是谁？）

（2）What will I do?（我想做什么？）

（3）What can I do?（我能做什么？）

（4）What does the situation allow me to do?（我面临什么外部环境？）

（5）What is the plan of my career and life?（我的未来职业与生活规划是什么？）

2．"5W"法的操作流程

材料准备：五张白纸，一支笔。

环境准备：将自己置于一个安静、独立的环境中，以排除杂念，调整自己的心态至最佳。

具体步骤如下：

（1）将五个问题分别写在五张白纸上，并将五张白纸按顺序排列好。

（2）思考第一个问题"我是谁"。在回答这个问题时，要诚实地面对自己，全面地剖析自己，并按重要顺序把答案写在纸上。

（3）思考第二个问题"我想做什么"。"兴趣是最好的老师"，在做职业生涯决策时需要考虑自己的意愿、兴趣、爱好。在回答这个问题时，可以回忆自己从孩童时代到现在向往过的、想做的事情，并按期望程度将答案排列在纸上。

（4）思考第三个问题"我能做什么"。任何天马行空、无法实现的幻想只能是幻想。梦想与幻想的区别在于，梦想通过自己的努力能够实现，而幻想是不切实际的。回答这个问题时要全面考虑自己的能力及未来发展潜力，并根据重要程度将答案排列在纸上。

（5）思考第四个问题"我面临哪些外部环境"。这个问题主要是考虑外部环境，即环境允许或支持我做什么，哪些环境会对我未来职业生涯产生积极影响。所面临的社会及自然环境、国内国外、省内省外、本市外市、家庭内外等环境均需要考虑在内，并根据重要程度排列在纸上。

（6）思考第五个问题"我的未来职业与生活规划是什么"。结合自己的梦想与理想，考虑自己对生活的规划。每三年在纸上为一阶段列出短期及长期职业、生活规划。

3．"5W"法的执行流程

将五个问题的答案分别按顺序写在五张纸上后，还需要对答案进行整理，以便找出自己的职业规划目标。

（1）把前四个问题的答案全部展开，认真观察比较答案。

（2）将前四张纸上相同、相近或相关联的答案用一条横线连接起来，得到一些不同的连线形状。找到其中不与其他线相交的、且置于最上面的线，把内容圈出来，就是最应该去做的事情，也是未来职业生涯规划的目标。

（3）再根据第五个问题的答案，列出自己短期、中期和长期的职业及生活目标。把短期目标进行拆解，列出目前最应达到的目标，并将目标分解为季度目标、月度目标、每周目标及每天目标。

（4）把需要实现的目标列在纸上，逐步作出日计划、周计划、月计划甚至季度计划。每日结束，检查自己的计划是否实施，目标是否实现，分阶段总结经验及教训，适时调整目标与计划，以使目标切实可行，计划得以贯彻落实。

（二）SWOT决策分析法

SWOT决策分析法最早是由美国旧金山大学的管理学教授安德鲁斯（Andrews）于1971年提出来的。SWOT分别是四个英文单词的第一个字母，即优势（Strengths）、劣势（Weaknesses）、机会（Opportunities）、威胁（Threats）。其中，S、W是内部因素，O、T是外部因素。SWOT决策分析法是在四个维度上进行分析，然后通过矩阵式交叉的分析，找出适合自己的基本策略。下面对四个维度的特性进行解读。

1. 优势（Strengths）

对于大学生而言，优势主要可分为个人优势和资源优势。

（1）个人优势指的是纯粹属于个人因素、不随外界因素变化的优势，如智商较高、情商出色。真正严谨地分析，个人优势包含的领域应该更宽些。沟通能力较强、交际能力出众或具备某些文艺体育类的特长，或亲和力较强、在某一领域有较系统的知识储备，这些都是较为显性的优势。沟通能力强适合需要与人打交道、需要说服别人的工作；交际能力出众适合做销售或公关类岗位；有文艺体育类特长的，也许招聘企业需要这类人员，也许人事部门负责招聘的人员有相同的爱好；亲和力较强的，进入公司后可以增进人际关系；在某一领域有较系统的知识储备的，很容易给别人留下"渊博"的印象。

（2）资源优势包括人力资源、财力资源、品牌资源、知识资源等。例如，认识一些有能力的朋友，家里可以给一大笔钱用于投资创业，所在学校是口碑不错的名校，所学的专业刚好市场稀缺等，这些都属于资源优势。

2. 劣势（Weaknesses）

劣势，即相对于优势的各个角度而言，个人恰恰很欠缺的地方。找出劣势，对于战略规划的意义也非常重大。在了解自己能做什么之前，应先了解自己最好不要做什么、可能遇到什么麻烦，这样可以减少挫败的概率。

过度自信和过度自卑都可能影响人们的判断力。首先，不要把"没有优势"直接看作"劣势"，在某方面没有优势仅仅说明还不够出众，如果妄自菲薄为"劣势"，就可能真的成为劣势了。可以针对前面所提的一些角度，进一步分析自己的劣势，如不善言语、害羞、粗枝大叶、知识贫瘠、学校比较差、专业冷门或太过热门等。分析劣势的目的不是使自己变得更沮丧，而是使自己了解该如何避开这些劣势，使自己的职业之路变得更顺畅些。

大学生有些较普遍的劣势，如缺乏经验、自我期望较高并因此造成在职的不稳定性，学校的知识有可能比较陈旧而不适用于企业，在大学生活中可能养成一些不良习气（如懒散、易抱怨及其他基本素质方面的问题）等。

3. 机会（Opportunities）

所谓机会，主要针对外界而言，当然也包括学校可能提供的诸如出国、进修、升本科、对口实习等机会。机会的分析需要很广的视角：宏观上包括国家的经济形势、产业政策、法律、法规、各区域的产业发展态势、行业趋势等；微观上包括收集到的来自各企业、政府部门、人才市场、学校往届学生提供的各类有利的信息，尤其要关注新生的或高增长预期的职业领域，或与自己专业或自身优势有关的边缘性、复合型职业领域或职业竞争较少等利好信息。

4．威胁（Threats）

所谓威胁，包括人才市场存在竞争，人才需求饱和，所学专业领域增长过缓甚至衰退，出现新的低成本竞争者（甚至是技术上的替代者），人才需求方过强的谈判优势，不利的政策信息，高的职业门槛等；也包括来自自身的，如身体健康隐患、家庭不稳定因素、糟糕的财务状况等。威胁这个词听着总让人有些不舒服，但如果能对此有所预防而别人不能，就有一定程度上的优势。所以，普遍存在的各类威胁也可能成为你参与社会竞争的有力工具。

SWOT决策分析法是检查大学生的技能、能力、职业、喜好和职业机会的有用工具。如果对自己做个细致的SWOT决策分析，那么会很清晰地了解个人的优点和弱点，并且仔细地评估出自己所感兴趣的不同职业道路的机会和威胁所在。

在自己擅长且有较大发展机会的领域，应采用"优势—机会"策略，将其定位为自己的职业规划目标，而对擅长但具有外部威胁的领域，应采用"优势—威胁"策略，视风险程度和可承受程度作出正确选择；在自己不擅长但充满机会的领域，应采用"劣势—机会"策略，选择性地尝试，通过提升自己的内部素质，争取转换劣势，抓住机遇；而对于自己不擅长且充满威胁的领域，采用"劣势—威胁"策略，不予考虑，见表7-1。

表7-1　SWOT策略

项目	机会	威胁
优势	"劣势—机会"策略	"优势—威胁"策略
劣势	"劣势—机会"策略	"劣势—威胁"策略
职业决策结论		

通过SWOT决策分析法对职业生涯机会进行评估，全面地从内外部环境对自身的优势、劣势、机会和威胁进行分析，生涯机会前景就会清晰地显现出来。当然，对自身和外界环境的分析是一个渐进的过程，不可能一蹴而就。只有在不断地思考和对信息的充分利用上才能准确地把握，必要的时候还应该去咨询教师或职业指导专家。

（三）生涯决策平衡单

1．生涯决策平衡单的模型

生涯决策平衡单的模型将重大事件的思考方向集中到四个主题，分别是自我物质方面的得失、他人物质方面的得失、自我赞许与否、社会赞许与否。中国台湾生涯辅导专家金树人将最后的两项"自我赞许与否"和"社会赞许与否"改为"自我精神方面的得失"与

"他人精神方面的得失"，就是从以"自我—他人"及"物质—精神"所构成的四个范围内来考虑，如图7-1所示。

```
                    物
                    质
                    ↑
他人物质方面的得失  |  自我物质方面的得失
                    |
他人 ←――――――――――+――――――――――→ 自我
                    |
他人精神方面的得失  |  自我精神方面的得失
                    ↓
                    精
                    神
```

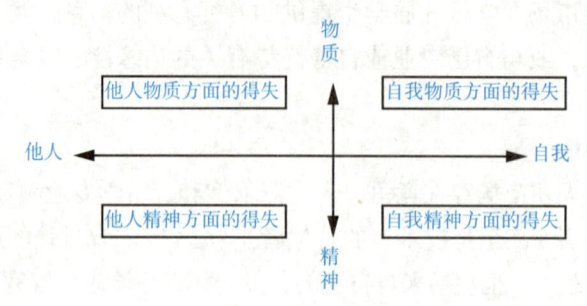

图 7-1　生涯决策平衡单模型

2．生涯决策平衡单的内容

生涯决策平衡单的具体内容见表 7-2。

表 7-2　生涯决策平衡单

考虑要素 （权重 -5~+5）		选择一				选择二			
		得（+）		失（-）		得（+）		失（-）	
		原始分	加权分	原始分	加权分	原始分	加权分	原始分	加权分
个人物质方面的得失	1. 收入								
	2. 工作的困难								
	3. 升迁的机会								
	4. 工作环境的安全								
	5. 休闲时间								
	6. 生活变化								
	7. 对健康的影响								
	8. 就业机会								
	9. 其他								
他人物质方面的得失	1. 家庭经济								
	2. 家庭地位								
	3. 与家人相处时间								
	4. 其他								
个人精神方面的得失	1. 生活方式的改变								
	2. 成就感								
	3. 自我实现的程度								
	4. 兴趣的满足								

续表

考虑要素 （权重 -5~+5）		选择一				选择二			
		得 (+)		失 (−)		得 (+)		失 (−)	
		原始分	加权分	原始分	加权分	原始分	加权分	原始分	加权分
个人精神方面的得失	5. 挑战性								
	6. 社会声望的提高								
	7 其他								
他人精神方面的得失	1. 父母								
	2. 师长								
	3. 配偶								
	4. 其他								
合计									
得失差数									

3. 生涯决策平衡单的具体应用

利用生涯决策平衡单来决策，可以将模糊的问题数量化，一目了然，有助于作出理性决定。具体操作步骤如下：

（1）确定职业决策考虑因素，如做人力资源管理、营销岗位或考研等方案。

（2）分别把方案填入平衡单的选择项目中。

（3）在第一栏职业决策考虑要素中，根据职业选择的重要性、倾向性和迫切性，赋予它权重。加权范围为 1～5，权重越大，说明对该要素的重视程度越高，该要素对职业决策的影响更大：5 表示"非常重要"，4 表示"不太重要"，3 表示"一般"，2 表示"不太重要"，1 表示"最不重要"，据此填写权重一栏。

（4）打分。根据重视程度对各个方案中的不同要素进行打分，重视程度计分范围为 −5～5。5 表示"该因素在生涯选择中得到了完全的满足"；0 表示"不知道或无法确定"；−5 表示"该因素在生涯选择中完全未得到满足"。

（5）计算。将每项的得分和失分乘以权重，得到加权后的得分或失分，分别计算出总和；加权后的得分总和减去加权后的失分总和得出"得失差数"，并以此分数来作出最后的决定，即比较三个选择方案的得失差数，得分越大，该职业方案越适合。

4. 注意事项

在使用生涯决策平衡单时，需要思考各个方案的优缺点及各个方案要素的重要程度。评估各方案的过程就是理清自己思路的过程。理清思路对职业生涯决策及后续职业生涯规划均具有重要的作用及意义。有时候这种反复思考和不断推敲的过程意义甚至可能超过打分本身，综合思考后作出的决策更适合自己，这样的决策方式需要比较多的时间和精力。与许多事情一样，决策虽然有各种方法和技巧，但没有捷径可走。也正因为这种决定产生的结果具有十分重大的意义，才需要这么多的时间和精力上的投入。

(四) CASVE 决策法

计划型生涯决策由沟通—分析—综合—评估—执行五个步骤组成。

在《职业发展和服务：认知方法》一书中，美国心理学家皮特森（Peterson）及其同事将来自认知的信息加工研究用于职业发展理论。在决策技巧领域，皮特森等人将个体加工自我和职业信息的能力作为一般信息加工技巧。这些技巧按开头字母可缩写为CASVE。它们代表了皮特森等人认为作出好决策所需的技巧，并以循环的方式呈现，如图7-2所示。

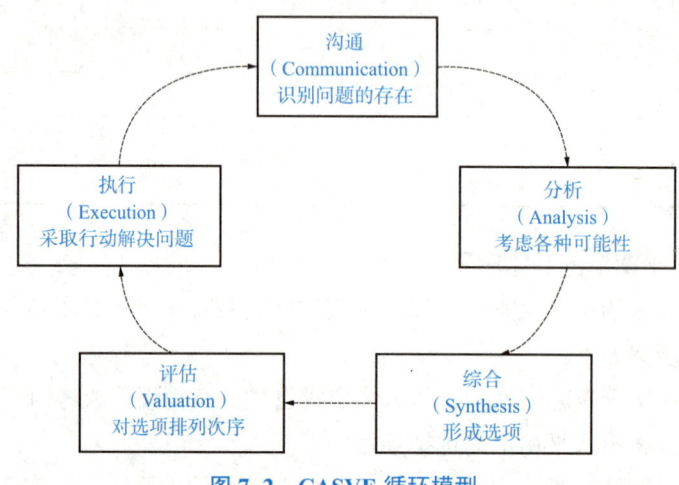

图 7-2 CASVE 循环模型

1．沟通

沟通是指通过与内部或外部的交流，一方面使个体意识到理想与现实之间的差距；另一方面使个体获得丰富的信息资源的过程。

（1）内部的信息交流，是指个体自身的身心状态，情绪和身体上的变化都是提醒人们要进行内部交流的信号。如在毕业找工作的时候，如果进展不顺利，情绪上可能产生比较大的波动，如感情变得脆弱、焦虑、紧张等，身体上也会有所反应，如失眠、头痛等。

（2）外部的信息交流，如学校发布校园招聘会的通知，身边的同学开始准备简历，这些信息就提醒开始准备找工作了；又如在求职过程中教师、企业HR、前辈等提供的意见。

通过内部和外部的沟通，将会对面临的问题有更加具体的了解，这种交流对大学生来说是非常有必要的。

2．分析

分析是指通过不断的观察与思考，就自己的兴趣爱好、能力水平、价值观及人格等个体特征与外部社会环境之间适应程度进行分析，从而更好地理解现存状态和理想状态之间的差距，找出差距，并针对性地作出改变。

分析阶段的主要任务是对自我知识和环境知识进行分析。

（1）自我知识方面分析的因素。

1）兴趣爱好：感兴趣的是哪些工作，爱好做什么事情，做什么事情能得到满足感，什么事情能废寝忘食、不知疲倦。

2）能力：什么事情能做好，具备什么样的知识和技能，哪些方面比较有天赋。

3）价值观：觉得做什么事情是有价值的，认可什么样的工作，希望这个工作能给自己带来什么。

4）人格：是善于和人打交道还是喜欢专心致志地做一件事，是个理性派还是感性派，喜欢在宏观上把控局势还是喜欢在基层踏踏实实地做事，习惯制订计划按部就班地推进工作还是想要随时迎接未知的挑战。

（2）环境知识方面分析的因素。做选择时外部的环境因素有哪些，这个选择会带来哪些方面的影响，作出选择后需要做的事情是什么，例如，是考公务员，还是考研，还是找工作？考公务员要读哪些书？考哪个岗位的公务员？薪资待遇如何？可预期的发展前景如何？考研要做哪些方面的准备？考哪个学校？研究生毕业后求职情况如何？找哪个行业领域的工作？行业的发展前景如何？这个行业有哪些排名靠前的公司？他们对岗位的要求是什么等。

3. 综合

第一步是将分析阶段所有的信息罗列出来，扩展选择范围。通过分析阶段大学生对自我知识和环境知识各方面都有很多了解，每一个方面都会有对应的职业，将对应兴趣的职业、对应价值观的职业、对应性格的职业等都罗列出来，做一个大范围的选择列表。

第二步缩小选择范围，将每个方面对应的职业有交集的部分选取出来，然后在从其中选择3～5个自己最有可能从事的职业。先将职业范围扩大，再将其缩小，基本能够找到自己想要从事的职业，这个过程非常重要。

第三步要继续思考，如果从筛选出来的3～5个职业中做选择，能否解决问题？如果可以就开始进入评估阶段，如果感觉不满意，就回归到第三个阶段继续寻找信息。

4. 评估

评估阶段是对第三个阶段得到的3～5个职业作出具体的评估，评估工具可以选择生涯平衡单或SWOT决策分析法进行。评估的内容包括获得该职位的可能性大小，以及选择了这个职业后对自己工作和生活产生的影响。例如，我最有可能获得的是哪个职位，哪个对我来说最有利，对我的家人和朋友来说哪个是最好的等。

5. 执行

执行是整个CASVE的最后一部分，前面四个步骤是帮助大学生找到适合自己的职业，通过执行阶段将前面的成果转化为成功的职业选择。执行阶段要做的事情包括：制订求职计划并开始求职，通过具体的求职过程为再一次回到沟通阶段提供线索，以便开始新的CASVE循环。

学习单元三 职业生涯决策行动

思维导图

学习单元三 职业生涯决策行动
- 一、职业目标的制订与管理
  - （一）职业目标的重要性
  - （二）目标设定的原则
  - （三）目标设定的方法
  - （四）职业目标的管理
  - （五）职业生涯目标的组合
- 二、制订行动计划
  - （一）职业发展路线图
  - （二）制订行动计划方案

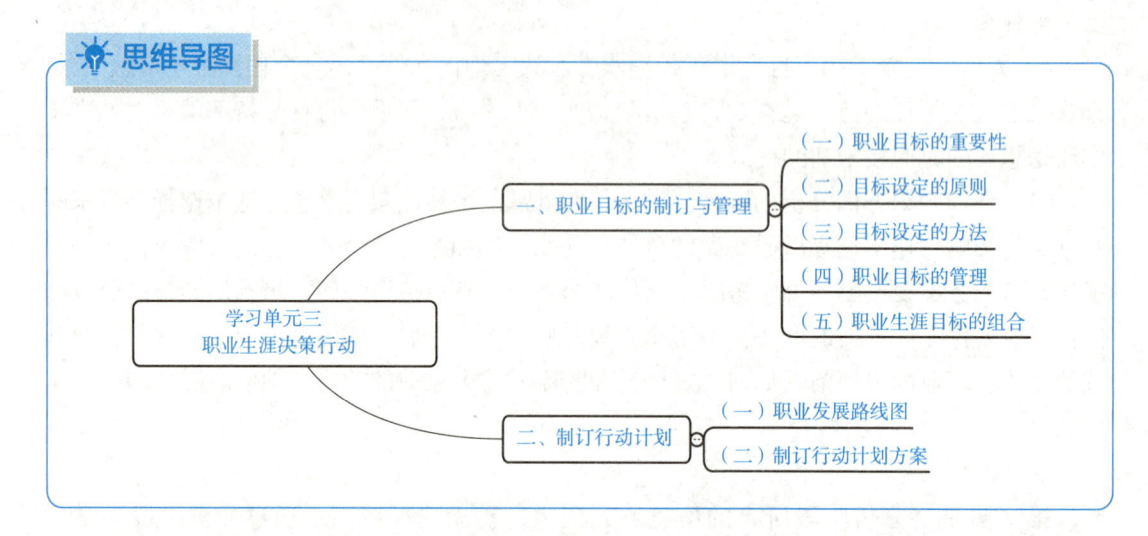

美国学者戴维·坎贝尔曾经指出："目标之所以有用，是因为它能帮助我们从现在走向未来。"立定志向可以成为成功的驱动力，同时，也可以使自己更能够掌握方向，明确应该做的事情。

一、职业目标的制订与管理

（一）职业目标的重要性

有一项关于人生目标的调查发现，在一批学历、智力和环境条件都差不多的哈佛大学毕业生中，有27%的人没有目标，60%的人目标模糊，10%的人有清晰但比较短期的目标，只有3%的人有清晰而长远的目标。25年后，哈佛大学再次对这群学生进行调查时发现：3%有长远目标的人，在25年间朝着一个方向不懈努力，几乎都成为社会各界的成功人士，其中不乏行业领袖和社会精英；10%有短期目标的人，不断实现了他们的短期目标，成为各个领域中的专业人士，大多生活在社会的中上层；60%目标模糊的人，有安稳的生活与工作，但都没有什么特别成绩，几乎都生活在社会的中下层；而剩下27%的人，因为他们的生活没有目标，过得很不如意，常常怨天尤人，抱怨这个世界"不肯给他们机会"。

从这个调查中，不难看出：目标是多么重要，对于生涯发展具有重大的指导意义。很多时候，大学生忙忙碌碌，选修各种课程，参加各种活动，准备各种各样考试，却没有目标。很多大学生一方面感到迷茫；另一方面，却又不能停下来，花费一点时间看清楚自己的方向，只是盲目地胡乱奔跑。"忙—盲—茫"的现象在当代大学生中屡见不鲜，这种"边跑边看路"的做法无异于缘木求鱼。就像《爱丽丝梦游奇境记》里，猫对爱丽丝说的那样："如果你不知道自己想去哪儿，那么走哪条路都无所谓。"而你只要一直往前走，哪怕是胡奔乱跑，也总可以到达某个地方。但你对自己的处境满意与否可就是另一回事了。如果连你都不知道自己要什么的话，那么别人也不可能给你有效的帮助。

只有当个人在头脑中对自己的职业发展方向有清晰的概念，他的生命才会有意义和方向，而这也许是人生中最珍贵的财富之一。

（二）目标设定的原则

目标设定是在自我觉醒的基础上，对自己未来职业生涯的一个初步的概想。在进行职业目标设定时，应该遵循 SMART 原则。

1．具体（Specific，S）

目标要清晰、明确。所谓明确就是要用具体的语言清楚地说明要达成的行为标准。明确的目标几乎是所有成功人士的一致特点。很多人不成功的重要原因之一就是因为目标定得模棱两可。要做到这一点，需要回答六个"W"。Who：谁参与；What：要完成什么；Where：确定一个地点；When：确定一个时间期限；Which：确立必要条件和限制；Why：明确原因，实现此目标的目的或好处。

例如，确定了一个目标——"好好学习"，这就不是一个具体目标。可以将此目标具体化，如"每天去图书馆，至少看书 2 小时"。

心理学家得出了这样的结论：当人们的行动有了明确目标，并能把自己的行动与目标不断地进行对照，进而清楚地知道自己的行进速度和与目标之间的距离，人们行动的动机就会得到维持和加强，就会自觉地克服一切困难，努力达到目标。要达到目标，就要像上楼梯一样，一步一个台阶，把大目标分解为多个易于达到的小目标，脚踏实地向前迈进。每前进一步，达到一个小目标，就会体验到"成功的喜悦"，这种"感觉"将充分调动自己的潜能去达到下一个目标。

2．可度量（Measurable，M）

目标要可量化，是明确而不是模糊的，要有一组数据，作为衡量是否达成目标的依据。确保目标可量化，可以问自己："我怎么知道自己是否达到了目标？是多少？"有的目标不好量化，也要尽量找到一个量化的标准。

假如想熟练地掌握网站制作技能，那么可以将自己的目标定位为：可以独立完成一个电子商务类网站的策划和制作。

3．可实现（Attainable，A）

设定的目标要高，要有挑战性，但又必须是可达成的。目标要通过努力可以实现，不能过低和偏高，偏低了无意义，偏高了实现不了。一般来说，当设定的目标对个人有很重大的意义时，个人会尽最大的努力去完成。假如设定的目标是能够按时毕业，拿到学位，那么这种目标就不具有挑战性。而如果把目标设定为在学术造诣上超越爱因斯坦，那么基本上没有实现的可能，这种目标在设定上就是失败的。

4. 相关性（Relevant，R）

设定的目标要有现实性，要与实际情况相关联。设定的目标最好是个人愿意做并且能够做好的。在职业目标的设定上，一定要注意目标的设定和岗位的职责是有关系的。比如说要从事会计工作，努力考个会计师证是很有必要的，但花费很多时间去考心理咨询师证，就无太大必要了。

5. 有时限（Time-bound，T）

目标要有时限性，要在规定的时间内完成，时间一到，就要看结果。没有时间限制，就没有紧迫感。回到做好学生的目标，你问自己，有没有在学习？回答往往是肯定的。一年后，你再问自己，学到了什么？很多人回答不上来。针对这种情况，完全可以设定类似这样的目标，如在2020年12月前自学完成工业工程专业的全部课程。

（三）目标设定的方法

在设定职业生涯目标时可以采用时间分解法，将目标分为短期目标、中期目标、长期目标和人生目标。设定正确的目标不难，但要实现目标却不容易。如果目标太远大，人们会因为苦苦追求却无法达成而气馁。因此，如图7-3所示，将一个大目标科学地分解为若干个小目标，落实到具体的每天、每周的任务上，正是实现目标的最好方法。

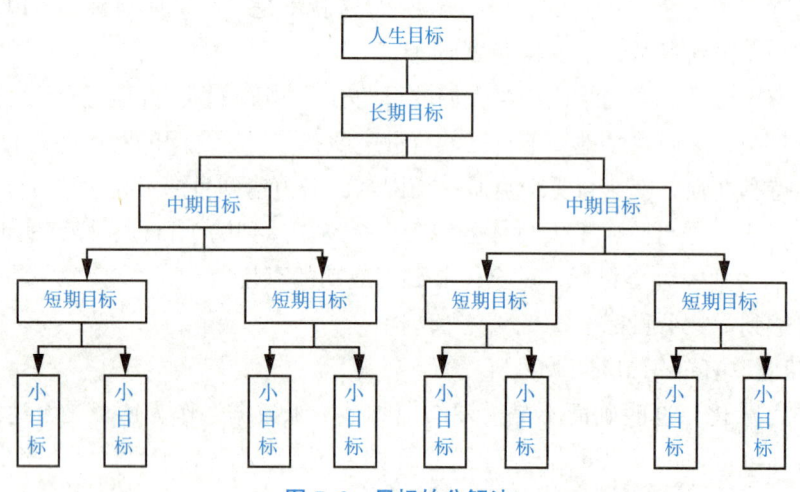

图7-3 目标的分解法

1. 短期目标

短期目标通常是指时间在一至两年内的目标，是中期目标和长期目标的具体化、现实化与可操作化，是最清晰的目标，如对专业知识的学习、两年内掌握的专业知识、职业选择等。通常，又可以将短期目标分解为很多小目标，如一个月甚至一周的目标。在设定短期目标时，需做到以下几项：

（1）目标具备可操作性；

（2）明确规定具体的完成时间；

（3）对现实目标有把握；

（4）服从于中期目标；

（5）目标可能是自己选择的，也可能是企业或上级安排的、被动接受的；

（6）目标需要适应环境；

（7）目标要切合实际。

短期目标对大学生来说，是十分重要的。短期目标设定是否合理，决定着中期目标和长期目标是否可以实现。相对而言，短期目标的分类也更为复杂一些，分类的标准不同，分类则不尽相同。

按年级来分，可分为一年级目标、二年级目标、三年级目标等；按学期来分，可分为上学期目标、下学期目标；按假期来分，可分为暑假目标、寒假目标。按内容来分，可分为学习目标、生活目标、社团实践目标、兼职目标、实习目标等。按毕业后的去向来分，可分为就业目标、升学目标、留学目标、创业目标、培训目标。

2．中期目标

中期目标一般是指三到五年的目标。中期目标在长期目标的基础上确立，如毕业时找到一份满意的工作，就读理想的学校和专业的研究生，到自己所梦想的国家去留学，先择业再创业，实现当老板的理想等。在设定中期目标时，需做到以下几项：

（1）通常与长期目标保持一致；

（2）是结合自己的志愿和企业的环境及要求来制订的目标；

（3）用明确的语言来定量说明；

（4）对目标实现的可能性作出评估；

（5）有比较明确的时间，可做适当的调整；

（6）基本符合自己的价值观，充满信心，愿意公布于众。

3．长期目标

长期目标是时间为五年以上的目标，通常比较粗略、不具体，可能随着企业内外部形势的变化而变化，在设计时以画轮廓为主，例如，规划30岁时成为一家中型公司的部门经理，40岁时成为一家大型公司的副总经理等。在设定长期目标时，需做到以下几项：

（1）目标有可能实现，具有挑战性；

（2）对现实充满渴望；

（3）非常符合自己的价值观，为自己的选择感到自豪；

（4）目标是认真选择的，与社会发展需求相结合；

（5）没有明确规定实现时间，在一定范围内实现即可；

（6）立志改造环境。

长期目标主要受自己的人生目标的影响。在生活中，人们最容易忽视的就是长期目标。人们总认为，五年后的事情太远了，考虑这么多，这么远，没什么用，果真如此吗？当然不是。现在，大学生就业困难，很多大学毕业生找不到自己满意的工作。可是一些大学生还没有毕业就被名企高薪聘用了，而这些被聘用的大学生基本上树立了长期的目标。

4. 人生目标

人生目标是指整个人生的发展目标，时间长至40年左右。一般来说，短期目标服从于中期目标，中期目标服从于长期目标，长期目标又服从于人生目标。在实施目标时，通常是从具体的、短期的目标开始的。

（四）职业目标的管理

1. 目标设立的客观性

个人发展目标的确立与团队或企业目标一样，必须具有客观性，否则就只能停留在幻想中。也就是说，个人目标的设立必须建立在个人兴趣、爱好、知识、能力、身体条件及社会环境等因素的基础之上，通过努力可以达到的，是可考核、可评价的，是明确、具体的，是可量化、可分解的。不具有客观性的目标是不可能实现的。

当然，个人的奋斗目标一经确立，也不是一成不变的。随着个人的成长，知识阅历的增加及兴趣、爱好的转移，阶段性地调整自己的目标更加有助于自己人生价值的实现，但不能过分频繁地变换目标。频繁地变换目标与没有目标，对于一个人的发展来说是同样危险的。

2. 目标分解的科学性

对于一个人的成长来说，在其实现自身价值的总目标确定之后，将总目标分成若干份目标，如阶段目标、年目标、月目标、周目标、日目标等。在目标分解的过程中一定要坚持科学性的原则，只有这样才能保证每走一步都能够离总目标更近一点，也只有这样，人生发展的总目标及人生的价值才能真正实现。

职业生涯目标的实现可以用一系列的阶段来表示。为了顺利进入每个新阶段应根据新阶段的特点制订分目标。

目标分解就是根据观念、知识、能力差距，将职业生涯长期的远大目标分解为有时间规定的长期、中期、短期分目标，直至将目标分解为某确定日期可以采取的具体步骤。实现一个远大目标很少能够一气呵成，必须分解成若干个易于达到的阶段性目标。

目标分解是将目标清晰化、具体化的过程，是将目标量化成可操作的实施方案的有效手段。目标分解帮助人们在现实环境和美好愿望之间建立起可以拾级而上的途径。目标分解从最远、最高的目标开始，一直分解到最近的目标。在现实中，很多人做事之所以会半途而废，往往不是因为难度较大，而是因为觉得离成功较远，确切地说，不是因为失败而放弃，而是因为倦怠而失败。

目标分解可以按以下两种途径来进行：

（1）按时间分解，可分解为最终目标（人生目标）、长期目标、中期目标、短期目标。按时间分解是最常用的目标分解方法，也很容易掌握。首先，应该区分最终目标与阶段目标。选择了职业生涯发展路径，并确定了总体目标。这个总体目标就是最终目标、人生目标。总体目标不清晰，就谈不上分解更具体的长期目标、中期目标、短期目标。最终目标只有与自己的价值观相符，才是有效的，并且最终目标一经确立就不要频繁更改。其次，把最终目标分解为若干个长期目标，每个阶段都应有一个具体的目标。

（2）按性质分解，可分解为外职业生涯目标、内职业生涯目标。美国职业心理学家施恩教授最早将职业生涯分为外职业生涯和内职业生涯。他指出，外职业生涯是指经历一种职业（由教育开始，经工作期，直到退休）的通路，包括职业的各个阶段，即招聘、培训、提拔、解雇、奖罚、退休等；内职业生涯更多地注重所取得的成功或满足的主观感情及工作事务与家庭义务、个人休闲等其他需要的平衡。

根据内职业生涯、外职业生涯的内容，可以把长期目标、中期目标和短期目标分解出各自具体的内职业生涯目标和外职业生涯目标。

1）外职业生涯目标：

①职务目标。职务目标应当具体明确。

②工作内容目标。在现实生活中，能够升到高层职位的毕竟是少数。位置越高，留给人们可以选择的机会也就越少，而且能不能晋升，很大程度上并不取决于人们自己。所以，不要只盯着职务目标的晋升，而应把外职业生涯目标规划的重心转移到工作内容目标上。

③经济目标。从事一项工作，获得经济收入是人们生存的物质基础。在职业生涯规划中列入收入期望无可非议，但要注意的是切合实际和自己的能力素质，还要大胆地规划一个具体的数目，不要含糊不清，或者不敢写。

④工作地点目标和工作环境目标。如果对工作地点和工作环境有特殊要求，就要在规划中列出这两项内容。

2）内职业生涯目标：只追求外职业生涯目标会让人遭遇很强的挫折感，如怀疑上级对自己不公、上班太远累得慌、辛苦半天没拿多少钱、评优晋级没有份……越想越难受，越想越没干劲，每天都生活在抑郁之中。其实，人们还有一笔重要的财富不容忽略——丰富的知识经验积累，观念、能力的提高及由此带来的快乐感、成就感。在分解和组合自己的职业生涯目标时，外职业生涯目标与内职业生涯目标应该是同时进行的，而且内职业生涯目标是尤其应该重点把握的内容。

①工作能力目标。工作能力是对处理职业生涯中各种工作问题的能力的统称，如策划能力、管理能力、研究创新能力、与领导无障碍沟通的能力、与同事协调合作的能力等。必要的工作能力积累是达到职务目标和收入目标的前提。所以，工作能力目标应当优先于职务目标。

②工作成果目标。在很多组织里，工作成果都是进行绩效考核的一个重要指标，扎实的工作成果带给人们极大的荣誉感和成就感，也铺砌了通往晋升之途的阶梯。

③心理素质目标。在职业生涯途中，有人成功达到目标，有人半空而坠，区别其实不在于机遇和外部条件。每个人的职业生涯发展过程中都会遇到这样或那样的困难，只有心

理素质合格的人才能正视现实，努力克服困难，冲向卓越；而心理素质差的人只会怨天尤人、自暴自弃。为了职业生涯规划蓝图能够化为现实，要不断提高心理素质。提高心理素质目标包括经受挫折、包容他议，也包括在暂时的成功面前保持清醒、冷静。

④观念目标。观念是对人对事的态度、价值观。很多跨国大企业都有自己的观念文化，这些观念影响着员工的行为，也影响着组织、领导、同事、客户对员工的态度。随时更新自己的观念，使自己总是站在前沿地带，也是人们规划个人职业生涯的重要内容。

3．目标的实现是以每天、每件事的努力为基础的

中国有句古话，"世上无难事，只要肯登攀"，它是对目标及其实现途径的最贴切、最科学的阐述。科学地设立目标、详细地分解目标后，如果不付诸实际的努力，也不会产生任何实际的成果。

任何一个人都不可能一步跨入自己的理想世界，都不可能瞬间实现自己的人生目标与价值。一个人的成功之路是由一个个目标铺就的，一个目标实现以后，一个新的目标必然出现在前方。这些具体目标也是相互关联的，它们在人生总目标的统领之下逐渐分解而来。一个人人生价值的实现过程就如攀登一座高峰，要想顺利到达顶峰就要从山峰的脚下往上攀，一步一步的踏点支起了登顶的天梯。这每个踏点也就是登顶过程中的一个个分目标，正是这些分目标的不断实现，才最终能够完成登顶的最大目标。

（五）职业生涯目标的组合

目标组合是处理不同目标相互关系的有效措施。如果只看到目标之间的排斥性就只能在不同目标之间作出排他性选择；而如果能看到目标之间的因果关系与互补性就能够积极进行不同目标的组合。

目标组合有时间组合、功能组合和全方位组合三种方法。

1．时间组合

职业生涯目标在时间上的组合可分为并进和连续两种情况。

（1）并进。所谓职业生涯目标的并进，是指同时着手实现两个平行的工作目标或建立和实现与目前工作内容不相关的预备职业生涯目标。有时候，外部环境给予人们的机会很多，面临多个选择，于是会出现两个或多个不同方向的职业生涯目标。只要处理得好，在一定时期内，是可以做到"鱼与熊掌兼得"的。当然，前提条件是有足够的精力和能力来应对。对普通年轻人，建议在一段时间内只定一个大目标。

这里所说的"同时着手实现两个平行的工作目标"，指的是短期内进行的不同性质的工作，一般多为中、高级管理层"双肩挑"的情况。

建立和实现与目前工作内容不相关的预备职业生涯目标，多发生在中、青年人身上，意在居安思危、未雨绸缪。例如，学校团支部书记为了今后获得更大的发展空间，在做好本职工作的同时，进修 MBA 课程。这有利于人们开启潜能，在同样的时间内迎接更大的挑战，浓缩生命，发挥更大的价值。

（2）连续。连续是指用时间坐标做纽结，将各个目标前后连接起来，实现一个目标再进行下一个。一般来说，较短期目标是实现较长期目标的支持条件。目标的期限性是相对的，随着时间的推移，长期目标成为中期目标，中期目标成为短期目标，短期目标成为近期目标。只有完成好每个近期目标和短期目标，最终目标才有可能实现。

职业生涯目标可分为最终目标和阶段目标（长期目标、中期目标、短期目标、近期目标），每个阶段目标的设定大体与最终目标一致并互相关联。这里应该明确，阶段目标是在一段特定的时间内要达到的结果。如果将职业生涯的阶段目标转变为职业生涯最终目标，只需要将各个阶段目标连接起来，加上一个时间表，再加上一个衡量目标达成结果的评估方式。

2．功能组合

很多职业生涯目标在功能上可以存在因果关系或互补关系。

（1）因果关系。有的目标之间存在着明显的因果关系，如前面提到的工作能力目标与职务目标和收入目标，前者是因，后者为果，表现为工作能力提高—职务提升—收入增加。通常情况下，内职业生涯目标是原因；外职业生涯目标是结果。

（2）互补关系。一个管理人员希望在成为一个优秀的进口部经理的同时取得MBA证书，这两个目标之间存在着直接的互补关系。实际管理工作为MBA学习提供实践的经验体会；而MBA学习又为实际的工作提供理论支持和方法指导。同样地，高校教师往往同时肩负着基础教学和科研两项任务。基础教学为科研工作提供了理论基础和方法指导；科研实践又促进了教学内容的丰富更新和质量的提高。

3．全方位组合

全方位组合已超越职业的范畴，它涵盖了人生全部活动。全方位组合是指职业生涯家庭和个人事务的均衡发展，相互促进。事业不是生活的全部，任何一个人都不能离开家庭和休闲娱乐，完美的职业生涯规划不应把生活中的其他内容排斥在外。目标组合可以超越狭隘的职业生涯范围，将全部的人生活动联系协调起来。

二、制订行动计划

"条条大路通罗马"，每个人都有适合其发展的路径，但每个人都不同，谁也不能完全复制别人的成功之道。

（一）职业发展路线图

职业生涯路线是指一个人选定职业后从什么方向上实现自己的职业目标，是向专业技术方向发展，还是向行政管理方向发展。发展方向不同，要求就不同。因此，在制订职业发展行动计划之前，必须结合职业决策作出选择，以便安排今后的学习和工作，使其沿着职业生涯路线发展。

职业生涯路线选择的重点是对职业生涯选择要素进行系统分析，在对职业理想、职业能力、职业环境（我想做什么？我能做什么？环境允许我做什么？）三个方面的要素进行

综合分析的基础上确定自己的职业生涯路线。职业生涯路线选定后，还要画出职业生涯路线图。典型的职业生涯路线图是一个"V"形的图形（图7-4）。假定一个人22岁大学毕业后参加工作，即V形图的起点是22岁。从起点向上发展，V形图的左侧是行政管理路线，右侧是专业技术路线。按照年龄或时间将路线划分为若干部分，并将专业技术等级或行政职务等级分别标在路线图上，作为自己职业生涯的目标。

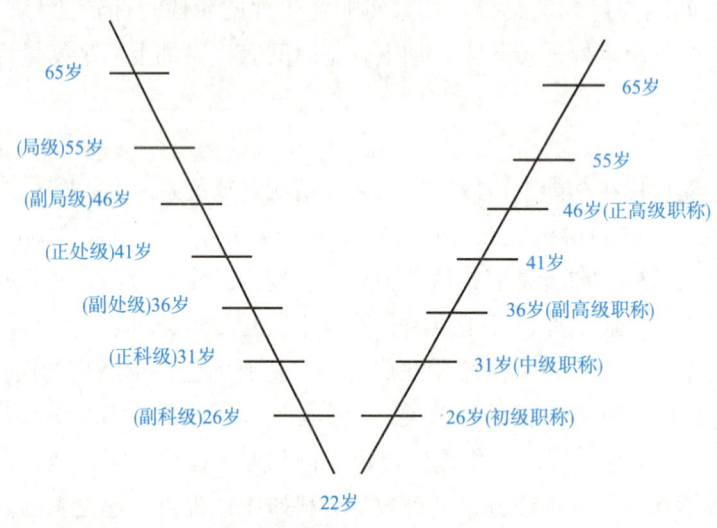

```
65岁                          65岁
(局级)55岁                    55岁
(副局级)46岁                  46岁(正高级职称)
(正处级)41岁                  41岁
(副处级)36岁                  36岁(副高级职称)
(正科级)31岁                  31岁(中级职称)
(副科级)26岁                  26岁(初级职称)
             22岁
```

图 7-4　职业发展路线（管理路线、技术路线）

在确定职业目标、进行职业决策后，不同的发展方向意味着不同的工作和生活方式。一般来说，典型的职业发展路线见表7-3。

表 7-3　职业发展路线

类型	典型特征	成功标准	主要职业领域	典型职业通路
技术型	职业选择时，主要注意力是工作的实际技术或职能内容。即使提升，也不愿到全面管理的位置，而只愿在技术职能区提升	在本技术区达到最高管理位置，保持自己的技术优势	工程技术、财务分析、营销、计划、系统分析等	财务分析员—主管会计—财务部主任—公司财务副总裁
管理型	能在信息不全的情况下分析解决问题，善于影响、监督、率领、操纵、控制组织成员，能为感情危机所激励，善于使用权力	管理越来越多的下级，承担的责任越来越大，独立性越来越强	政府机构、企业组织及其各部门的主要负责人	工人生产组组长—生产线经理—部门经理—行政副总裁—总裁
稳定型	依赖组织，怕被解雇，倾向于按组织要求行事，高度的感情安全，没有太大抱负，考虑退休金	一种稳定、安全、氛围良好的家庭、工作环境	教师、医生、研究人员	更多地追求职称，如助教—讲师—副教授—教授
创造型	要求有自主权、管理才能，能施展自己的特殊才能，喜好冒险，力求新的东西，经常转换职业	建立或创造某种东西，他们是完全属于自己的杰作	发明家、风险性投资者、产品开发人员、企业家	无典型职业通路，极易变换职业或干脆自己单独干

续表

类型	典型特征	成功标准	主要职业领域	典型职业通路
自主型	随心所欲制订自己的步调、时间表、生活方式和习惯	在工作中得到自由与欢乐	学者、研究人员、手工业者、工商个体户	自由领域中发展自己的个人事业

（二）制订行动计划方案

行动计划可分为长期计划、中期计划和短期计划。长期计划一般是职业规划和设计中要达到的最高点或在一个相对较长时间（一般为 5～10 年）内要达到的计划；中期计划和短期计划是指在实施长期计划的过程中必须经历的阶段计划。从时间上来讲，中期计划一般为 3～5 年，具有一定的战略规划价值；短期计划又有日、周、月、年计划之分，一般应该清晰、明确、切实可行。

制订职业生涯规划行动计划，通常遵循以下步骤方法。

1．行动计划思考准备

（1）个人发展计划必备的要素是什么？

（2）我的职业目标是什么？

（3）怎样才能实现职业目标呢？

2．制订行动计划书

完整的行动计划书应包含题目、职业方向与总体目标、社会环境分析、学校分析、自身条件及潜力测评、角色及建议、目标分解、成功标准、差距、缩小差距的方案。

3．实施行动计划

（1）实际行动。

（2）做好记录。

（3）分析行动结果。

（4）利用一切资源和机会。

4．反思改进

（1）发生了什么事情？

（2）为什么会发生？

（3）结果如何？

（4）现在怎么办？

（5）该如何改进？

🔊 课中讨论

了解影响你职业生涯决策的要素

图 7-5 列出了可能会影响你未来做职业生涯决策的因素，请仔细思考用 1～5 来

表示你在做决定时对它们进行考虑的重要程度：1表示非常不重要，5表示非常重要。

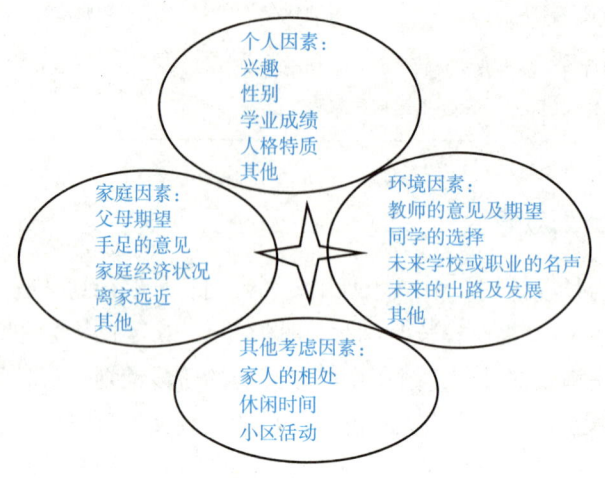

个人因素：
兴趣
性别
学业成绩
人格特质
其他

家庭因素：
父母期望
手足的意见
家庭经济状况
离家远近
其他

环境因素：
教师的意见及期望
同学的选择
未来学校或职业的名声
未来的出路及发展
其他

其他考虑因素：
家人的相处
休闲时间
小区活动

图 7-5　影响职业生涯决策的因素

学习单元四　生涯管理及决策检验

思维导图

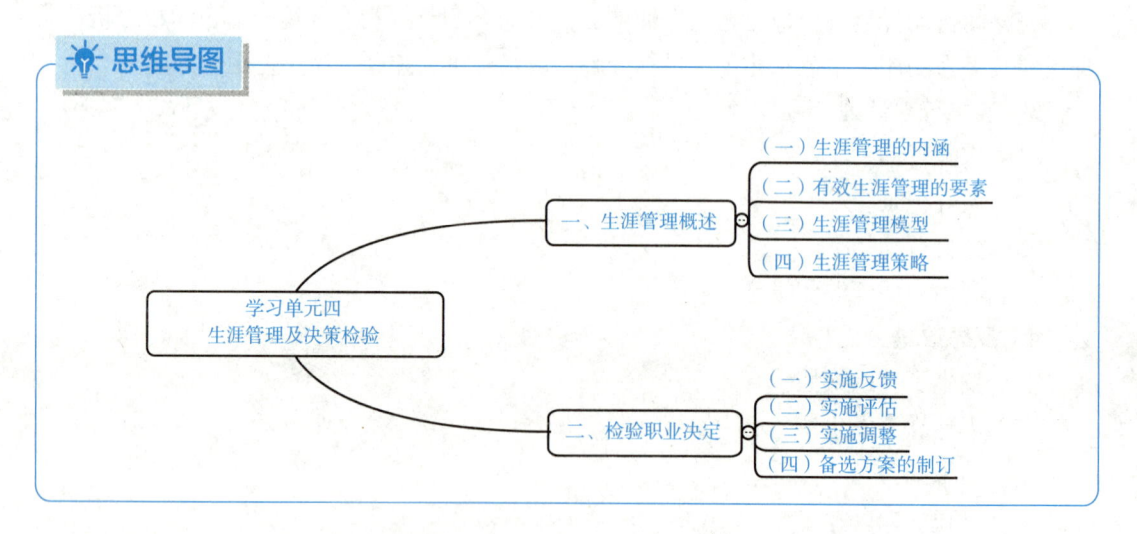

学习单元四 生涯管理及决策检验

一、生涯管理概述
（一）生涯管理的内涵
（二）有效生涯管理的要素
（三）生涯管理模型
（四）生涯管理策略

二、检验职业决定
（一）实施反馈
（二）实施评估
（三）实施调整
（四）备选方案的制订

刚毕业时，很多大学生都很容易按照自己的认知来想象未来的世界。现实常常和想象有出入，有时甚至是难以接受的不同。因此，主动管理好自身的职业生涯，提前了解现实，才能解决好这些问题。

职业生涯管理是一个解决问题的持续的过程，它不仅需要人们在确定职业目标前，打好知己知彼的基础，付出对职业目标的努力，还需要在步入职场后，持续不断地对自身的职业发展进行积极有效的管理。

在作出职业决策的同时，对它的检验也就开始了。对于职业决策，大学生一是按自己的决策目标不断地修正和完善，使之更加贴近自己的实际；二是按自己的决策行动和生活，因此必须积极管理自己的职业生涯。好的职业生涯管理能够在一定程度上避免"就业错位"，使学与用更加紧密地结合，使大学生的人才效益、社会效益得以彰显。

一、生涯管理概述

（一）生涯管理的内涵

所谓生涯管理，就是掌握自己与环境的现状，根据需要进行改变和调整，使自己保持最佳的状态，争取最好的发展机会去实现自己生涯目标的过程。

成功的生涯发展需要依靠成功的生涯管理。生涯发展中会遭遇许多变化，需要人们把握和调整。变化是人生的常态，也是生涯发展的常态，人们需要建立生涯管理的观念，勇敢地迎接变化。

生涯管理是由无数个"三部曲"组成的。

1．发现变化

变化可能来自外部，如经济环境、政策导向、家庭的突发事件等，也可能来自内部，如自己的想法发生了改变等；变化可能是于己有利的，也可能是于己不利的；变化可能比较剧烈，也可能比较平缓而一时不易察觉。人们需要培养分析环境和自身的能力，及时发现变化，分析变化的缘由和对生涯发展的影响。

2．明确需要

变化可能为生涯发展带来新的机遇，也可能会造成一些阻力和障碍。这时，人们对自己的"发展需要"要有一个明确的定位与评估。这样，人们就不会因变化带来的一些意外而偏离了航道，迷失了目标。

3．进行调整

发现变化、明确需要之后，就需要采取行动进行调整了。这一步是很关键的，因为只有行动才能产出成果。有时对自己的调整没有百分之百的把握，迟迟不敢行动，往往会失去一些成功的机会。其实，只要用积极的心态去管理自己的生涯，即使没有出现预期的结果，也能够借以锻炼自己的心态和管理生涯的能力。

有人说："这个世界唯一不变的就是变化。"生涯规划就是一个不断地"知己""知彼"，"作出选择和决定"的过程又是在生涯管理的"发现变化""明确需要""进行调整"的无数个"三部曲"中实现的。如果个人能有效地进行生涯管理，及时调整职业目标，那么就能从容应对各种变化。

（二）有效生涯管理的要素

生涯管理的主要含义是根据情况的变化调整生涯目标和实现策略。对于每个人而言，职业生命是有限的，如果不进行有效的规划，势必会造成时间和精力的浪费。有效的生涯规划可以使人们的发展更有目的性和计划性，也为实现自我价值创造机会。个人实施有效的生涯管理，一般要具有以下六种要素。

1. 对自己负责

责任感是激发人们奋进的压力和动力。如果把一件事当作自己的责任所在时，就会调动自己的所有智慧，千方百计地把这件事情办好。相反，如果觉得这件事情并不是由自己负责时，就可能对它不闻不问，敷衍了事，或等他人来拿主意，因为你觉得这件事完成与否和你没有多少关系。可见，是否有责任感，决定了人们对待一件事情的态度，决定了会投入多少的精力和心血去完成它。所以，人们要注意树立和培养对自己负责的责任感。

2. 提高自控能力

锤炼坚韧顽强的意志，增强自己的自控力，是一个人走向成功必不可少的高尚品质。国外许多心理学家致力于自控力的研究，他们提出了自控力的"五个控制"，即控制思想、时间、语言、欲望和情绪。心理学家们认为，如果一个人能够有效地培养上述"五个控制"，那么他的心理状态就会很稳定、很平衡，也就具备了控制自己的能力。

3. 积极有效的行动能力

生涯目标不能仅仅停留在脑子里和纸面上。通过前面的学习，了解到人的生涯是由不同的发展阶段连接而成的，每个阶段都有相应的发展任务需要完成，一个阶段的发展任务完成得怎么样，会影响到下一个阶段的生涯发展。而这些发展任务是否能够很好地完成，主要依赖于人们是不是采取了积极有效的行动。例如，在生涯探索期，有的学生会主动寻找机会进行探索和了解，而有的学生只是消极等待教师或其他人的安排。这样，根据探索的程度和成果，积极主动的学生显然会优于消极等待的学生。所以，要注意培养自己积极有效的行动能力，绝不能做"语言的巨人，行动的矮子"。

4. 灵活机动的调整策略

管理自己的生涯，实现生涯目标，需要的不仅是"坚"，还有"韧"，也就是一种弹性和灵活性。面对生涯发展过程中遇到的机遇，要能够采取灵活机动的调整策略，及时抓住机遇。机遇往往是稍纵即逝的。如果遇到阻力或障碍，也不能被动地对抗，而要主动地规避，化险为夷，创造机会。也就是说，不仅需要"苦干"，还需要"巧干"，才能更有效地管理好自己的生涯，减少不必要的损耗。

5. 积极面对挫折

怎样对待"挫折"是生涯管理中一个很重要的问题。人人都想平平安安、顺顺利利地度过一生。这只是美好的愿望。人的一生总会碰上大大小小、方方面面的挫折。

奥斯特洛夫斯基说："人的生命似洪水在奔腾，不遇到岛屿和暗礁，难以激起美丽的浪花。"没有经历过挫折的人生不是完整的人生。面对挫折，需要的是乐观和勇气。其实挫折一点也不可怕，可怕的是受挫后自暴自弃、一蹶不振。遇到挫折后，应该从中发现失败的原因，找出不足，吸取经验，不低头，不丧气，用勇气去战胜它。

6．学会不断学习

一个人必须具备学习、学习、再学习的意识，并且付诸具体行动。学习，不等于要"样样通"，而要根据自己的特长和兴趣，做到术业有专攻，能够在合适的岗位上依靠自己的一技之长取得成就，为社会作出贡献。另外，培养自己的学习能力也很重要。学习能力是指能够进行学习的各种能力和潜力的总和。学习能力是获得和运用知识的能力，它是感知、认知、自控、理解、记忆、操作等诸多能力的综合体现。提高学习能力可以对自我认识、自我反省、自我调节等自我意识方面进行进一步探索与掌控。提高学习能力的本质是学会思考。学习能力的培养是个人取得成功的关键因素。

在社会上有很多人成功地管理了自己的生涯，他们是以一种对自己高度负责的责任感、积极主动的态度，以及面对机遇、困难和阻力的灵活性来管理自己的生涯发展过程。

（三）生涯管理模型

在社会学中，模型就是现实的照片或代表形式。模型包括一系列以某种具体方式相互关联的变量，能使人们更好地理解世界的某些方面。生涯管理模型描述人们应当怎样管理他们的职业生涯。这并不是说每个人都只能照搬这个模型来管理自己的职业生涯。职业生涯管理模型如图7-6所示。

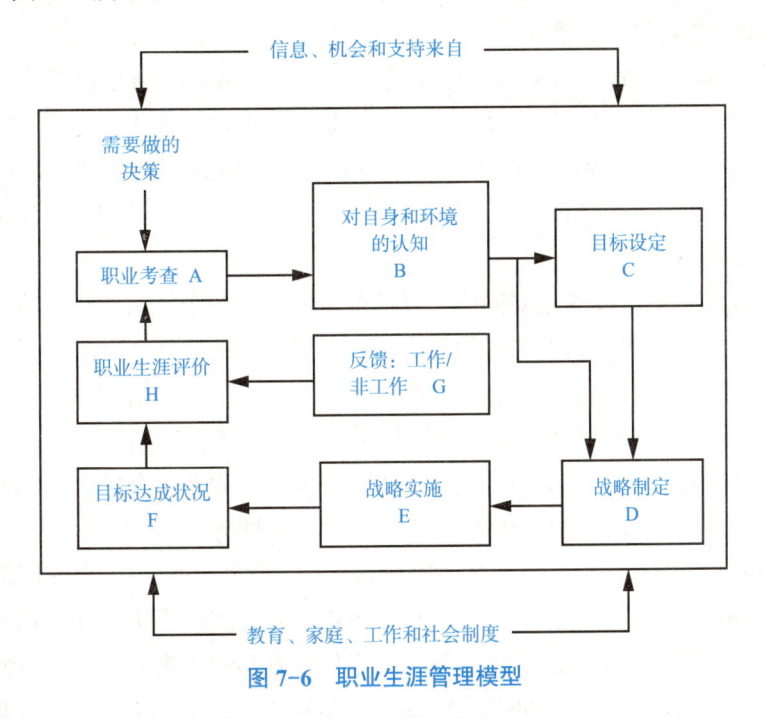

图 7-6　职业生涯管理模型

职业生涯管理的循环是一个解决问题、制订决策的过程。在这一过程中，人们通过收集信息更好地认知自身和周围的环境；然后，通过设定目标、制定发展战略并付诸实施，再获取更多的信息反馈，以便继续职业生涯的管理工作。

按照这种方法对职业生涯进行管理的人不会盲目地生活。认知、目标设定、战略制订和反馈往往依赖于其他人和组织的支持。例如，组织内部及大学所能提供的咨询、业绩的评价、自我评估的讨论会，工作单位提供的培训计划，家人的忠告、爱和各种支持，这些都能为个人进行有效的职业生涯管理作出贡献。

成功地运用这种职业生涯管理模式，取决于个人和组织双方的努力。它包括个人与其现在和未来的组织、同事、朋友及家庭之间的信息交换。个人必须乐于承担任务，这是积极主动地对自己的职业生涯负责。为此，人们需要努力收集整理出适合职业生涯决策所需要的信息。研究表明，有家庭和朋友的支持，人们会感到更安全，并且能更好地在他们的事业发展中取得进步。

组织也应当乐于并且能够与个人共享信息，为个人提供必要的资源，并支持员工个人管理好自己的职业生涯。

（四）生涯管理策略

根据职业发展观，从个人的角度而言，职业生涯发展阶段可分为职业生涯早期阶段、职业生涯中期阶段和职业生涯后期阶段等。在不同的阶段，职员个人生命特征和职业生涯特征不同，其所面临的职业生涯发展的问题也各不同，因此，不同阶段的职业生涯管理策略也存在着明显的差别。

1．职业生涯早期阶段的管理

职业生涯早期阶段是指一个人由学校进入组织，在组织内逐步组织化，并为组织所接纳的过程。这一阶段一般发生在20～30岁，是一个人由学校走向社会，由学生变成职员，由单身生活转向家庭生活的过程。一系列角色和身份的变化必然要经历一个适应过程。在这一阶段，个人的组织化及人与组织的相互接纳是个人和组织共同面临的重要的职业生涯管理任务。

（1）职业生涯早期阶段的主要问题。在职业生涯早期的个人组织化阶段，新职员对组织不是十分了解，与上司、同事之间尚不熟悉，处于相互适应期。由于未能觉察彼此的需要和适应组织的特点，可能会引起某些矛盾和问题。这个阶段常见的问题主要有以下三种：

1）面临现实冲击。现实冲击是指新职员对其工作所怀有的期望与工作实际情况之间的差异所引起的心理冲击。现实冲击通常发生于个人开始职业生涯的最初时期，有的新职员怀有较高工作期望，面对的却是枯燥无味和毫无挑战性的工作现实。

2）难以得到信任和重用。新职员刚刚进入组织，对组织的人员和环境都不了解，组织对新职员也缺乏深入了解，因此，新职员往往很难立即取信于第一任上司。在这种情况下，上司会认为只有等到新职员真正了解公司运作的真实情况之后，才可以使其承担重要的工作。因此，最初交给新职员的工作往往过于容易或很乏味。当然，在新职员进入组织后的最初数周内上司采取这种做法是完全可以理解的。但是，如果数月、一年甚至更长时间内上司都持这种不信任的态度，就会大大压抑新职员的工作积极性和才能的发挥，并将直接影响其未来的职业生涯发展。

3）与组织成员的隔阂。由于年龄与时代的差别，代沟在新老职员之间是不可避免的。

一种情况是,组织中的老职员可能会对新职员持有某种偏见或成见,认为新职员幼稚单纯、好高骛远、书生意气、经验不足、自视清高等。这种成见有其合理的、符合事实的地方,但同时具有很大的片面性。另一种情况是新职员进入组织,会引起上司和老职员的某种不快。上司和老职员觉得新职员是个威胁,因为新职员常常受过更好的教育和有较高的起薪,所以他们不知不觉地总想表明新职员没有什么了不起,于是交给新职员一些十分艰难的任务,以证明新职员并不称职。

上述问题的存在,有时会对组织和个人的职业生涯发展造成严重的消极后果。因此,认识组织化的任务、学习组织化的方法,对处于职业生涯早期阶段的职员具有重要的意义。

(2)职业生涯早期阶段的自我管理策略。应聘者接受雇用并进入组织后,由个体向组织人转化,经历了一个不断发展变化的过程,即个人的组织化。它包括新职员接受并达成组织及其部门所期望的工作态度、规范、价值观和行为模式等个人组织化,组织创造的条件和氛围,使新职员学会在该组织中如何工作,如何与他人相处,如何充当好个人在组织中的角色,接受组织文化,并逐渐融入组织的过程。在职业生涯早期阶段的组织化过程中,新职员和组织都有各自的管理任务,也需要解决一些容易产生的问题。

1)掌握职业技能,学会如何工作。承担职业任务,做好本职工作,是新职员的基本任务和重要责任。对于新职员来说,第一步就是要掌握职业岗位技能,学会如何在组织中开展工作。在这一过程中,新职员要注意三个方面的问题。

①弄清楚岗位职责,明确工作任务。新职员在接受每项具体工作时,要向组织问清楚:个人承担的工作任务、任务的目标和要求、完成任务的期限等。这样可以避免出现新职员常常因不知道该做什么而显得不知所措或工作不积极,也可以避免因工作过于主动而显得越俎代庖的情况出现。

②克服依赖心理,学会自主地开展工作。组织中每个人都有自己的工作,新职员不要指望工作中处处得到上司或老职员的关照与指导,应当学会自主地开展工作。个人明确了所承担的工作任务及要求之后,就应该主动完成工作进度计划,设计好完成工作任务的方法与手段等,并认真实践。

③培养工作兴趣,扩展知识面。兴趣是职员心理、情感上的职业工作的动力和支撑力,一定的文化知识、职业知识和专业知识则是其从事职业活动的基础条件和必要保证。及时熟练地掌握从事某项职业活动所必需的知识,并不断学习,扩展知识面,就获得了适应职业变动的条件与能力,就能够做好工作,达到职业目标,获得成就感。

2)适应组织环境,学会与人相处。新职员进入组织后要想尽快融入组织必然要经历一个适应组织环境的过程,这也是新职员进入工作、做好工作、获得发展的必要条件。在适应组织环境的过程中,需要注意两个方面的问题。

①要尊重上司,学会与上司融洽相处。领导者的素质、能力、性格、个人品质差别很大。新职员面对的无论是何种类型的上司,都要善于接受,尽量与其融洽相处。在处理与上司的关系时,新职员必须把握好附属性和独立性之间的关系。要有虚心好学的态度,遇

到困难或问题，多向上司学习和请教，这就是附属性。同时，新职员还要有独立性，即发挥自己的能动作用，主动解决工作中遇到的问题，以展示出自己的实力和对上司工作的支持。

②寻找个人在组织中的位置，建立心理认同。新职员进入组织后，恰当的心理定位对争取上司的认可和同事群体的接受具有重要的作用。如果新职员被分配到一个工作团队，并明确承担本团队的任务，那么就必须学会使自己的需要和才干与该团队的要求相配合，学会与团队成员和睦相处、团结协作。

3）培养决策能力，学会如何选择。自我职业决策能力是一种重要的职业能力。决策能力的大小、决策正确与否，往往影响整个职业生涯发展乃至一生。在个人的职业生涯发展过程中，特别是职业发展的转折关头，如首次择业、选定职业锚、重新择业等，具有较强的职业决策能力十分重要。

自我职业决策能力是指个人习得的用以顺利完成职业选择活动所需要的知识、技能及个性心理品质。具体地讲，要培养和提高个人以下几个方面的职业决策能力：善于收集相关的职业资料和个人资料，并对这些资料进行正确的分析与评价；制订职业决策计划与目标，独立承担和完成个人职业决策任务；在实际决策过程中，不是犹豫不决、不知所措、优柔寡断，而是有主见，能适时地、果断地作出正确决策；能有效地实施职业决策，克服计划实施过程中的种种困难。

2．职业生涯中期阶段的管理

个人职业生涯在经过了职业生涯早期阶段，完成了职员与组织的相互接纳后，必然步入职业生涯中期阶段。职业生涯中期阶段的开始有两种表现形态：一是获得晋升，进入更高一层的管理或技术职位；二是薪资福利增加，在选定的职业岗位上成为稳定的贡献者。职业生涯中期阶段是一个时间周期长（年龄跨度一般是25～50岁，长达20多年），富于变化，既有可能获得职业生涯成功（甚至达到顶峰），又有可能出现职业生涯危机的职业生涯阶段。职业生涯中期阶段作为人生最漫长、最重要的时期，人们在此阶段面临着特定的问题与管理任务。

（1）职业生涯中期阶段的主要问题。职业生涯中期阶段，正值复杂人生的关键时期。由于个人三个生命周期的交叉运行，以及个人特征的急剧变化，某些职员职业问题不断出现，形成了所谓的"职业生涯中期危机"。这些危机主要表现在以下三个大的方面：

1）缺乏明确的组织认同和个人职业认同。一个人工作了十余年后，却发现还没找到自己的职业锚，尚没有明确的专长和贡献区，工作绩效平平。这种情况常发生在一些流水线上的工人、一般职员，甚至某些中层管理人员身上。他们往往陷入既没有可清晰认同的工作，不被组织赏识，也没有显赫地位，不为人所知的默默无闻的境地。如果一个人在其职业范围内出现了这种问题，处于这种情境，往往会出现两种结果：一是放弃工作参与，转向更多地关注工作之外的自我发展和自己的家庭；二是对工作本身失去"反应"。其积极性、兴奋点、注意力已不在工作上，而是放在了组织的福利奖酬，如报酬、津贴、安全、工作条件上。

2）现实与职业理想不一致。许多人在职业中期阶段陷入一种自我矛盾之中，因为其现实的职业发展同其早期的职业目标、职业理想不一致。这种不一致一般有两种情况：虽然从事自己理想中的职业，然而并未取得所期待的成就；自己的职业锚完全不同于最初的设想，现实的职位比最初设想的低，或与早期的职业设想、抱负相比，更需要职业以外的其他东西。

3）职业工作发生急剧转折或下滑。在职业生涯中期，特别是人到中年以后，每个人都不可避免地要承担生命周期运行的繁重任务，发生中年期的各种生理和心理变化；不少人还面临工作不顺心、无成就感、现实与理想矛盾的情境。如果不能正确地对待和处理这些复杂的情况与变化，必然会发生职业工作的急剧转折与滑坡。常见的情况如下：工作对他们来讲不再富有挑战性，也就不能再使他们感到兴奋，他们反而感到落入组织或职业陷阱；对工作不再有进取心，平淡应付，得过且过，没有生气和活力，消沉抑郁；如果经济收入不减少，其他条件也允许，个人会突然地、戏剧性地转换职业；"战略"发生转移，由原来以事业和工作为重心，转向以家庭和个性发展为重心，能量指向个人业余爱好、兴趣、人际关系等方面。

（2）职业生涯中期阶段管理策略。职业生涯中期，各种问题和矛盾集中，如果处置不当，职业生涯发展会发生大的转折，乃至出现急剧下滑，对组织进步和个人的全面发展都十分不利。这一时期，个人要克服职业生涯中期所发生的职业困难，应付人到中年时面临的生命周期的变化，同时，还需要担负起该阶段个人职业生涯的特定管理与开发任务，承担新的职业角色。

1）保持积极进取的精神和乐观的心态。有信心和把握获得晋升及发展的人劲头十足，有充分的潜力进步，将来或进入高层领导职位，或成为职业中的稳定贡献者，薪资增加。但是，相当数量的中年职员，由于面临职业生涯中期阶段危机及家庭的各种问题，减弱甚至丧失了原有的工作热情、积极性和进取心，不想也不肯对工作投入太多、参与太多。有的人因为职业发展遇到的困难和问题较多，以至于失望、沉沦，滑向下坡路。后两种情况的出现对个人、家庭和组织都十分不利。此时如果能够正视客观现实，保持积极进取和乐观的心态，积极寻找解决矛盾和问题的新方案，那么，中期阶段的职业危机就可能成为新的机会，还可能有助于实现职业发展的新跨越。

2）面临新的职业与职业角色选择决策。在职业生涯中期阶段，每个人都经历了较长时间的职业工作，也面临着新的职业角色选择：个人需要重新审视自身的生活目标和价值观，以取得一种更稳定的职业和生活结构，摆脱以往的角色模式，选择新的角色；继续留在原来的职位上，使自己的知识和技术更加精深与熟练，成为骨干或专家；进入行政管理领域，成为主管，寻求新的适宜的职业角色；离开原职业工作，从根本上改变职业角色。每个人都需要在某个时间点上作出选择。这一选择受到内、外两个方面因素的影响。内部因素主要是受个人职业锚约束和指导，所积累的经验和智慧会强化其潜在的贡献，影响其角色选择；外部因素主要是组织对个人才干和个人经验的价值的判别。当组织觉察不到或识别不清楚个人具有成为技术专家或业务主管所需要的才能时，会限制其发展机会，此时个人只能选择其他职业角色。

（3）成为一名良师，担负起言传身教的责任。随着个人职业生涯的发展及职业锚的稳固，自己在工作和发展中的经验日益丰富，这些对于正处在成长中的年轻职员来说，是十分宝贵的。因此，处于职业生涯中期阶段的职员，无论其是否有一种正式的主管角色，都不可避免地要肩负起言传身教的良师责任，给年轻人以监督、教诲和支持。

（4）维护职业工作、家庭生活和自我发展三者之间的均衡。在职业生涯中期阶段，每个人都面临着来自工作、家庭和自我发展三个生命周期的问题及其相互影响、相互制约的矛盾。因此，解决职业生涯中期阶段的问题，正确处理三个生命周期运作之间的关系，求得三者的适当均衡，是处于这一阶段的人们必须完成的重要任务。

要完成这一任务，个人可以从两个方面入手：一是自我重估，包括重估自己的职业锚和贡献区，现实地看待自己的才干、表现和业绩，重新思考自己的成功标准和目标定位等；二是对今后的人生进行重新定位，决定职业工作、家庭生活和自我发展三者的运作模式。以自我重估和再认识的结果为基础和前提，综合考虑各方面的因素，对今后如何参与工作、如何适应家庭生活、如何实现自我发展的活动作出决策，妥善处理工作、家庭和自我发展三者的关系，求得三者之间的适当均衡。

3．职业生涯后期阶段的管理

从年龄上看，处于职业生涯后期阶段的人，一般在50岁至退休年龄之间。由于职业性质及个体特征的不同，个人职业生涯后期阶段开始与结束的时间会有明显的差别。这一阶段，个人职业工作、家庭生活和心理状态都发生了与以前不同的变化，并呈现出某些明显的特征。个人的家庭生活发生很大变化，个人逐渐产生了对家的依赖感，温馨的家庭生活成为职业生涯后期阶段的一大需求，自我意识上升，怀旧心重。

（1）职业生涯后期阶段的主要问题。

1）进取心、竞争力和职业能力明显下降。知识经济时代，科学技术发展迅猛，知识老化和技术更新的速度非常惊人。处在职业生涯后期阶段的职员，由于其体能和精力不可避免地衰退，学习能力及整体职业能力呈下降趋势，其知识、技能明显老化，且已无力更新，职业工作能力和竞争能力逐渐减弱以至丧失。

2）权力、责任和中心地位下降，角色发生明显变化。职业生涯中期正是一个人年富力强、职业发展至顶峰的时期，有的人攀升至中、高层领导岗位，拥有相当大的权力，负有重要责任；一般人，也多是职业工作中的骨干，拥有娴熟的技能和丰富的经验，处于良师角色和工作中心的位置。到职业生涯后期，这一个个夺目的光环会渐渐消失。领导职务往往逐渐被更年轻的人取代，权力与责任随之削弱，核心骨干、中心地位和作用逐步丧失。

（2）职业生涯后期管理策略。根据职业生涯后期阶段的个人身心特征及职业工作的变化情况，处在这一阶段的人要完成职业工作，仍面临着特定的角色转变与心理调适等管理任务。

1）学会接受和发展新角色。处在职业生涯后期阶段的人，要勇敢地面对和坦然接受生理机能衰退及其所导致的竞争力、进取心下降的客观现实，另辟蹊径，寻求适合自己的新职业角色，以发挥个人的专长与优势。在现实工作中充任教练，对新人进行技能培训；或充当参谋、顾问等角色，出谋划策，提供咨询；或从事力所能及的事务性工作等。这些均不失为职业生涯后期阶段的良好角色。

2）学会接受权力、责任和中心地位的下降。首先，要从思想上认识和接受"长江后浪推前浪"这一必然规律，心悦诚服地认可个人职业、工作权力、责任的减小，以及中心地位的下降，以获得心理上的平衡。其次，将思想重心和生活重心逐渐从工作转移到个人活动和家庭生活方面，善于在业余爱好、家庭、社交、社区活动和非正式工作等方面寻找新的满足感。可以通过参加钓鱼、养花、收藏、旅游与老同学或老朋友相聚畅谈等活动来充实自己的生活，满足自己的需求。

3）回顾自己的整个职业生涯，做好退休准备。在职业生涯结束之时，一个人应当很好地回忆自己所走过的职业生涯道路。一方面，可以总结和评价自己的职业生命周期，为自己的职业生涯画上完满的句号；另一方面，通过总结自己职业生涯成功的经验和失败的教训，现身说法地对新人进行培训教育。同时，还要做好退休的准备工作，主要是做好个人的退休计划。

二、检验职业决定

在制订职业生涯规划时，由于对自身及外界环境都不十分了解，最初确定的职业生涯目标往往是比较模糊或抽象的，有时甚至是错误的。经过一段时间的工作以后，有意识地回顾自己的行为得失，可以检验自己的职业定位与职业方向是否合适。这样，在实施职业生涯规划的过程中自觉地总结经验和教训，评估职业生涯规划，不仅可以修正对自我的认识，纠正最终职业目标与分阶段职业目标的偏差，保证职业生涯规划的行之有效，还可以极大地增强实现职业目标的信心。

（一）实施反馈

所谓反馈就是沟通双方期望得到一种信息的回流。大学生的职业生涯规划反馈和大学的综合素质自评、互评、班评及综评等评估结果，是最正式的反馈信息。大学生可以从中了解自己的规划目标实现状况，了解哪些能力素质需要提高，并找到差距和改进方向。表 7-4 所示为反馈的方式、内容及途径。

表 7-4 反馈的方式、内容及途径

方式	内容	途径
自我反馈	在校期间学习、工作目标是否达到	根据是否顺利毕业、就业反馈
	工作期间的学习、工作计划是否完成	根据定期学习、工作总结反馈
他人反馈	家人对你的学习、工作情况是否满意	根据家庭氛围和睦程度反馈
	朋友、同学对你的计划安排是否支持	根据人际关系和鼓励程度反馈

续表

方式	内容	途径
岗位反馈	上级对你的贡献是否肯定	根据配合程度是否提高反馈
	同事对你的工作是否认可	根据对你工作的支持程度反馈
	职位、待遇是否提高	根据得到肯定的程度反馈

大学生的职业生涯规划反馈，也可由大学生在日常学习工作交流中互相提供反馈信息，这种方式非常简单，由教师或同学对自己所存在的缺点或错误提出意见；还可以通过写感谢信、当众表扬或教师当面赞许等方式来传递正面的反馈信息，如大学生在学习上相互帮助，在上课前、寝室卧谈会中交流等以便取长补短，在实训课程结束后马上进行总结等。通过这些日常交流和非正式反馈，大学生可以建立起重要的人际交流渠道，为职业生涯规划的正式评估做好准备。

（二）实施评估

为了确保规划的可行性和有效性，需要随时对职业生涯规划的内容和成效加以评估。在实施的过程中，可能会发现当初规划时未曾想到的问题与执行时的困难。为保证职业生涯规划的效果，在每实施一段时间后，有必要对计划执行的方法和结果进行评估。

1．评估的内容

（1）职业生涯目标评估（决定是否需要重新选择职业）。如果一直无法找到所希望的学习机会和工作，那就需要根据现实情况重新选择职业生涯目标，如果一直无法适应或胜任已设计出的职业生涯目标，在学习工作中得不到应有的发展，导致长期压抑、不愉快，那就需要考虑修正和调整职业生涯目标。

（2）职业生涯路径评估（决定是否需要调整发展方向）。当出现更适合自身发展和职业生涯发展的机会，而原定发展方向缺少发展前景时，就要尝试调整发展方向。

（3）实施策略评估（决定是否需要改变行动策略）。如果在其他地方可以找到一份十分满意的工作，就可以前往该地。如果在已定区和职业选择上实在得不到发展，可以考虑改变行动策略。

（4）其他因素评估（身体、家庭、经济状况及机遇、意外情况的及时评估）。如果家庭需要更多的照顾，可以把更多的精力放在家庭，甚至暂时放下工作。如果身体条件允许，可以放低对自己的职业要求。如果还有其他意外，可能需要调整职业生涯规划。

2．评估的方法

（1）反思法。反思法是指对职业生涯规划实践的回顾，如反思职业生涯规划中计划的学习时间达到了没有，学习上有什么收获，还有哪些问题，方法上有何体会等。

（2）调查法。调查法是指在职业生涯规划每一近期目标实现后，对下一步的主（客）观环境、条件做调查、分析，看条件是否变化，哪些变好，哪些变坏，以及总体如何，以做到心中有数，然后根据变化了的情况，当即修改拟订下一步计划。

（3）对比法。每个人都有自己的方法，所以，在职业生涯规划时应多比、多思、多学，学习他人科学的方法。他人职业生涯规划的分析，往往有助于自己对职业生涯规划进行修改。

（4）求教法。自己应把职业生涯规划主动告于知己、学友，以便获取良好的建议和帮助。自我反思往往十分困难，但他人能从旁观者的角度清楚地看到人们的弱点。虚心、主动、积极、经常地征求人们对规划的看法及修改意见，往往会受益匪浅。

（5）评价法。评价法具体包括定性评价法和定量评价法。大学生可以综合运用定性和定量两种方法，对生涯规划做科学的评估。同时，大学生可以采用自我评价和他人评价相结合的360°评估方法，以保证评估结果的客观和全面。

3. 评估需要注意的问题

评估可以参照各类短期、中期预定目标和实际结果比照而行。一般来说，任何形式的评估都可以归结为自我素质和行为对现实环境的适应性判断，分析自己当前的状态，特别是针对变化的环境，找出偏差所在，并作出修正。

（1）抓住最重要的内容。在职业生涯的某一阶段，总有一个最重要的核心目标，其他目标都是指向这个核心目标的。人们完全可以通过优先排序，重点评估可能达到这个核心目标的主要策略执行的效果。

（2）分离出最新的需求。针对变化了的内外环境，人们要善于发掘最新的趋势和影响；对于新的变化和需求，明确怎样的策略是最有效且最有新意的。

（3）找到突破方向。有时，在某一点上取得突破性的进展将对整个局面产生意想不到的改变。想一想，先前职业生涯规划中的策略方案，哪一条对于目标的达成具有突破性的影响？达到了吗？为什么没达到？如何寻求新的突破？

（4）关注弱点。管理学中有个著名的"木桶理论"，即一只沿口不齐的木桶能装多少水，不是取决于最长的那块木板，而是取决于最短的那块。反馈评估的过程中当然要肯定自己取得的成绩与长处，但更重要的是切合变化的环境，发现自己的素质与策略的"短木板"，然后想办法修正，或把这块"短木板"换掉，或扬长补短。一般来说，"短木板"可能存在于观念差距、知识差距、能力差距、心理素质差距等方面。

（三）实施调整

职业生涯发展的过程中会出现这样或那样的问题，如与社会发展发生冲突、与职业发展发生冲突、与个人兴趣爱好发生冲突……职业生涯规划本身就要在发展中不断调整。根据实施结果的情况及变化，需要进行及时的调整与修正。

1. 调整的依据

当职业生涯不能顺利实施，特别是在学习工作中认识到有以下问题出现时，个人需要及时调整自己的职业生涯规划。

（1）怀疑自己不合格。排除身心疾病造成的痛苦，如果在工作学习中感到痛苦，通常是因为自己表现不佳又不愿意正视问题。因此，当感到痛苦时，应该扪心自问："自己到底做得如何？"不妨请老师对自己的表现进行评定，以确定是否符合要求；也可以请教他人，为自己做一个非正式的评估。

（2）学习或工作过于轻松。如果自己不费力气都能轻松学习工作，这表明自己的能力已远远超越了现阶段的任务和要求。这时可以问自己几个问题："我还能在哪些方面做得更多或学得更好？""我可以进一步发展自己的技能吗？"

（3）与教师或领导不合拍。测试自己与教师或领导是否合拍，有一种较好的方法：在教师或领导身边时，是自在放松还是紧张不安？教师和领导的教导是否能听得懂？是否真正理解要表达人的意图？双方看待问题的观点和解决问题的出发点是否一致？

（4）与同学或同事不合拍。可以问问自己：自己与同学或同事交往时，是否觉得格格不入？是否对能引起同学或同事兴趣的话题感到乏味和无聊？如果是，那你可能处于一个无法展现自己的环境。

2．调整的内容

（1）职业选择调整——从职业认知开始重新进行。经过一段时间的自我成长，或外部环境发生重大变化后，如果之前的职业选择与现在的实际情况差距太大，可以重新进行一次职业选择。

（2）职业路线调整——选择其他职业发展路线。当先前设定的职业路线由于外部环境因素的限制难以通行时，就可以尝试通过其他路线达到实现职业目标的目的。

（3）职业目标调整——重新做一次生涯规划。职业目标是指在生涯决策时选择的职业，在计划的时间内没有达到预期的目标而采取措施来继续坚持，或是换一个新的职业。

（4）行动计划调整——对首选目标的行动计划进行调整。行动计划调整是指为了实现职业目标所采取的行动计划与策略。如果在特定的时期发现无法达到预期的目标，就该采取其他的行动计划和策略。

3．调整的方法

调整的方法从主观和客观的角度概括起来主要有以下4个方面：重新剖析自我条件（我喜欢干什么？能干好什么？）；重新评估生涯机会（我可以干什么？）；修正职业生涯目标（我为什么干？）；修订落实生涯规划（我应该怎么干？）。

通过反馈评估和修正，应该达到以下目的：对自己的强项充满自信，知道自己的强项是什么；对自己的发展机会有一个清晰的了解，知道自己什么地方还有待改进；找出关键的有待改进之处；为这些有待改进之处制订详细的行为改变计划；以合适的方式答复给予反馈的人并表示感谢；实施行动计划，确保能取得显著的进步和职业成就。

总之，职业生涯规划是一个持续动态的过程。有效的职业生涯规划需要不断地反省、修正职业生涯目标，反省策略方案是否恰当、是否适应环境的改变，同时，可以作为下一轮规划的参考依据。

大学生在毕业前夕，根据求职过程和自身条件的检验，根据新的招聘信息和供需实际，可以对自身的行动计划作出调整。例如，职业目标是进入某企业从事汽车修理工作，可以选择与职业目标相关的另一家企业就职，继续从事汽车修理工作；也可以应聘中意企业的汽车销售岗位，进入该企业后，在职业发展中寻找合适的时机转岗进入汽车修理岗位。

4．影响调整的因素

（1）环境因素。环境因素包括社会环境、政治环境、经济环境、科技环境、自然环境、法律环境等。从宏观层面认识到职业生涯发展的局限和可能，个人只能适应而不可改变。

（2）组织因素。组织因素包括组织规模、组织结构、组织文化、组织发展状况、人力资源规划、人力资源管理系统类型、晋升政策、人际关系等一切与职业生涯发展有关的组织因素。改变组织因素非常困难，但个人可以选择到最适合自己发展的组织中工作。

（3）个人因素。个人因素包括年龄、性别、学历、工作经历、家庭背景、人格等。个人一方面要正确认识自己；另一方面要不断完善自己。

组织和个人只能适应环境因素，正确认识和分析组织因素、个人因素，寻求个人发展和组织发展的最佳匹配。

（四）备选方案的制订

生涯规划中的问题和决策是大多数人在现实生活中所面临的最复杂的事情。备选方案的制订就是一项看似简单但实际上非常容易出现错误的决策。

当根据自身的内部条件和外部环境的客观变化进行评估调整，就已经在"内心真实驱动"与"社会现实选择"之间作出了适合自己的决策，找到了自己事业有成的领域。那么，在备选方案中就不应该轻易地改变该领域，如改变行业、改变职业。当需要重新作出职业选择时，首先应当思考的是换职业还是换一家企业。

制订备选方案，通常要衡量以下因素：

（1）环境、时机是否适合自己的设计？
（2）就业过程可能发生什么情况？
（3）职业是否走对方向？
（4）职业是否达到预期的目标？
（5）在工作岗位上是否有所成就？

在制订备选方案时，要弄清楚以下问题：备选的职业目标与首选职业目标相关性如何；自身对备选的职业目标是否有理性和客观的认识；备选的职业目标是否同样是在进行自我认知和职业认知的基础上，制订出的利于自身职业生涯发展的决策。

职业生涯规划与其说是一种技术，不如说是一种主动把握自己命运的人生态度。完成职业生涯规划档案，不是职业生涯规划的终点，而是行动的起点，因为职业生涯规划与管理是持续一生的事情。

职业生涯规划不是一纸空文，它特别强调实践，能促使大学生主动走出"象牙塔"，回归到生活、企业、社会中学习体验，以更好地适应社会发展与就业市场的要求。

> **课堂实训**

职业生涯规划书撰写

职业生涯规划书是职业规划的外在表现形式，一份有效的职业规划书也是职业生涯规划的起步。一份完整的职业生涯规划应该包括自我评估、职业环境分析、职业目标定位、实施策略与措施、评估调整五个步骤。大学生职业生涯规划书的基本内容如下。

（一）自我评估

自我分析是大学生对自己慎重和正确的评估过程，是认识自己的一个重要方面，也是选择职业的重要前提。职业生涯规划中普遍存在的问题是自我分析的途径单一。自我分析主要包括以下两个方面：

（1）主观分析。主观分析实际就是撰写人对自己的评价，每个人都是最了解自己的，自己对自己的正确评价决定了未来择业的方向。

（2）客观分析。客观分析主要通过他人对撰写人的评价以及使用职业测试工具来认识自己，他人评价最常见的就是360°评价。职业测试工具主要有霍兰德职业兴趣测试和MBTI测试等。

（二）职业环境分析

所谓"知己知彼，百战不殆"，认识了自己还要充分分析自身所处的环境。职业人所处的环境是纷繁复杂的。环境主要是指对职业选择、职业价值观、职业认知有影响的方面，主要包括家庭环境分析、学校环境分析、地区环境分析、行业环境分析等。

（三）职业目标定位

根据自己的主、客观分析，结合环境分析，通过霍兰德的人职匹配理论，可以设定自己的职业目标。可以再次使用SWOT决策分析法，重点分析自己在所定目标前所具备的优势、存在的劣势、潜在的机遇、面临的挑战，从而为自己确定目标、实施目标并找到差距，不断努力和弥补。目标定位中一个重要的部分就是要对各个职业路径中的具体岗位进行任职要求分析，从而明晰各个任职岗位的要求，为后来的计划实施奠定基础。

（四）实施策略与措施

目标确定之后可以开始计划实施，计划实施包括目标分解和计划实施两部分。通过调研、分析，将总目标进行分解，找到合适的职业路径；将目标实施步骤分为短期目标、中期目标和长期目标，每个目标岗位间都存在递进的关系，前面的目标岗位是后面目标岗位的基础，后面的目标岗位是前面目标岗位的提升。

（五）评估调整

任何计划都有不确定性，既然是计划那就有可能在实施的过程中受到各种因素的影响而失败，一份完整的生涯规划书还包括计划评估和调整，内容主要包括评估时间间隔、评估方法、备选职业等方面。

🔊 职业生涯规划书案例

一、基本信息

姓名：	性别：	年龄：	籍贯：
所在院校：		班级专业：	
我的职业目标：			

二、全面探索自我

(一) 职业兴趣探索
1. 个人兴趣介绍 2. 职业兴趣类型及类型分析 3. 总结自己的兴趣代码和对应的典型职业
(二) 职业性格探索
1. 性格介绍 2. 职业性格类型及类型分析 3. 总结自己的性格代码和对应的典型职业
(三) 职业价值观探索
1. 我最重要的五项价值观及它们的含义 2. 价值观排序
(四) 技能探索
1. 举实例描述生活中令我有成就感的3个事件，并一一分析使用了哪些技能，找出事件中重复出现的技能，然后将这些技能按优先次序排列
事件1： 事件2： 事件3：
2. 我拥有的技能： 目前，已经具备的职场发展通用的、必备的技能： 目前，职场需要但尚未具备或熟练程度不足的技能：
提升这些技能的途径、方式：
(五) 全面探索自我小结
1. 在职业中最想得到的（最看重的）东西： 2. 既喜欢又有能力做的职业： 3. 喜欢但目前没有足够的能力做的职业： 4. 不喜欢但有能力做的职业： 5. 如果暂时没有找到自己感兴趣或擅长做的事，通过以下方式主动创造机会去挖掘自身潜能：
初步确定职业目标：
原因：

三、职业世界探索

（一）社会环境分析

项目	内容	对我的影响
国际环境		
社会变迁		
人事/劳动政策		
社会价值观		
法律、法规		
经济发展		
科技发展		
总结		

（二）学校环境分析

项目	内容	对我的影响
专业培养目标		
主要就业岗位		
职业资格证书		
专业特色/优势		
本专业学长发展情况		
学好专业的方法及资源		
与之相关的专业		
学校里的重要他人		
总结		

（三）家庭环境分析

项目	内容	对我的影响
家庭结构		
教养方式		
家庭资源		
职业状况		
文化水平		
经济水平		
家庭中的重要他人		
总结		

续表

(四) 地域环境分析

项目	内容
产业集群分布及特点	
影响我选择地域的因素	
对我来说该地域可用的资源	
我最看重地域的哪些方面	
总结	

(五) 行业探索

项目	内容
行业名称	
行业针对生活和社会的作用	
行业现状和发展趋势	
行业的细分领域	
国内外最著名的业内公司及介绍	
行业的人力资源需求状况及趋势	
从事行业需要具有的通用素质和从业资格证书	
有哪些名人做过或在做这个行业	
行业的著名公司老总或人力资源总监的介绍和言论	
职业访谈，一般职员、部门职员的一天	
职位对大学生的能力要求	
总结	

(六) 职业探索

项目	内容
职业描述	
职业要求的个人资历、技能和能力	
职业所需要的教育、培训和经验	
职业的核心工作内容	
工作地点	
工作环境	
职业的典型一天	
薪资待遇及潜在收入空间	
个人满意度	
职业标杆人物和职业发展前景	
总结	

续表

(七) 企业探索	
项目	内容
薪资水平及福利待遇	
企业历史及背景	
核心产品和技术	
工作内容	
文化差异	
行业内排名	
培训及晋升制度	
领导风格	
工作环境	
职业诚信度	
总结	

(八) 岗位探索	
岗位描述	
岗位名称	
岗位职责	
岗位胜任素质	
过来人的看法	
岗位要求	
不同行业对这个岗位的理解	
不同类型企业及企业所处发展阶段对这个岗位的理解	
不同领导和上司对这个岗位的理解和要求	
岗位晋升通路	
和这个岗位相关的岗位	
这个岗位的职业发展通路	
个人与岗位的差距	
我与目标岗位的差距	
总结	

(九) 职业世界探索小结

四、职业定位

（一）SWOT 分析

SWOT 分析及战略		优势（S）	劣势（W）
		1.	1.
		2.	2.
		3.	3.
机会（O）	1. 2. 3.	SO 战略 1. 2. 3.	WO 战略 1. 2. 3.
威胁（T）	1. 2. 3.	ST 战略 1. 2. 3.	WT 战略 1. 2. 3.

（二）确定职业目标

（三）确定职业发展路径

实现该目标的职业路径（包括各阶段分目标、时间界限）：

（四）结论

五、计划实施

（一）短期计划

该素质在职业中的重要程度							
目前我具备该素质的程度							
大学期间达成该目标所需素质的排序							
目标职业所需素质细分							
达成该目标的途径细分	课程选择	书籍涉猎	第二课堂	学生社团	参加竞赛	社会实践	其他
达成该目标的实施计划	1. 2. 3.						
请针对不同职业素质要求认真填写。因篇幅所限，其他目标匹配表可参照上表另附							

续表

（二）中期计划

时期	总目标	子目标	实施计划

（三）长期计划

时期	总目标	子目标	实施计划

六、评估调整

调整时段	评估调整内容	调整理由
第一学期		
第二学期		
第三学期		
第四学期		
第五学期		
第六学期		
毕业后		

七、备选方案

备选职业目标：
备选职业路径：
备选实施计划：

思政园地

深入学习贯彻新时代中国特色社会主义思想

习近平总书记指出，要深入学习马克思主义基本理论，学懂、弄通、做实新时代中国特色社会主义思想，掌握贯穿其中的辩证唯物主义的世界观和方法论，提高战略思维、历史思维、辩证思维、创新思维、法治思维、底线思维能力，善于从纷繁复杂的矛盾中把握规律，不断积累经验、增长才干。他多次强调要善于运用"系统思维"，坚持"系统观念"。思维方法是人们为达到一定思维目标而采取的措施和手段，是思维能力的具体体现。战略思维方法指的是善于从长远和全局角度把握事物发展总体趋势与发展方向的方法。提高战略思维能力，要求人们必须站在时代前沿和战略全局的高度观察、思考和处理问题，在统筹全局中推进各项工作发展。历史思维方法指的是善于开拓历史视野，认清楚历史发展规律、把握历史前进方向、指导现实工作的方法。树立历史眼光，提高历史思维能力，要求人们不断总结历史成败经验，揭示和把握历史规律及其在实践中的应用，在对历史这面镜子的不断审视思考中开展工作、探索前进。辩证思维方法指的是科学运用唯物辩证法分析问题和解决问题的方法，提高辩证思维能力，要求人们必须客观而非主观地、全面而非片面地、发展而非静止地、联系而非孤立地、本质而非浮浅地认识问题、分析问题和解决问题。创新思维方法指的是善于从发展创新角度来分析问题和解决问题的方法，提高创新思维能力，要求人们必须破除因循守旧和思想僵化，在把握事物发展客观规律的基础上实现变革和创新。法治思维方法指的是自觉增强法律意识、提高法律认识、提升法律知识，善于运用法治方式、治国理政的方法。提高法治思维能力，要求人们不断增强法治观念，自觉运用法治思维和法治方式解决问题、化解矛盾和推动工作。底线思维方法指的是科学设定最低目标、做好最坏准备，在准确把握底线的基础上争取最大期望值的方法。提高底线思维能力，要求人们凡事从最坏处着眼、向最好处努力，着力防范和化解重大风险。系统思维方法指的是从整体上把握事物全貌，把事物放到系统中加以研究分析的方法，提高系统思维能力，要求人们必须用整体性观点、全局性观点观察事物及其各个要素、结构。用联系的观点考察一个系统和其他系统的相互联系与作用，处理好系统与要素、整体与部分、全局与局部、系统和环境之间的关系。

学习模块八
就业指导

学习目标

知识目标：
1. 了解求职面试相关的知识。
2. 了解简历制作中常犯的错误。
3. 了解面试中常常出现的问题。
4. 了解面试相关知识。

能力目标：
1. 能够及时、有效地获取就业信息。
2. 能够建立就业信息的收集渠道。
3. 提高信息收集与处理的效率与质量。
4. 学会写求职信和制作简历。
5. 能够掌握面试的礼仪及技巧。

素质目标：
1. 能够冷静、理性地分析择业形势，保持良好的择业心态。
2. 激发学生建设祖国的积极情感。
3. 培养学生的责任心和耐心，未雨绸缪，积极准备。

案例导入

机会是留给有准备的人的

案例1：

小刘是市场营销专业大三的学生。新年伊始，进入大学最后实习阶段的他，与众多学生一样开始寻找工作。在市人才市场新春大型招聘会上，他选择了市内某大型商场品牌家电的销售岗位。为了应聘成功，他利用招聘会前的一周时间，对该品牌的家电产品做了细致的市场调查，从市场份额、产品性能到竞争对手等各方面的情况，他都做了详细了解，并拿出了一份翔实的市场调研报告。最后，他击败众多高学历的竞聘者被录用了。

案例 2：

小孙刚进大学时，看到高年级同学为找工作辛苦奔波的情景，心中便暗暗为自己的未来着急，从大二开始他就有意识地收集求职方面的资料，两年收集的信息已经汇集成厚厚的一大本。对这些信息进行分门别类整理的过程中，他了解到哪些单位是本专业的主要就业单位，哪些地区需要的毕业生较多，主要就业单位对毕业生的素质和能力有哪些要求。

案例思考

通过小刘和小孙的求职经历明白，大学生就业前一定要做好求职信息的收集和整理工作，这样会使求职更加顺利，更容易取得成功，达到事半功倍的效果。

学习单元一　求职信息的收集与整理

思维导图

学习单元一 求职信息的收集与整理

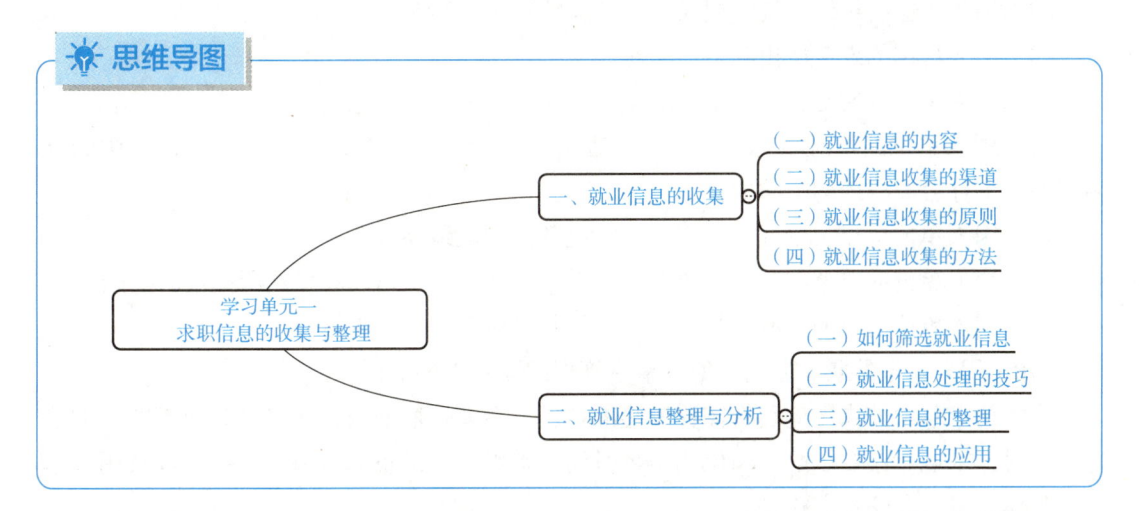

一、就业信息的收集
- （一）就业信息的内容
- （二）就业信息收集的渠道
- （三）就业信息收集的原则
- （四）就业信息收集的方法

二、就业信息整理与分析
- （一）如何筛选就业信息
- （二）就业信息处理的技巧
- （三）就业信息的整理
- （四）就业信息的应用

就业信息对于每位谋求工作的毕业生来说至关重要。择业决策的过程实质上就是一个与择业有关的信息收集、处理和转换的过程。在择业过程中，无论是职业目标的确定、求职计划的设计，还是决策方案的选择，都是以信息的收集和处理为基础的。

一、就业信息的收集

就业信息是指通过各种媒介和手段发布的有关就业的信息与情况。通过对这些信息的加工整理，可以帮助自己最终获取职业岗位。

（一）就业信息的内容

1. 政策性信息

毕业生在求职之前，先要了解国家、地方及学校主管部门对毕业生就业的相关规定，一般包括国家的政治经济情况，国家或地区社会经济的方针政策，有关毕业生的就业政策与劳动人事制度改革的信息，社会各部门、企业需求情况及未来产业、职业发展趋势的信息，以及当年毕业生总的供求形势等。

2. 行业形势信息

在国家的方针政策影响下，不同行业急需大量人才，但是各行业的需求不平衡，也会衍生出热门行业和冷门行业。大学生需要提前了解这种形势下的就业环境，再结合自己的专业特色把握正确的择业方向。

3. 单位和岗位信息

根据用人单位的招聘信息，毕业生要看到岗位背后所要求的专业、学历、知识、技能等一系列的情况。用人单位的信息大概包括以下几个方面：

（1）用人单位的准确全称、性质及隶属关系。
（2）用人单位的经营业务范围、产品或服务内容与类别。
（3）用人单位的组织结构、规模（员工数量）与行政结构。
（4）用人单位的发展历史与最新动态。
（5）用人单位的文化背景、工作环境、单位领导的有关信息。
（6）用人单位的发展目标、实力（包括规模、效益）、远景规划、在整个行业中的排名或在整个社会经济结构中的地位。
（7）用人单位地点、总部及分支机构的业务范围与地理分布。
（8）用人单位的财务状况及绩效考核体系，以及为员工培训和发展所提供的空间。
（9）用人单位需要的专业、具体工作岗位及对所需人才的具体要求。
（10）用人单位的联系方式，如人事主管部门联系人的电话。

岗位信息包含该岗位应聘者需要满足的学历、专业、职业资格、身体状况等要求的信息。同时，求职者还要了解该岗位的报名时间、地点、应准备的材料和证件，以及用人单位的具体负责人和联系方式。

4. 求职能力信息

就业成功依靠的是自身的实力，但是较高的求职能力可以提高求职的成功率。求职能力包括制作求职材料的能力、自我推销的能力。

（二）就业信息收集的渠道

随着时代变化节奏的加快和各种信息传播途径的增多，用人单位需要毕业生的就业信息已通过多种形式、多种层次、多种媒体和多种渠道发布出来。根据目前单位发布人才需求信息的途径和大学毕业生走向社会自主就业的经验，主要通过以下 11 个途径收集就业信息。

1．通过学校就业指导中心收集就业信息

目前，一般院校都有主管毕业生就业工作的学生处、学生科、就业指导办公室或就业指导中心。它们同上级教育人事主管部门、社会各界及用人单位保持广泛而密切的联系，而且经过多年的就业工作协作，已建立和形成了友好而稳定的关系。就业指导中心收集用人单位需求毕业生的就业信息量大，准确及时，成功率高，这是收集毕业生就业信息的主要渠道。

2．通过政府就业指导部门收集就业信息

就业指导部门除承担行政事务性工作外，业务重点是为高校毕业生就业供需双方提供信息服务，建设和发展毕业生就业市场，开展毕业生就业指导和培训。

3．通过人才市场收集就业信息

在人才市场上举办的人才交流大会、网上人才招聘会、毕业生就业招聘会、人才交流集市都有用人单位需求毕业生的就业信息。

例如，杭州人才市场兼任毕业生就业市场的服务功能。服务高校相对集中的杭州人才市场每天对外开放服务，保证了"市场天天开，集市日日有"，每逢周四、五、六举办人才交流集市。

4．通过职业介绍中心收集就业信息

职业介绍中心服务内容各有不同，常见的有：举办劳动力市场洽谈会，开展日常职业介绍；提供政策咨询、职业测试和职业指导，定时向社会发布用人和求职信息；统筹管理社会劳动力；开展委托管理档案业务和人事代理业务；组织开展劳动预备制教育、就业培训和转岗就业培训；开展劳务合作、组织劳务输出输入；办理职工招收录用、技术工人交流等。

5．通过就业招聘会收集就业信息

每年寒假前后，各大院校、省教育厅和各市人事局都要举办应届大中专毕业生就业招聘会，这样的招聘会具有层次高、规模大、参加单位多、要求专业广、需求人数多、应聘人员多和选人余地大等优势。应届毕业生应抓住这一时机参会，收集就业信息和选择工作单位。

6．通过互联网收集就业信息

随着我国现代化建设程度的不断提高和电子通信技术的广泛应用，毕业生的就业信息随同人才供需信息也可在互联网中广泛获取。网络信息和网络求职以现代科技手段为依托，是一种非常方便的信息渠道。对于求职者来说，成本低、见效快，可以与用人单位直接建立联系、沟通互动，还可以查阅到大量的国家和地方的就业政策信息。

7．通过新闻媒体收集就业信息

随着我国社会主义市场经济的完善和发展，人们越来越认识到新闻媒体的重要作用，因为新闻媒体具有传递速度快、涉及范围广和信息容量大等特点。随着教育制度、人事制度和就业制度的改革，报纸、电台和电视等新闻媒体，都相继开辟了"就业专版""就业专刊"和"就业热线"等栏目，积极地宣传毕业生就业政策规定、供需信息和服务办法等。坚持收听广播、收看电视和阅读报纸，就可以及时准确地收集到大量的毕业生就业信息。

8. 通过自荐求职广告收集就业信息

毕业生在报刊、人才网和就业网上刊登自荐求职广告，说明自己的特长和能力；在人才网和就业网上发求职信，变被动收集信息为主动收集信息，直接设计个人的求职信，充分地、全方位地展示自我，以便用人单位与自己联系；也可与用人单位的人事部门直接联系，使人才供需双方互相了解各自的情况。

9. 通过社会实践活动收集就业信息

毕业生通过各类实习、参观先进企业、参加社会服务等社会实践活动，不仅可以增长自己的社会知识，还可以有意识地了解单位对大学生的需求情况和所需人员的素质要求等。参加社会实践活动了解的就业信息最真实可靠。在社会实践的过程中，要善于观察思考，以主人翁的姿态融入单位，不失时机地展示自己的才华和能力，赢得用人单位的好感与信任，取得职业信息甚至直接谋得职位。

10. 通过用人单位收集就业信息

用人单位每年年底都要根据第二年经济发展的需要，拟订招聘人才和应届毕业生需求计划。应聘择业的毕业生可通过熟人介绍或推荐，也可直接到用人单位人事部门了解有关资料。如果在某家单位求职不成功，可在总结经验教训以后，再到另一家用人单位去应聘求职。

11. 通过社会关系搜集就业信息

一位择业成功的高职生深有体会地说："在走向社会自主择业期间，多一个朋友多一条路，多一条信息多一个机会。"毕业生应充分地建立和利用各种社会关系网寻找就业信息与推荐工作单位。事实上，许多人都是通过家人、朋友、亲戚、同学及其他相识者而找到工作的。这个事实至今不曾改变，在可预期的将来应该也是这样。虽然，随着互联网的发展、人才市场的扩大，已从根本上改变了求职方式，但不可否认的事实是，人际关系仍是当前寻找工作的最有效的方法之一。而且，你谋求的职位越优越，人际关系的重要性就越大。在利用社会关系收集就业信息的过程中，首先要让大家都知道你在找工作；其次是热情、周到且频繁地进行联系，打电话、发短信或电子邮件给推荐人及曾经与你面谈过的人；再次是任何可能的机会，最好是都有人引介（或其他自荐途径，如告对方你是校友）。对大多数求职者来说，亲切的电话总比冷漠的电话容易成功。

（三）就业信息收集的原则

1. 目的明确

在进行就业信息收集的过程中，要明确自己的就业方向，有针对性地收集，不要实行"广撒网广捕捞"的策略，最后反而会因为选择过多而没有头绪。

2．适合准确

收集信息前，首先分析与自身具备的条件是否匹配，只有准确了解用人单位对应聘者的专业、层次的要求，才能有针对性地准备。只要适合自己就好，不要相信"天上掉馅饼"。

3．系统连贯

收集具体的信息后，要持续关注用人单位的情况，根据用人单位政策的更新不断调整，可以根据自己的具体情况，建立属于自己的信息库，根据已有的信息挖掘出新的信息，及时修正。

（四）就业信息收集的方法

1．行业收集法

行业收集法将与求职者有关意向的行业信息全部收集起来。一般围绕行业现状、行业发展前景及该行业领军企业的优势进行整理和筛选，以备使用。

2．兴趣收集法

兴趣收集法是根据求职者自己选定的职业方向和个人的兴趣爱好来收集相关的信息。此时可以考虑跨专业或跨行业择业，并且根据自己的意向，及时查漏补缺，补齐求职者所需要的相关专业性证件。

3．就业地域收集法

就业地域收集法根据求职者对某地域的偏好进行划分，各地区经济、社会发展的不平衡表现在就业方面，就是就业观念的差异。经济发达地区，人们的就业观念比较开放，社会对于各种就业的价值取向比较包容。只要是通过个人努力获得职业成功，无论从事什么样的职业都会得到社会的认可。但是在一些就业观念偏保守的地区，人们对职业区分比较看重，只有那些在行政机关、事业单位、国有企业或其他大型企业等所谓"主流"单位就业才会得到认可。这种保守的就业观念限制了人才潜力的发挥，阻碍了人才的流动，削弱了区域的就业吸引力。

二、就业信息整理与分析

收集到就业信息后，要进行科学处理、去伪存真。求职信息的筛选过程实际上是一个求职决策过程，是择业的关键所在。求职者在广泛收集求职信息的基础上，要结合自己的实际情况，依据国家、地区的政策和法规，对获取的原始信息进行有目的和有针对性的归纳、整理、分析及选择。

（一）如何筛选就业信息

在筛选就业信息时应把握以下原则。

1．把握重点信息

将收集到的所有就业信息进行比较，初步筛选后，把信息进行排序，标明重点信息，给予格外关注。

2. 符合自己

每个求职者的情况不一样，应选择适合自己的信息。

3. 注重信息的时效性

很多单位发布的招聘信息，都有很强的时效性，在规定的时间范围内，如果招聘单位完成了招聘计划，或者与求职者确定了就业协议，那么就业信息就失效了。因此，在严峻的就业形势下，学生要及时确认获取的信息是否已经过期。

4. 注意区域性

确定信息收集范围时，不仅局限于热门的城市，可以适当考虑邻近的城市。

(二) 就业信息处理的技巧

1. 建立个人就业信息管理库

因为毕业生就业信息收集的渠道比较多样，如毕业生不进行有效的信息管理，收集到的信息就会如一团乱麻，让人晕头转向，给自己造成许多麻烦，以致错过许多机会。一些毕业生不想做信息处理的工作，总认为求职的时间太紧张，就业信息抄下来就行了，没有必要再去进行细致的划分；还有一些毕业生则是不会对信息进行处理，做事情本来就缺乏条理性，在处理就业信息时就更杂乱无章。

2. 寻求个人就业信息咨询"智囊团"

毕业生从小到大，一直处在学校环境中，由于缺乏社会经验，在对就业信息进行分析和处理时难免片面，甚至有失偏颇。因此，毕业生在处理信息时可以建立一个自己的就业信息咨询"智囊团"。

"智囊团"可以包括父母、老师、同专业的学长和学姐，以及其他亲属。父母是求职者本人之外最了解求职者的人，可以根据求职者的兴趣爱好、成长经历、家庭环境等，进行全面的把控；老师则是能够从专业和行业的角度，帮助求职者进行信息的分析和筛选；同专业的学长和学姐，比求职者更早进入职场，可以用自己的实际经验帮助求职者进行分析。

3. 辨识就业信息真伪

因为求职信息获取的渠道多样，所以求职者需要仔细辨别筛选。一般来说，真实可靠的招聘信息都是经劳动、人事主管部门核准的，或通过高校就业指导中心向毕业生发布的，或由人才市场电子信息屏及招聘信息橱窗公开发布的，或在正规报刊、广播、电视、网站等媒体上发布的。求职者遇到自己认为很重要的信息，在求职前一定要了解清楚全部情况，通过各种办法去证实它的真实性，以免上当受骗。

🔊 课中讨论

防范就业"陷阱"

1. 分辨出虚假的就业信息

虚假广告、虚假招聘启事，通过"坑蒙拐骗"的各种欺骗手段，使众多求职者既浪费了时间、精力，又损失了金钱，受到精神和经济上的双重打击，求职者一定要擦亮眼睛，看到以下就业信息一定要注意防范：

（1）公交车站、广场等一些公共场合贴的招聘小广告；

（2）门槛低、薪酬高，但是要求求职者必须完成规定业务才能获得报酬；

（3）要求求职者缴纳高额保证金；

（4）不透露公司的具体注册名称，公司的基本资料不完整，找不到具体地址等。

2．就业"陷阱"的形式

（1）以招聘为名骗取钱财：收取报名费、抵押金、服装费等，钱骗到手就人去楼空。

（2）以招聘为名盗取信息：通过身份证原件或复印件，获取身份证号码，以此骗取求职者银行账号、照片等个人隐私信息。

（3）以招聘为名获得廉价劳动力：通过高职、高薪等条件来诱骗求职者免费付出劳动力。

（4）以试用期为名欺骗求职者：利用试用期待遇和正式签订合同待遇的不同，欺骗求职者。

（5）以劳动合同中不明确的信息为依据克扣工资：利用劳动合同中的签约漏洞，来骗求职者劳动。

（6）以"培训"为名骗取培训费：以高收入、高回报的利益，诱惑求职者参与岗前培训，但培训结束仍然不能工作，或安排的工作根本不适合求职者。

3．如何防范招聘陷阱

（1）应该进入信誉度高的专业人才网站应聘。

（2）拒交各种招聘费用。凡是附加了报名费、考试费等条件的招聘信息，一定要高度警惕。

（3）不要随意公开重要信息。求职者在填写网络求职登记表时，不要轻易公开个人的重要信息，尽可能做一些必要的保留，尤其是涉及自己隐私的信息，尽量不要公开，只留电子信箱联系即可。

（4）不要立即回复公司的面试邀请。求职者接收到企业的面试邀请，尤其是需要到外地进行的面试，要详细了解用人单位的情况之后再做回复；可以通过工商部门、学校就业指导中心核实用人单位的真实性。

（5）不要将重要证件轻易上交，尤其是身份证、毕业证等原件。

（6）通过多种途径了解公司背景，尤其是招聘单位的营业执照等相关证件。

（7）签订普通高校毕业生就业协议书或者劳动合同时，一定要注明双方谈妥的福利、保险、食宿条件等。

毕业生与用人企业签合同时要"两确认"：一要确认企业是否经过当地工商部门登记、企业注册的有效期限；二要确认合同中公司的名称是否准确、清楚、完整，不能用缩写、替代或含糊的方式表达，确认劳动合同的内容是否完整有效。

(三) 就业信息的整理

1．就业信息的积累与联系

每一个招聘信息都是相对独立的，我们收集完信息之后，就需要对这些信息传达的内容进行分析；根据收集到的信息，预测当地的就业趋势，使自己对部分行业发展趋势有所察觉，从而使自己在就业过程中有更好的表现；为避免浪费时间，应该确定就业范围。

2．就业信息的比较和筛选

求职者将所有自己感兴趣的就业信息做一个排序，可以分为第一志愿、第二志愿、第三志愿等；从中选取出对于自己来说最重要的信息认真加以分析，能够帮助自己明确求职的重点目标和具体方向。

因此，首先要对自己进行分析：我的核心竞争力是什么？我具备哪些专业理论知识和技术能力？我的兴趣爱好是什么？我的性格特征适合从事哪些职业？这份职业是否可以挖掘和提升我的能力？同时，结合自身条件来考虑自己与该用人单位、该职业是否匹配，比如自己有什么优势，该职位是否符合自己的个性，自己用什么去打动用人单位以取得职位。

(四) 就业信息的应用

1．准确分析就业信息

（1）就业信息一般都有时间限制。在收集就业信息时，求职者应特别注意其中的招聘日期，应该在规定的时间内应聘。一旦看准就要有所行动，该出手时就出手，以便把握良机，找到自己心仪的职业。

（2）专业对口或相近。专业对口或相近往往是用人单位与求职者，尤其是应届毕业生双向选择中的共同标准，这可以使个人更容易发挥专业特长，避免所学专业的浪费。作为一个刚毕业的大学生，首先要让单位接纳自己，这样才能找到一个表现的平台展示自己的实力。同时要学会客观地分析所收集的就业信息，正确对待自己和工作，既要考虑今后自身的发展，也要从实际出发。适合自己的才是最好的。

（3）查漏补缺。在收集求职信息之后，毕业生还可以根据职业信息中对人才的要求来对照自己目前的学业水平及能力，从中发现不足，并查漏补缺，缩小差距，完善自己，弥补自己在知识、技能或综合素质方面的不足。这样，既提高了自己的水平，也顺应了社会的要求，对自己今后所从事的工作会有很大的帮助。在自己获取的就业信息中，有的对自己并无直接用处，但可能对他人有用。遇到这种情况，应主动将这些信息提供给他人，避免信息资源的浪费。这样做可以帮助别人，而被帮助的人也可能给你反馈信息。

2．处理和应用就业信息时应注意的问题

（1）忌盲目从众。盲目从众即缺乏主见，人云亦云，盲目跟风，容易造成应聘扎堆，企业临时提高招聘要求，从而增大竞争性。

（2）忌轻信行为。在求职时认为口口相传的信息就一定可靠，不再仔细验证，会错失机遇。

（3）忌犹豫不定。切勿陷入大量信息中不能自拔，在眼花缭乱的信息面前左思右想，犹犹豫豫，拿不定主意。

（4）忌急于求成。有的毕业生由于缺乏社会经验，真正到了人才市场，就心慌意乱；有的对自己没有信心，怕错失良机，一旦抓住信息，不经深思熟虑，就匆忙做决定；有的不慎重，在没有广泛收集信息时便做决定。

学习单元二　求职材料准备

思维导图

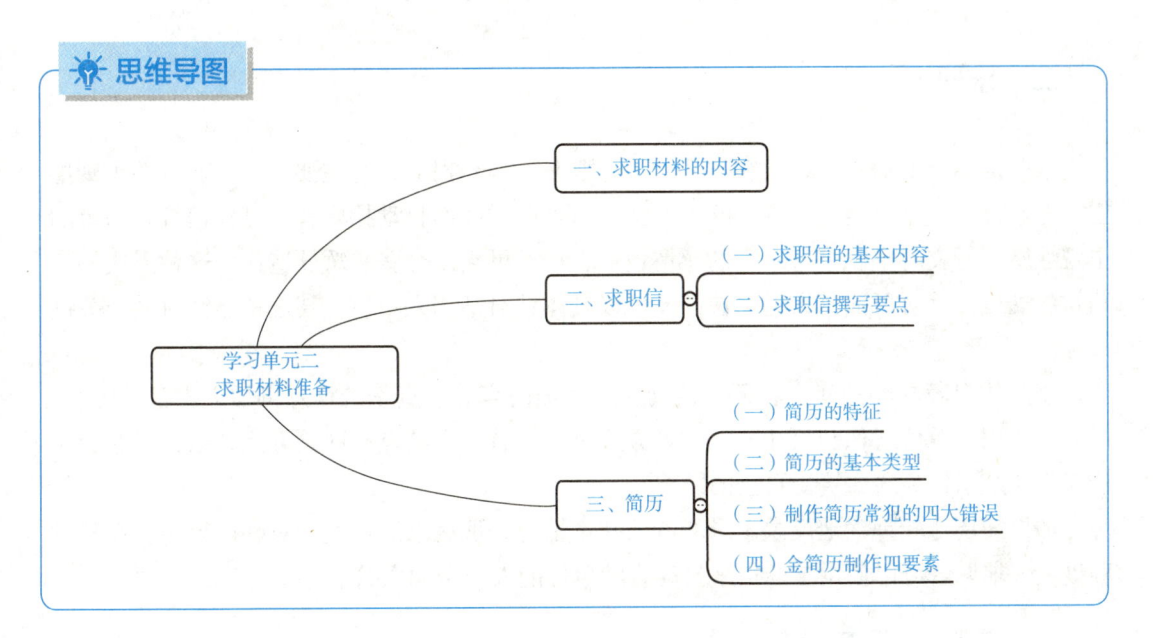

- 学习单元二 求职材料准备
  - 一、求职材料的内容
  - 二、求职信
    - （一）求职信的基本内容
    - （二）求职信撰写要点
  - 三、简历
    - （一）简历的特征
    - （二）简历的基本类型
    - （三）制作简历常犯的四大错误
    - （四）金简历制作四要素

　　求职材料也称作自我推荐材料，是求职者在招聘活动中用于推销自己的书面材料。用人单位在未见其人的情况下，可以根据求职材料来了解求职者的情况、信息，并对求职者的文字表达能力和逻辑思维能力有一定的了解。好的求职材料可以帮助求职者获得用人单位的初步认同，加深用人单位的印象。用人单位可以通过接收到的求职材料，最终选定进入面试的求职者名单。因此，求职材料在招聘活动中有着重要的作用，求职者应该了解求职材料的组成、内容，做好准备工作，为实现充分就业和高质量就业打下基础。

一、求职材料的内容

　　择业前要准备的求职资料包括以下几项：

　　（1）个人简历。简历的设计各不相同，从要求上讲，以简单明了为优。简历的主要内容应包括本人基本情况、主要经历、所学主要课程、个人特长、担任社会工作和取得的各种荣誉、成绩等。表格上方要贴上一张一寸近照。

（2）学校推荐表或推荐信。学校推荐表一般由系里填写推荐意见。因为是组织对你的全面评价，招聘单位一般是比较重视的。

（3）学习成绩单。学习成绩单是毕业生大学期间学习成绩的证明，应由学校教务部门填写、盖章。

（4）各种证书。如毕业证书，学位证书，外语、计算机、会计等级证书，获得的各种荣誉称号证书或奖学金证书及各类竞赛的证书等。

（5）参加社会实践、毕业实习的鉴定材料。

（6）有关科研成果证明，在报刊发表的文章（数量较多的可选有代表性的附上）。

（7）引荐信。如果是教师或亲友介绍你去某个单位，最好带上一封引荐信。

二、求职信

求职信属于书信式自荐材料，又称"应聘书""自荐信"，它主要表述求职者的主观愿望与专业特长。自荐信常以突出的个人特征与求职意向而打动招聘者。自荐信带有一定的主观性质，行文时可以带有一定的感情色彩，切不可无限夸张、矫揉造作。这种形式的自荐材料既可以针对可能用人的单位，又可以具体针对某用人单位，甚至具体针对某个关键人物。

书信式自荐材料的特点在于以情动人，优美的言辞、真挚的情感再加上丰富的内容，可能会让用人单位对你刮目相看。这种方式可能还有一个特点，就是方式亲切，择业者要让对方在亲切祥和之中接受自己的影响。

如果简历比较理性地反映了求职者的基本情况，那么求职信就相对感性得多。在某种程度上，求职者可以使用求职信来打动应聘单位的人力资源主管。

（一）求职信的基本内容

求职信是求职者把自己的信息传送给用人单位的重要途径，一封标准的求职信应当具备以下内容。

1. 个人基本情况

如果应聘者的求职信和简历是同时出现的，那么个人基本情况基本上可以省略。如果希望投递一封单独的求职信，可以在简历基本内容中加以选择，同时注意使用适当的语言把它们连贯起来。

2. 希望得到的职位

用人单位在招聘时，往往同时招聘多个职业岗位的人员，因此，在求职信中必须说明自己想应聘的岗位。为了提高求职的成功率，在讲清楚自己想得到哪一种职位后，还可以表示除某岗位外，愿意接受其他什么工作，以拓宽求职范围，增加成功的概率。

3．个人素质条件

个人素质条件与能胜任的职位是求职信最重要的部分。其写作要诀是让招聘单位感到该求职者具有胜任某种职位的素质。人的素质条件可分为四个方面：一是学历层次和所读的专业、学习的课程、具备的技能及持有的与需求职位相关的证书等；二是个人的性格、能力、特长；三是在相同或相似岗位上工作过、实习过的经历；四是取得的工作业绩，如发明、成果、专利等。

4．个人潜力

个人潜力是求职信中最具个人特色的部分，也是能引起招聘单位注意和好感的部分。在求职信内容大同小异的情况下，要想在众多的求职者中脱颖而出，应主要通过这部分内容来打动招聘方。

个人潜力的内容可独立成段，也可与个人素质条件合并在一起，在说明个人特长、性格和能力的同时，介绍自己特有的潜力。例如，报名市场营销工作的求职者，可以说明自己拥有的潜在客户情况，介绍自己担任过的学生干部及取得的成绩，让招聘方感到其具有一定的管理能力，是可以培养前途的好苗子。又如，说明自己利用业余时间参加了高等自学考试，并获得了哪些科目的合格证书。能让招聘方感到求职者好学上进、有发展潜力，是有实用价值的复合型人才。再如，介绍个人在音乐、绘画、写作、摄影、体育、科技活动等方面的爱好，让招聘单位感到求职者是多才多艺、有文化涵养、有创造力的人。

5．面试的愿望

在求职信的结尾部分，应表示希望能有一个面试机会，并写清楚联系的多种方式：一是详细通信地址，一定要写明邮政编码；二是手机号码；三是电子信箱。写清楚多种联系方式的目的是使招聘单位感到求职者真切的求职愿望，也为对方提供了联系的方便。

（二）求职信撰写要点

1．求职信结构

从内容结构上讲，求职信一般由开头、主体、结尾和落款四部分构成。

（1）开头部分包括称呼和引言。称呼一般不直呼×××同志，而是称呼其职务、职称或官衔。如果对象身份不清，则可用"尊敬的领导"一语代替。引言的作用有两点：一是吸引企业负责人看完材料；二是引导对方进入所设计的主题而不感到突然。开头虽然简单，写好它却不容易。

（2）主体部分是自荐信的重点。一般来说，这部分主要简述学业基本情况、个人综合素质、个人的特长优势，并且申述求职动机和附带说明对未来的设想等。

（3）结尾。结尾要令人难忘，记忆深刻。这部分可以恰当地表达求职者的迫切心情，恰当地恳请用人单位考虑求职者的要求。当然，最后落款部分要写清楚姓名和日期。

2．撰写求职信的注意事项

（1）实事求是，扬长避短。诚实是每个招聘单位都重视的。求职信应该实事求是，扬长避短。在求职信中，对自己的优点应充分展示，但绝不要说大话、假话，不能让人感到

自我吹嘘，最好的办法是用具体的事实和成绩恰如其分地介绍自己，不用华而不实的辞藻。例如，可以说明自己从事过什么工作、担任过什么职务、组织过什么活动、取得过什么业绩，使招聘单位从事实中感受到该求职者有组织管理能力，而不要只写"有很强的组织能力"之类空洞的自我表扬性语句。又如，求职者可以介绍自己利用业余时间进修了什么课程、取得了哪些证书，但不要使用"有远大理想""好学上进"之类的修饰语，要让招聘单位从所列事实中得出结论。

求职信中当然不必写自己的缺点、弱点，但不能用与此缺点相反的优点来欺骗招聘单位。

（2）文字简练，突出重点。求职信要求简洁、准确。简洁是指文字上的不浪费，用尽量少的文字，表达最丰富的内容。准确是指使用词语的恰当和表意的精确。固定的内容要叙述准确，一些提法要符合规范和实际。譬如"大学四年"就是"大学四年"，说"我的前半生"就显得夸大，与事实不符；"省级优秀学生干部"不能随便说成"优秀学生干部"，否则就是漏掉了级别，对择业不利。

求职信还要求重点突出，安排有序。一些项目的具体细节有重有轻，有主有次，如何安排十分讲究。

篇幅过长的求职信容易让招聘单位厌烦；过短的求职信会让招聘单位感到求职者心意不诚。相关专家研究指出，求职信的篇幅以千字左右为宜。突出重点是指对自己的知识、技术、能力、特长、个性、经验有所取舍，主要内容应当写自己从事某岗位工作的条件和潜力，不要写与职位无关的内容。例如，谋求档案管理员岗位，在求职信中就不应表现"活泼好动、性格开朗、能歌善舞"，因为这些特点与档案管理工作的要求相悖，使招聘单位认为求职者不适合这个岗位。

（3）逻辑严密、结构清晰。自荐信包括毕业生的基本情况、学业成绩与知识结构、社会实践与科研成果、获奖情况等，以及对招聘单位的兴趣等内容。每个部分的内容都要结构合理、布局清晰，能给人思路清晰、章法严谨的感觉，因此一定要注意逻辑严密、结构清晰。

（4）针对性强，一信一投。求职信针对某个招聘单位的岗位及其情况而写，比泛泛而写的效果要好。求职信中的内容最好有对该招聘单位和需求岗位的描述，即使这是该单位招聘广告说过的情况，也会使对方产生亲切感。求职信要富有个性才能吸引人。个性的形成主要依赖于材料本身，当然，写作的个性化也是形成个性的重要因素。因此，在撰写求职信的过程中，一定要用自己的语言风格进行表述，切不可模仿他人，照抄照搬。

有的求职者为了省事，打印一份抬头空白的求职信，然后复印多份，再用手写上抬头，招聘单位一看就知道求职者"天女散花""一稿多投"，缺乏求职的诚意。而且，内容空泛、千篇一律的求职信缺乏针对性，在求职信众多的情况下，很难引起招聘单位的兴趣和注意。

（5）语言考究，避免引起反感。求职信有三忌，在撰写求职信时应注意以下几个方面。

①忌抬高身价。如"现有几家公司与我联系聘用问题,所以请贵公司从速答复",这很容易使招聘单位认为求职者心不诚,故意用其他的单位来压本单位。

②忌为对方规定义务。如求职信中说"本人愿应聘贵公司的推销员,盼望得到贵公司的考虑和'尊重'",这里的"尊重"二字,易使对方反感,有"不聘我就是对我不尊重"之嫌。

③忌限定时间。如"本人将赴外地探亲,敬请×月×日前复信或回电为盼"。文字貌似客气,但限定了联系时间,还指定了联系方式,有咄咄逼人、下"最后通牒"的意味,这往往会适得其反。

（6）文字流畅,字迹整洁。招聘单位读求职信,可以说是对应聘者的第一次"考核",形成的第一印象可能成为招聘初期筛选的主要依据。因此,求职信应当做到语言通顺、文字流畅、段落分明,使招聘单位阅读时感觉舒服。

如果求职信字迹潦草、杂乱无章,必然面临被淘汰的结果。字迹清楚、书写整洁则是写好求职信的基本要求。能写一手好字,亲笔书写求职信,正是求职者展示自己文化素养的好机会。心理学认为,笔迹可以反映人的个性、态度甚至能力。通过一个人求职信的书写状况,招聘单位可能对求职者的个性心理特征、做事的风格、为人的态度等方面形成一定印象,作出一些判断。

（7）涉外单位,使用外文。到外资企业、合资企业求职时,最好用中文、外文各写一份求职信。外文求职信的撰写,可以参考有关书籍。如果出现遣词造句的错误甚至拼写错误,会弄巧成拙,影响录用,所以写完之后,最好请专业人士把关。

三、简历

简历是连接企业和大学生的桥梁。简历通常是指大学生针对用人单位的招聘要求和自己的求职意向,精心设计完成的证明自己能胜任工作岗位的高度概括的书面材料。简历中证明能胜任工作的材料有专业技能、获奖经历、社会实践、工作经验、特长、自我评价等。

简历的作用可以概括为：一方面可以作为求职者的"自画像"和"敲门砖"；另一方面可以为用人单位了解求职者、检测求职者与所缺岗位的匹配度。求职者在简历中写明教育状况、工作经验、技能水平、年龄、性别、户籍、求职意向、兴趣特长等基本信息,作为自己的个人说明书,用人单位据此了解员工的个人情况,为员工"画像",并且参照岗位说明书,评估求职者的岗位匹配度,以此决定员工能否进入面试环节。一份优秀的简历会成为大学毕业生成功求职、择业的助推器。

(一) 简历的特征

简历有规范性、规划性、逻辑性、真实性四个特性。

1. 规范性

规范性是指简历属于应用文体，它有要素、语言、内容的规范，应该按照相应规范制作而不能随心所欲地进行处理。

2. 规划性

对于大一、大二的学生来说，提前了解简历的最大好处就是帮助学生规划大学生涯，让学生知道大学要从哪些方面准备，从而以更好的状态面对求职。

3. 逻辑性

简历的内在逻辑性具有重要作用。一方面要条理清晰；另一方面要前后衔接。若条理混乱，前后矛盾点或时间点错乱，会使整个简历的美观度和可信度降低。

4. 真实性

简历必须真实，如果弄虚作假，付出的代价很高，即使侥幸入职，也有可能在入职后被辞退。

（二）简历的基本类型

在不同岗位、不同场合，向不同类型的公司投递简历时，应注意"审时度势"，选择最优的个人简历形式。

1. 完全表格式简历

完全表格式简历是用表格的形式列出自己的基本情况。一般具有内容多、便于阅读的特点。通常用于年轻、缺乏工作经历，但有其他资料（如所学课程、实践活动、兴趣爱好和临时工作经历）的求职者。

2. 半文章式简历

半文章式简历是指使用较多的文字表述展示自己的基本情况。较少使用资料表格，表格的数量和文字表述的长短，可根据候选人应聘的主攻目标和具体情况而定。资历丰富的应聘者也许会发现半文章式简历更有利。

3. 小册子式简历

小册子式简历是一种多页的、半文章式的活页格式简历。其主要优点是提供一种可以表述更多资料的便利工具。

4. 时序式简历

时序式简历是按年月顺序，列出自己的学习、工作经历，展现自己的基本情况。一般从最近的经历开始，由现在到过去分阶段、逐条排列个人信息，这是最普遍的简历类型。

5. 职务式简历

职务式简历是按职务或职能编写，即按个人的职务，包括专业、成就或职业性质等编写。按这一方式编写简历，由于突出介绍了自己曾担任过相同或相似的职务，因而具有较强的针对性。

6. 视频简历

视频简历是指把个人情况和技能水平通过视频的形式录制下来，作为影视资料提供给用人单位。它能更直观地传递候选人的形象及言谈举止，形象地展示了应聘者的才华，拉近候选人与用人单位的距离，给用人单位留下较深刻的印象，给招聘单位进一步分析的机会。视频简历的权威性要比普通简历高，已经有越来越多的大学生应聘时使用视频简历。

（三）制作简历常犯的四大错误

1. 专业技能描述不清

专业技能描述语言不通顺，意义不明确。通常在各个专业的人才培养方案中，用专业的术语来描述本专业的知识、素养、能力结构，可以清晰地说明该专业毕业的学生能做什么、会做什么、能做到什么程度。

2. 特长描述不清

特长是指应聘者特别擅长的技艺或研究领域。描述特长时常常出现以下三个错误：

（1）混淆了计算机的职业通用技能。例如：熟练操作办公自动化软件，这个技能是职业通用技能，不是特长。

（2）与爱好混淆。例如，唱歌、旅游、阅读等是爱好不是特长。特长、爱好、兴趣，从职业发展角度讲，是不同概念。爱好是喜欢，也是能够让生活变得更美好的事物。特长是指特别擅长的专门技艺或研究领域，可以谋生。兴趣是个体对外在事物喜爱程度的内在倾向表达，简单来说就是发自内心的喜欢，莫名的爱，甚至达到痴迷的程度，可以成为职业，更幸运的可以成为终身事业。爱好，可以让人们享受生活。特长，可以使人们的工作锦上添花。

3. 社会实践没有技术含量

名校毕业的学生，往往有更多的实习机会，专业也容易对口。其他学校，尤其高职院校的学生，在社会实践时往往选择去餐饮行业、制造行业、教育培训行业、服务行业的一线岗位，工作技术含量低，填写在简历上并不会显得太出彩。

如果缺少名校的光环、个人及家庭的加持，要学会用数据说话。在实习过程中注意收集数据，有意识地写总结、写汇报，表现自己，争取获得实习单位的好评。如果能提供一份优秀的实习证明，在找工作时会有比较大的加分。另外，在制作简历时，用数据关键词突出自己的业绩，证明自己的实践成果与价值，这会让用人单位眼前一亮。

4. 自我评价缺乏个性

自我评价内容可以反映出求职者的个人特质，包括态度、性格、能力、经历、业绩、价值取向等，如果千篇一律都描述性格，显然不全面。

（四）金简历制作四要素

招聘人员在筛选简历时，会有目的性地寻找关键信息，审核是否适合应聘单位的企业文化、性别、年龄、学历及岗位职责要求等，找出应聘者能胜任工作岗位的关键性"证据"并针对合适的候选人发出面试邀请。因此，求职者要作出有含金量的简历，即金简历，只有这样才能在竞争中胜出。

1. 关于金简历制作的声明

（1）学习制作金简历，是为了让大学生了解全面的简历知识，而不是简单地为写而写。大一、大二的学生可以在简历制作过程中，找到自己的学业规划及目标。

（2）金简历的核心思想是明确简历中的重要内容及其写法，可以利用网络资源，找到合适的简历模板。

（3）网络上简历模板较多，挑选适合的模板之后，需要填写简历内容。在填写时需要注意内容的真实性，突出关键信息，内容要完善，但篇幅不宜过长。

（4）制作简历时，投机取巧、无中生有、移花接木、应付的态度都不可取。

2. 制作金简历的四要素

（1）培养科技元素的特长。简历中填写的特长，最好填写能让求职者的工作锦上添花的工作技能，如主持、文字编辑、微信公众号运营、图片处理与设计、视频拍摄与加工、新闻稿撰写、宣传海报制作、某某软件的应用等。人工智能时代突出一个科技技能很有必要，尤其是某个软件的应用。

描述特长的高频词汇有精通、熟悉、掌握等。

（2）有分布均衡的职业技能。简历中的职业技能包括专业技能、计算机技能、英语技能、驾驶技能、职业资格证书。

1）专业技能。从人才培养方案中找。

2）计算机技能。通常是指办公自动化软件的应用，优先写计算机等级证书。需要注意的是，计算机技能只是职业通用技能，而不是特长。

3）英语技能。优先写四六级证书。若无，可以写高职高专英语 A 级或 B 级，需要根据自己的学校结业成绩写。

4）驾驶技能。严格按照驾驶证的日期描述，如 × 年 × 月获机动车 C1 驾驶证。

5）职业资格证书。人才培养方案中，明确规定了本专业需要的职业资格证书，因此，在学习期间应根据人才培养内容规划学习时间，争取获得相应的证书。

（3）要有数据支撑的社会实践。在社会实践时，尽可能用数据思维去管理每天的工作，这样不仅能储备写简历时的数据，也能培养分析问题、发现问题的思维。这样简历的含金量才能真正提高。注意，简历的含金量，实质就是简历制作者的含金量。

如果社会实践的工作岗位是一线操作工、餐厅服务员、快递员等工作，应注意日常的数据收集和积累，学会分析数据，提出解决问题的对策，为在简历中提炼出数据打下坚实的基础。

简历中描述社会实践如下：

1）写出打工的时间、地点、公司名称、岗位名称。例如，2019 年 7 月 3 日—8 月 23 日，在富士康集团郑州科技园做一线质检工。

2）写出支撑数据。例如，50 天的工作，我平均每天质检手机壳 2 100 个，居小组第二名，受到了主管认可。

这些数据的意义是招聘人员从中可以看到的自我评价的一部分出处，也能感受到你的工作效率和工作态度。其中，各个数据代表的意义如下：50——吃苦耐劳、踏实认真；

2 100——工作效率高；98.6%——能力优势（学习能力、解决问题能力等）；主管认可——通过其他人的正向评价，证明自己能胜任工作。

如果有科研项目、课题研究，也可以用同样的思路，用数据写出在项目中的工作内容和成绩。

（4）有清晰简洁的自我评价。写自我评价的关键是：用最简洁的语言传递出最丰富的信息，核心思想是告诉企业"我能干什么"。

自我评价的写法有两个公式：第一个是自我介绍式；第二个是能力式。

1）自我介绍式的公式：特长＋优势性格＋获奖＋突出业绩＋价值取向。

2）能力式的公式：专业技术能力＋人际交往能力＋学习能力。

学习单元三　面试

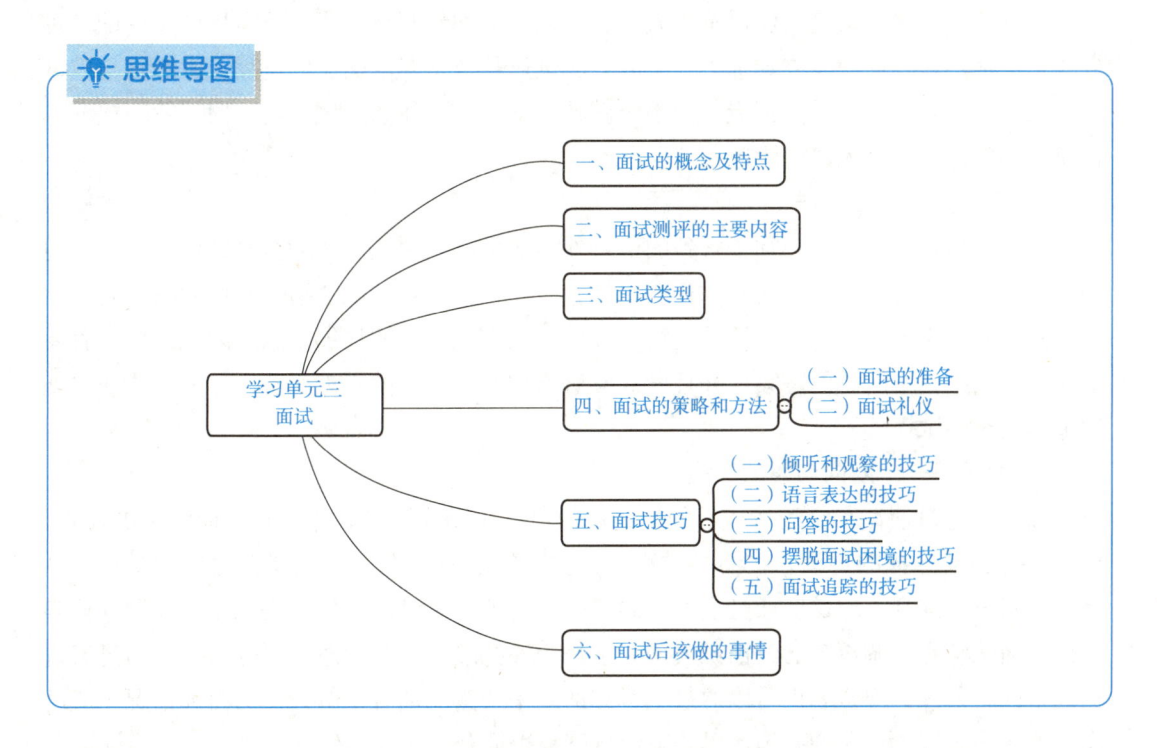

思维导图

学习单元三 面试
- 一、面试的概念及特点
- 二、面试测评的主要内容
- 三、面试类型
- 四、面试的策略和方法
  - （一）面试的准备
  - （二）面试礼仪
- 五、面试技巧
  - （一）倾听和观察的技巧
  - （二）语言表达的技巧
  - （三）问答的技巧
  - （四）摆脱面试困境的技巧
  - （五）面试追踪的技巧
- 六、面试后该做的事情

现代社会，面试成为用人单位甄选合适人选的必备环节。面试是一个互动过程，对于招聘单位来讲，是在阅读了求职者提交的自荐信、个人简历等相关材料的基础上更深入地考察和了解求职者的素质，为录用决策提供依据。由于参加应聘的不会是一个人，所以面试过程也是求职者竞争的过程，这更需要求职者善于突出自己的长处，争取最后的机会。

一、面试的概念及特点

面试是指用人单位为挑选到合适的人选，通过采用多种方法，在特定场景下，通过面对面地观察与交流，测评应试者的综合素质、能力及与本岗位企业文化与岗位的匹配性的一种考察方式，为人员试录用提供重要的依据。

作为用人单位录用考试的重要环节之一，面试与笔试、心理素质测评等考试环节相比，具有以下显著特点。

1. 面试以谈话和交流为主要手段

谈话和交流贯穿面试环节始终。面试时主考官通过提前准备好的题目（一般从应试者自我介绍入手）直接或间接得到想了解的信息。应试者在回答问题时应注意仪态、逻辑、语速等，准确而流畅地回答问题。

2. 面试交流具有直接互动性

面试具有直接互动性。面试是用人单位直接面对面地观察、了解、考核应试者的一种方式。这是其他任何考核方式都不具备的。面试过程也是互动交流的过程，主考官与应试者之间的氛围需要双方共同营造。如果应试者在交流中不注意运用技巧，回答简短或词不达意，难免使交流陷入尴尬境地。

3. 面试内容灵活多样

面试的内容除主考官必须了解到的信息外，还可能因为应试者的回答穿插不同的其他问题，主考官对每个应试者的问题存在差异。例如，主考官可能会结合应试者的自我介绍询问其家庭、学校成绩、社团活动、实习经历、兴趣爱好等的详细信息。因此，应试者要事先准备一些基本问题的答案，并且做好应对突如其来问题的心理准备，尽可能收放自如地灵活应对面试。

4. 面试是一个双向沟通的过程

面试是通过谈话和交流达成目的，面试的过程也是应试者和主考官双向沟通的过程，也是双方相互选择的过程。在面试过程中，主考官通过问题了解应试者的专业知识、性格、与岗位匹配度。应试者通过主考官的态度了解他对自己的偏好及满意度，并据此调整自己的面试状态，调试自己的面试表现。它是一种持续进行的状态，双方都可以通过表现达到目的。另外，应试者也可以通过主考官话语中透露的消息了解公司的内部情况、应聘岗位的工作职责、薪酬待遇等，以此确定自己是否适合公司及岗位。

二、面试测评的主要内容

面试与笔试、性格能力测试等组合成用人单位了解应试者的主要考核方式。各测评方式的侧重点不同，以下内容的测评主要运用面试方式。

1. 形象气质

通过面对面地交流，用人单位可以直观地了解应试者的体型、外表、衣着风格、行为举止、精神面貌，这会形成主考官对应试者的第一印象，有时候甚至成为决定因素。因此，良好的形象气质在应试者中毋庸置疑是一项加分项。

2. 口头表达能力

面试是主考官与应试者之间持续交流的过程沟通能力和口头表达能力，对面试的结果至关重要。职场中许多事情需要合作完成，表达能力的高低有时候比专业知识或技能更重要。

3. 人际交往能力

职场中，是否能融入团队，关系着能否在企业里长远发展。一个人可以走得很快，但一群人可以走得更远。拥有良好的人际交往能力，在面对问题时可以拥有比其他人更充分的内外部资源，工作更加顺畅、更容易开展。

4. 反应能力和灵活性

在持续的面试沟通中，需要主考官和应试者"斗智斗勇"。主考官在面试中占据主导权，可以随时抛出应试者没有心理准备的问题；应试者需要良好的反应能力，灵活回答主考官的问题。主考官可以据此观察应试者的反应能力及灵活性。

5. 求职动机

主考官可以正面或侧面了解应试者应聘该公司、该岗位的原因，据此分析公司的薪酬待遇、工作岗位与应试者的匹配性。

6. 专业能力

通过了解应试者的在校学习成绩、之前的相关工作经验及就某项岗位所需的专业知识进行提问，了解应试者的专业能力，据此作出专业分析。

7. 工作态度

一方面通过应试者的学习成绩了解其在学校里的学习态度；另一方面通过了解其对公司岗位的认识，了解其工作态度。一般情况下，在学校里若无特殊原因，成绩处于中等偏下的应试者，其未来的工作态度也不会很积极。另外，若对公司和工作岗位了解较少，对面试的准备不充分，这类应试者的未来工作态度也值得怀疑。

8. 协调组织能力

通过询问应试者的以往社团活动经验及其他学习经验，侧面了解应试者的协调组织能力，以免挑选的人选在应对纷繁复杂的事务时措手不及。

9. 逻辑能力

应试者在回答问题时，需要条理清晰有逻辑地作答，否则会给主考官留下云里雾里、不知所云的印象。

10. 兴趣爱好

通过询问应试者的兴趣爱好或特长，侧面了解应试者的业余生活习惯，也可以了解其他文艺技能，为以后工作安排做准备。

11. 抗压能力

有些岗位需要员工具有较强的抗压能力，因此可能会有抗压测试，用人单位可通过面试场景、环境、题目、语气、声调等测试应试者的抗压能力。

12. 入职意向

通过面试交谈了解求职者对面试的准备是否充分，对公司的了解情况，以及应试者近期的面试安排，总体衡量应试者的入职意向。若认为应试者意向不高，除非岗位急缺，主考官可能作出拒绝的决定。

三、面试类型

面试的种类很多可以概括为以下几种。

1. 结构化面试

结构化面试又称模拟化面试，是指面试前将问到的内容、答案评分标准及细则等进行了全面且系统的结构化设计的一种面试方式。一般流程是主考官根据岗位要求，明确合适应试者所需的核心特点，确定所需考察的项目和内容，设计题目和相关细节，再针对此设计评分细则，待面试开始后逐一提问，应试者回答后逐一打分，最后汇总得分，按分数高低排序确定拟录用人选。此种方式能更全面、更具针对性地了解应试者的情况，是较为常见的一种面试方式。

2. 情景模拟面试

情景模拟面试又称情景面试或情景性面试，是指用人单位设定一个情景，观察应聘者在情景中是如何作出反应的。一般是根据应聘者应聘的岗位，提出该岗位现实中需要面对的工作环境和问题，让毕业生直接进入工作角色，针对该问题作出分析，提出解决方案和对策，以观察应试者实际解决问题的能力。情景模拟面试方法和主题灵活多样，面试的模拟和逼真性强，把应试者直接带入现实场景，可以全面衡量其素质和能力，根据其表现推测入职后面对问题的处理方式，可以得出更全面、更直观、更准确的评价。在情景模拟面试里，应试者需要消除紧张感，带入情境中，用专业知识全面思考并处理问题，会给主考官留下良好印象。情景模拟面试是目前面试中最流行的面试方式之一。

3. 无领导小组讨论

无领导小组讨论是指由应试者临时组成一个工作小组，讨论并解决用人单位指定题目的一种面试方式。在这种面试形式下，主考官并不指定领导或其他任何角色，主考官交代完题目，将不再直接参与面试，只是作为旁观者观察小组中各位成员的表现，并对各位应试者的表现做好记录，作出评价。待讨论结束后，可能会有主考官让部分成员评价与自我评价，并据此对各个成员作出整体评价。各位应试者需要根据自己的专业、性格特点，选择属于自己的工作组角色分工，有可能会出现多个人共抢一个角色的局面，这种激烈碰撞的时候就需要各位应试者妥善解决，既要兼顾个人出彩表现，又要促使团队目标的完成，两者缺一不可。当然，适时的退让和妥协也可能会给主考官留下好印象。另外，在讨论时也需留意他人的表现，有可能面试官会要求你对特定成员作出评价，如果评价中肯得当，可能会成为此次讨论的加分项。

4．压力式面试

压力式面试是指应聘特定岗位或有特殊需要的公司所采用的，用人单位从面试场景布置、面试问题的设计、面试时的语气、表情等各方面给应试者施压，以此来观察应试者的表现，据此作出评价的面试方式。在进行压力式面试的时候，主考官提出的问题不仅详细，而且刨根问底，无法直接回答，甚至会有意识刺激应试者。此种面试形式主要考察应试者在面对强压力时会作出如何反应，是否抗压，能否适当化解压力等能力，以便找到合适的人选。

5．非引导式面试

非引导式面试又称自由式面试，是指主考官与求职者通过自由式的交谈来考察求职者的面试。主考官与求职者海阔天空、漫无边际地进行交谈，气氛轻松活跃、无拘无束，双方自由发表言论，各抒己见。非引导式面试的目的是通过闲聊来观察求职者的谈吐、举止、知识、能力、气质和风度，对其做全方位的综合素质考察。这种面试方式对主考官的要求较高，同时应试者也需特别留意，否则容易在言谈举止中暴露自己的缺点，展现不出自己的优点。

6．半结构化面试

半结构化面试是指在对面试题目作出部分统一要求，并且在此基础上根据应试者的回答随机提出其他相关的问题。半结构化面试是结构化面试和非引导式面试的结合体，也是目前最普遍的一种面试形式。

7．综合式面试

综合式面试是指考官通过多种方式来考察求职者的综合能力和素质。例如，用外语与求职者对话以观察其外语口语表达能力及应变能力，让应试者根据主题写一篇文章，甚至要求求职者现场在计算机上做表格等均属于综合式面试。

在实际面试过程中，用人单位可能同时采用多种面试方式，综合考察应试者是否与岗位匹配，也有可能在考察应试者综合素质的基础上，再选择就某一方面的问题进行更广泛、更深刻的考察，从而达到选拔优秀求职者的目的。

8．线上面试

线上面试是面试官借助在线交流工具，通过网络视频的方式，对应聘者进行考察的一种面试形式。它是一种新兴的面试形式，主要用于交通不便或无法面对面沟通的情况下。

🔊 课中讨论

自由化面谈的常见问题

1．如果不能竞争到这个职位会有何想法

思路点拨：如果我不能竞争到这个职位，我也不感到遗憾，因为既然是竞争，那么就有人上，也有人不能上，这是非常正常的事，这个我早就有了思想准备。但是如果贵公司能把不能竞争这个职位的情况反馈给我，使我在以后的竞争中做得更好一些，那么我是非常感谢的。

2. 请谈谈你的个性

思路点拨：我的个性可以用二字概括——"忠诚"。我认为忠诚是人的立身之本，尽管忠诚的人有可能在一定的时间内得不到重视，但是能经得住时间和历史的考验。因此，我将永远保持我忠诚的个性特点。

3. 请谈谈学生时代班集体的情况

思路点拨：我大学四年的班集体是一个非常团结和睦的大家庭。同学们都互相关心、互相帮助，相处非常融洽。无论是学习还是搞活动大家都有一种你追我赶的精神，在我的印象中几乎没有一个偷懒的人。尤其是大家相处时都能开诚布公、坦诚相待。在我大学的这几年中，几乎没有发现同学们有过争吵、打架的情况。学生时代再好，终究我们要走上社会，我们班同学相约，毕业后每年搞一次聚会。

4. 你有什么优缺点

思路点拨：这个题目是比较常见的，因此需要特别准备。在回答优点和缺点时，应注意不要偏向于回答缺点而忘记优点，也不要只回答优点而回避缺点。例如，"抖机灵"的"我的缺点就是没有缺点"是回答中的大忌。另外，回答优点一般回答三点比较合适，缺点一般1～2点比较合适。最后，在回答优点时，最好每个优点后都用简短的事例佐证。

5. 你对薪资待遇的要求

思路点拨：作为刚出校门的大学生，第一份工作首要目的是积累工作经验，学习各项技能，公司针对大学生应该会有对应的薪酬等级，我相信公司会根据我的个人能力给予我相应的报酬。当然我相信公司也会有调薪机制，相信通过我自己的努力，通过完成考核内容，提高自己的绩效，未来也能得到薪资待遇上的提升。

6. 你对加班的看法

思路点拨：其实现实中很多公司并不存在加班，问这个问题只是想了解你对加班的态度。

可以这样回答：如果当天工作没有完成，而这个工作又比较紧急，那我会义不容辞留下来加班直至这个工作的完成。但我相信我能合理安排我每天的规划，争取提高工作效率，做到尽量不加班。

7. 你有什么问题要问吗

思路点拨：这个问题看似可有可无，但其实也是面试官提出的一个面试题目。如果应试者提出的问题是基于对工作的了解，水平比较高，那么会给主考官留下好印象，而若问的仅仅是薪酬待遇或一些斤斤计较的小事，这会是一个减分项。应试者可以问公司的培训体系、晋升体系及未来规划等，实在没做好准备可以微笑回答"我的问题在面谈过程中已经得到解答"，给主考官留下较好的印象。

四、面试的策略和方法

发展前景好、待遇高的工作岗位通常是一种稀缺资源，现实中往往有许多求职者共同竞争。如何在同等条件下获得工作机会，是每位毕业生都应该学习的必修课。掌握面试的策略与方法，抓住机会充分展现自己的才能，才会有更大概率的录用机会。但应时刻谨记的是，在整个求职过程中都应该实事求是，与面试官真诚交流，平等沟通，不卑不亢，这样才能给面试官留下比较深刻的印象，在众多的竞争对手中脱颖而出。

（一）面试的准备

面试前的准备对面试的成功至关重要。可以说，面试前充分准备，面试不一定会成功；但面试前不准备，则面试成功的可能性一定会很低。机遇总是给有准备的人。求职者应根据求职岗位的特点，并结合面试单位的态度和要求来进行以下几个方面的准备。

1．信息准备

应试者可以通过网站、报纸、招聘广告、咨询电话、与应聘单位的员工交谈、企业官方微信公众号等方式了解情况，掌握用人单位的性质、规模、经营业绩、发展前景、企业信誉、企业文化、主要产品等情况；掌握用人单位对员工的工作要求、工作职责及给予员工的福利报酬、培训等情况；了解用人单位招聘职位的性质、工作内容、所需知识和技能。如能通过各种途径了解当天对你进行面试官的有关情况、面试的方式，以及面试的时间与流程安排等就更好。这样就能做到心中有数、有备无患、知己知彼。

2．问题准备

面试时的问题准备主要是指提前对面试过程中面试官可能提出的问题做准备。面试过程要求应试者有较强的反应能力，若已经提前准备好面试官问到的问题，会给应聘者减轻压力，适当减轻紧张感。

无论何种面试形式，均会涉及一些普遍性的问题，如自我介绍、自身优缺点等，因此，需要提前准备一些基础性题目。另外，在面试岗位的专业性问题上也需要做部分准备，提前准备这些问题的答案有利于你在面试时轻松应对，准备工作做得越充分，面试结果就会越好。应聘者也应该准备几个问题来问面试官，使面试官了解求职者的水准及想了解的问题，给对方留下深刻的印象。

3．资料准备

一方面要准备好用人单位需要的资料，包括身份证、学历证、毕业证、就业推荐表等；另一方面需要准备好其他佐证知识或技能的资料，包括成绩单、技能证书、获奖证书、专利证书、个人作品、社会实践经历证明等，以备用人单位查看。

4．心理准备

面试前有紧张情绪是正常的，尤其是在面对自己梦寐以求的工作岗位时，但应学会缓解紧张等负面情绪。首先，尽力调整自己的心态，使自己处于一个放松而平静的状态，争取发挥正常的水平,也有可能在与面试官交流时思维迸发,获得意外之喜。其次,应试者的精神面貌也会影响面试的结果,应试者应尽可能调整心态,用积极向上、充满信心的状态迎接面试。再次,不同面试官的面试风格不同,面试题目也不一定,应试者应该做好面对严肃苛刻的面试官的尖锐和不熟悉题目的心理准备。最后,尽可能简化面试本身,专注于回答面试时的问题。

5. 形象准备

应试者的外在形象也会对面试结果产生比较大的影响,有不少人因为第一印象不好而失去理想的就业机会。因此,在面试前必须提前整理自己的形象,注意穿着和精神面貌,给对方留下良好的第一印象。

(二) 面试礼仪

一个人的良好形象不仅表现在相貌和身材等方面,穿着打扮和举止在很大程度上也反映出一个人的修养。在面试中,恰到好处的表情和举止,代表着求职者良好的个人素养,会给主考官留下较好的印象。

1. 初次见面时的礼仪

(1) 准时赴约。应试者应提前 10 分钟左右到达面试地点,既可以给自己充分的缓冲时间来放松心情,还可以给用人单位留下良好的第一印象。

如果临时发生了意外情况不能按时赴约或不能参加面试,必须及时向用人单位表示歉意,并预约另一个面试时间,力求得到用人单位的谅解,争取得到补试的机会。

(2) 礼貌通报。到达面试地点后,不可慌慌张张贸然进入,先在门外冷静一会儿,松弛下紧张的情绪。进门前,一定要有礼貌地通报负责面试的人员。如果门关着,有门铃按一下短声,无门铃则轻叩门两三下。如果你久按门铃不放或使劲地敲门,会在初次见面时给对方留下缺乏修养的印象。当听到允许进入的回答后,再轻轻地推门进入。进门不要紧张,将门轻轻关闭,动作要得体,表情要自然。

(3) 正确称呼。进入办公室后,要主动向招聘人员打招呼"您早"或"您好",如果招聘人员有职务一定要采用姓氏加职务称呼的形式,如"王经理""张处长"等;如果职务较低,可不采用职务称呼,以老师相称为好;如果对方职务是副职,应采用就高不就低的称呼,即以正职相称。

(4) 热情握手。握手是一种礼貌,同时也是一种常见的社交礼仪。应聘者要有礼貌地问候,表现出谦恭有礼的态度,同时眼睛要看着对方的眼睛,面带微笑,显得轻松自信。

(5) 谈吐文明。面试过程中要注意自身的谈吐形象。说话要和蔼可亲,普通话力求标准。要尊重考官,不要打断对方的发问,不要随意插话,更不能贬低别人,抬高自己。发表观点时要彬彬有礼,不要轻易反驳,要不时地点头表示赞同。保持谦虚、亲和、自然、自信的谈话态度。

(6) 适时告辞。面试是有限定时间的谈话,不可久留。在高潮话题结束之后或是在主人暗示之后,就应该主动告辞。面带微笑,亲切握手,充满热情地告诉面试官你对此职位感兴趣，和面试官握手并致谢面试官的接待，然后离开。

2. 仪容礼仪

（1）着装。应聘者的着装打扮应给人一种整洁、大方、庄重的感觉。在颜色上应以深色、白色为主或灰色为主，避免超过三种颜色。在样式上，男性应着西装套装，配以相同色系的领带皮带、袜子皮鞋及蓝色、灰色或白色衬衫；女性可着职业装套装（裤装）或职业装套裙（裙装），配以同色系皮鞋及蓝色、灰色或白色衬衫。搭配得当的服饰是职场人的必备技能。

（2）化妆。与学生时代的素面朝天不同，面部妆容装扮得体是一种基本的职场社交礼仪，对面试官尊重也是对自己的尊重。面试妆容整体上要求干净、自然、健康，切忌浓妆艳抹，指甲要修剪整齐，保持干净。不要喷过多的香水，淡淡的清香容易让人产生愉快的感觉。

（3）发型。选择发型时应考虑脸型、年龄等各个方面。整体而言，应保持头部的清洁和整齐，切忌夸张的造型及颜色，切忌刘海过长。男性忌长发，女性应尽可能把头发扎起来或盘起来，给人一种干练的感觉。

3. 形态礼仪

应聘者给招聘单位的第一印象是非常重要的，要做到仪态端庄、举止得体。在面试过程中，你所使用的形态语言，会起到"无声胜有声"的作用。有研究表明，在面试时，语言对面试结果的影响只占7%，形态仪表占比远远超过50%。面试官在对诸多应聘者进行面试的过程中，留下最深刻印象的往往是仪态最符合预期的那些人，由此可知非语言交流的重要性。

应聘者的形体仪态主要通过面部表情、眼神、手势、身体形态，包括问候、站姿、坐姿、行姿等方面体现。形体仪态对面试结果具有重要影响，有时候一个眼神、一个表情或一个动作都会影响到整体评价，因此，需要特别注意这些方面的培养与练习。

（1）面部表情。恰当的微笑是交友名片，可以迅速拉近应试者与面试官之间的距离，为面试交流创造温馨和谐的氛围；微笑是乐观、自信、开朗的表现，可以给面试官传达积极向上的性格特征，为面试成绩加分。但是勉强的"皮笑肉不笑"会给面试官留下较差的印象，因此应注意提前做好微笑练习，找到最合适的微笑表情，对着镜子反复训练。

（2）眼神。眼睛是心灵的窗户，恰当的眼神能体现出智慧、自信以及对公司的向往和热情。在面试现场紧张得不敢看面试官，与面试官没有眼神交流，缺少了眼神沟通，难以传达友善、真诚的信息，会大大降低整个面试的交流效果。在面试时，眼神最好保持目光平视，停留在考官的三角区（即由双眼与下颚形成的倒三角区），如果考官人数较多，应该注意适当地用眼光扫视其他人，以示尊重。

（3）手势。手势在讲话尤其是演讲时具有较强的说服力和感染力。有学者认为，在身体的各个部位中，手的表达能力仅次于脸。在面试中，可能存在因为过于紧张双手不知道放哪儿，抓耳挠腮小动作不断，以及回答问题时过于兴奋，手舞足蹈等错误手势。正确的做法应是双手交叉放置双腿，有需要时配合语气与语境，小幅度地移动手势。

（4）问候。进入面试现场，应注意及时对各位面试官做问候，态度应自然亲和且热情，问候礼应为鞠躬或点头示意。行鞠躬礼时，应立正站稳，男性双手垂直放于身体两侧，女性双手前合，上身倾斜15°至30°，并配以简单的问候语，如"各位面试官早上好"。行点头礼时，应注意保持微笑表情且配以简单的问候。

（5）站姿。站姿是人体最基本的姿势，是一种静态美。面试中，宜采用标准的站姿，双眼平视，微收下颌，保持腰背挺直、舒展，挺胸收腹，双腿并拢，两手下垂相握，双脚直立，不宜两腿岔开，手背在后面，或采用"稍息"状等。如果与人握手时，要上身前伸，腰略弯曲，表示谦恭。

（6）坐姿。良好的坐姿是给面试官留下好印象的关键要素之一。进入面试室后，考官告诉你"请坐"时才可坐下，坐下时应道声"谢谢"。坐椅子时最好只坐2/3，不要靠着椅背，上身挺直，这样显得精神抖擞；全身稍稍放松，否则会显得坐姿僵硬，不要抖动双腿或将双手交叉于胸前，应该很自然地将腰伸直，并拢双膝，把手自然地放在上面。女生穿裙装时身体可稍微倾斜。

（7）行姿。目视前方，正、挺腰体，重心落于两足的中央，不可偏斜。迈步前进时，重心应从中部移到足的前部；腰部以上至肩部应尽量减少动作保持平稳；双臂靠近身体随步伐前后自然摆动，手指自然弯曲朝向身体。行走路线尽可能保持平直，步幅适中。

五、面试技巧

（一）倾听和观察的技巧

倾听是一种重要的交流信息的技巧。一方面倾听可以向对方表达自己对话题感兴趣，使对方获得心理上的满足；另一方面也能使自己获得更多的信息，以便随时调整谈话内容。在面试中倾听面试官谈话时要做到以下几点：一是目光要专注，并不时地与之进行眼神交流，切忌东张西望，不敢看面试官；二是面带微笑，适时以点头的方式表示赞同对方；三是要注意坐姿，保持背部挺直，身体最好适当稍稍前倾，手脚不要有太多的动作；四是注意察言观色，根据面试官的表情变化，判断面试官的内心活动及对自己的认识和态度，有针对性地应对，变被动为主动。

（二）语言表达的技巧

语言表达技巧在面试和职场中均具有较大的作用，它是毕业生综合素质的体现。语言表达技巧有三个方面的要求：一是要做到表达清楚、准确；二是要做到语句连贯，逻辑清楚；三是要做到语气和缓，富有美感和吸引力。

1．口齿清晰，条理清楚，言简意赅

面试时应注意吐字清晰、发音准确，避免口头禅以及其他无意义词的出现，更不能有不文明的语言。另外，在回答问题时，注意"首先""其次""最后"，"第一""第二""第三"等逻辑词语的运用，可以给面试官留下逻辑清晰的印象。最后，作答时应避免啰唆与重复，尽量简化作答。

2．语气平和，语调恰当，音量适中

面试时应合理运用语气、语调与音量，尽量在回答不同问题时变成表达自己的工具。在整个面试过程中应遵循"语气平和、语调恰当，音量适中"的原则，避免语速过快、语调或音量过高或过低的情况。

3．语言要含蓄、幽默

适当的机智和幽默能给人愉悦。在作答时，尽量避免绝对性的词语，如"肯定""必须"等，可以含蓄地表达为"可能""应该"等较为含蓄的词语。另外，适时穿插幽默的语言，可以适当调节面试的紧张氛围，拉近与面试官之间的距离，赢得心理上的好感。有时候，机智、幽默的语言会显示出自己的聪明才智，有助于化险为夷，并留下良好的印象。但使用时也要适度，避免留下"随意调侃"的印象。

（三）问答的技巧

面试时，问答一般包括面试官的提问及对面试官的提问。因此，问答技巧也包括应答技巧和提问技巧两个方面。面试的主要作用在于用人单位需要对应聘者做了解。面试官的提问穿插于整个面试过程，应聘者需要灵活运用回答技巧，展现自己。最后用人单位会留给应聘者提问的时间，此时也是应聘者展示自己水平的机会。

1．应答技巧

（1）切忌答非所问。在面试时，有些应聘者可能因为过于紧张导致未能听清楚面试官的问题，若仅凭印象回答可能答非所问。此时请务必向面试官确认问题，例如，可以说"请问您刚才的问题是……吗"，得到确认后再开始作答。如果确实对面试官的问题不了解，应该诚恳坦率承认，答非所问或闪烁其词都不可取。

（2）把握重点，条理清楚。回答问题时最好先说结论，再说论点，做论证，否则容易使人注意力不集中，长篇大论或啰唆会让人不得要领。另外，回答问题时要注意条理清晰、逻辑清楚。

（3）讲清原委，避免抽象。在面试中，主考官大多想通过提问的问题来了解求职者的一些具体情况，因此，求职应试者在回答问题时，切不可简单地仅仅以"是"或"否""对"或"错"来作答。应该针对面试官提出的不同问题，适当地就答案作出解释说明。例如，表达自己的优点时，可以以实际案例或数据作补充说明，加深面试官对你的印象。

2．提问技巧

应聘者在向面试官提问时，要注意以下几点：一是提出的问题要视面试官的身份而定；二是注意提问的时间，如果面试官在谈话过程中没有留提问机会，最好不要发问，而应礼貌性地等待最后的提问环节进行提问；三是注意提问的方式、语气，要给人一种诚挚、谦逊的感觉；四是注意提问的内容，不要问可以通过网络资源查到的信息，不要问薪酬待遇相关的问题；五是不要提"不懂装懂"的问题，有的应聘者为了显示自己的"高水准"，向面试官提出一些"大"而"空"的问题，不仅不会显得你水平高，还可能给人留下幼稚可笑的印象。

（四）摆脱面试困境的技巧

在面试时，有时候会存在因为过度紧张而忘记接下来要说什么，导致长时间的沉默，或因一时不慎讲错话的情况，此时如不能冷静对待，将会对面试结果产生不利的影响。

1. 克服紧张的技巧

紧张是人面对未知时的正常情绪，也是面试时经常出现的问题。我们应正视紧张情绪，保持适度的紧张可以使应聘者集中注意力，但若过于紧张可能影响应聘者正常水平的发挥，给面试官留下不好的印象。因此，在面试前一方面需要多准备一些可能问到的问题及答案，在面试官问到已准备的问题时能有效克服紧张；另一方面应通过深呼吸、听音乐等适合自己的方式缓解紧张情绪，尽力调整自己至最佳状态，以平静的心态迎接面试。面试过程中，把注意力集中于跟面试官的交流上，尽量不去想面试本身。在回答面试官问题前，应想好回答要点，放慢语速，争取思考时间。最后，如果的确非常紧张，最好的办法是坦白告诉招聘人员。如："对不起，刚才有点紧张，让我冷静一下，再回答您的问题，好吗？"

2. 打破沉默的技巧

有时应聘者可能因为忘记了接下来要讲的内容而陷入沉默，也有时候是面试官故意保持沉默以考察应聘者的反应。这两种情况应区别对待：前者，应聘者可以快速厘清思路继续补充作答。后者，遇到这种情况，许多应聘者因没有做好思想准备，会不知所措，陷入困境。应对这种局面的办法是预先准备一些合适的话题或问题，乘机提出来，或是顺着先前谈话的内容继续谈下去从而打破僵局，走出困境。

3. 讲错话的应对技巧

人在紧张的时候最容易说错话。经验不足的求职者碰到这种情形，往往会懊恼万分，心慌意乱，越发紧张。最好的办法是保持冷静，在合适的时间更正道歉：如"对不起，刚才我紧张了点，好像讲错了，我的意思是……请原谅。"通常招聘人员不会因为应聘者的一次小的失误，而放过合适的人才。

4. 遇到不会回答问题时的应对技巧

在面试过程中，往往会出现紧张或是预料不到的情况，如有些问题不会回答。这时应当坦诚地说："这个问题我不会回答。"千万不要支支吾吾，不懂装懂。不会就是不会，坦然地回答，反而能给人留下诚实、坦率的好印象，进而反败为胜。

（五）面试追踪的技巧

许多求职者认为，在面试结束后就只能等面试结果通知了。事实上，面试结束后，细心者若能巧妙地与用人单位联系，可能会取得意想不到的结果。面试结束后，还要做以下工作。

1．及时感谢"锦上添花"

应聘结束的 24 小时内给面试官写一封感谢信或打电话表示感谢，这样做显得与众不同，加深招聘人员对你的印象，增加求职成功的可能性。感谢的时间要简短，感谢的内容要提及以下内容：姓名、基本信息、面试时间及对公司、职位的兴趣与自己在此岗位上的优势，同时，对招聘人员提供的面试机会、为你所花费的精力和时间、提供的各种信息表示感谢，最后还要表达出你会发挥自己最大的潜力、尽职尽责干好工作的信息和决心。

2．抓住机会，全面准备

如果你同时收到几家用人单位的面试机会，在一次面试结束后，要调整状态，收拾心情，全力以赴地准备第二家单位的面试。

3．耐心等待，礼貌查询

一般情况下，公司录用职员要经过讨论、投票、人事汇总等这样一个过程。大概需要三至五天的时间，所以这段时间一定要耐心等待，切不可到处打听，急于求成反而会适得其反。如果面试两周后还没有收到用人单位的答复，可以写信或打电话询问面试的结果。

4．总结分析，迎接挑战

面试结束，要适时总结面试的经验。一方面要自我分析哪些方面做得不够完善；另一方面要诚恳谦虚地向用人单位询问没被录用的原因，及时改进不足和欠缺之处，以取得下一次求职面试的成功。

六、面试后该做的事情

在面试结束后，求职者可以先通过网络邮件的形式向招聘方为自己提供面试机会表达感谢，并诚恳询问自己的面试表现如何，之后耐心等待招聘方的回复。如果用人单位对邮件给了答复，那是最好的了；如果没有答复，可以再稍等一两天。之后可以给用人单位打电话，询问录用消息和自己表现的不足之处，打电话一定要表现得非常诚恳，要让用人单位感觉到你是一个真诚理性的人。主动问询的方法如下：

（1）打电话的时机最好选择在等候期限前后一两天，太早打，招聘方会觉得你过于急躁。何况对于有些公司来说，决定录用员工的流程也是需要一定时间来处理的；太晚打，招聘方可能早已忘了你面试这回事，或你所应聘的岗位可能早已确定好人选，打电话也是无功而返。

（2）打电话询问时的措辞和内容也应注意。多问些开放性问题，而不是直截了当地问，如"想了解下贵公司对我是否满意"而不是"贵公司什么时候给我录用通知"；记得一定要诚恳表达你对公司给予的面试机会的感谢，以及你非常愿意加入的心情。

俗话说事不过三，打电话问过一次、两次即可，没必要再继续打过去。你若频繁打电话询问，会招致对方反感。

求职者在联络过程中要保持礼貌诚恳的态度，不过分打搅对方，不仅不会使用人单位产生反感，还会留下成熟得体的正面印象。

课堂实训

无领导小组讨论

无领导小组讨论是指由一组应试者组成一个临时工作小组，讨论给定的问题，并作出决策。由于这个小组是临时拼凑的，并不指定谁是负责人，目的就在于考察应试者的表现，尤其是看谁会从中脱颖而出，但并不是一定要成为领导者，因为那需要真正的能力与信心，还需要有十足的把握。

无领导小组讨论（Leaderless Group Discussion）是评价中心技术中经常使用的一种测评技术，采用情景模拟的方式对考生进行集体面试。无领导小组，它是通过一定数目的考生组成一组（6～9人），进行一小时左右时间与工作有关问题的讨论。讨论过程中不指定谁是领导，也不指定受测者应坐的位置，让受测者自行安排组织，评价者来观测考生的组织协调能力、口头表达能力、辩论的说服能力等各方面的能力和素质是否达到拟任岗位的要求，以及自信程度、进取心、情绪稳定性、反应灵活性等个性特点是否符合拟任岗位的团体气氛，由此来综合评价考生之间的差别。

习题：某公司要推出一款新的网络游戏，有100万元经费，由7个部门负责，分别是市场调研部、策划部、程序部、调试部、硬件部、美术部、推广部。

请选择6位同学组成一个组，经过小组讨论确定经费分配方案，并选择出最重要的3个部门。最后请小组选出发言人汇报讨论结果及原因。

思政园地

守正创新，树立正确事业观

事业越伟大，越充满艰难险阻，越需要把准方向，越需要开拓进取。习近平总书记指出："无论时代如何发展，我们都要激发守正创新、奋勇向前的民族智慧。"守正才能不迷失方向、不犯颠覆性错误，创新才能把握时代、引领时代。

守正就是坚守真理、坚守正道，坚持马克思主义基本原理不动摇，坚持党的全面领导不动摇，坚持中国特色社会主义不动摇。"本根不摇则枝叶茂荣"。干事业不能忘本忘祖，中国共产党人的本，就是对马克思主义的信仰，对中国特色社会主义和共产主义的信念，对党和人民的忠诚。这就要求人们始终坚守党的性质宗旨、理想信念、初心使命，在涉及党的领导和我国社会主义制度等根本性问题上，在大是大非面前，必须立场坚定、旗帜鲜明，任何时候任何情况下都不能有丝毫动摇。

创新就是勇于探索、开辟新境，敢于说前人没有说过的新话，敢于干前人没有干过的事情。勇于创新者进，善于创造者胜。我们党领导人民奋力开拓、锐意进取，不断推进理论创新、实践创新、制度创新、文化创新及其他各方面创新，敢为天下先，走出了前人没有走过的路。只要我们紧跟时代步伐，顺应实践发展，以满腔热忱对待一切新生事物，不断拓展认识的广度和深度，勇于推进改革创新，永不僵化、永不停滞，就一定能够创造出更多令人刮目相看的人间奇迹。

守正与创新相辅相成，体现了"变"与"不变"、继承与发展、原则性与创造性的辩证统一。我们要守正，但不是故步自封，还要往前发展、与时俱进，否则就是陈旧的、过时的、保守的。我们要创新，但不能偏离马克思主义、社会主义，不能动摇党的领导，否则就是改旗易帜、变质变色。必须坚持守正和创新相统一，在守正中创新，在创新中发展，勇于坚持真理、修正错误，勇于求变、求新、求进，在新的实践中推进理论创新，以新的理论指导新的实践。

附录
霍兰德职业索引

R（现实型）：木匠、农民、操作 X 光的技师、工程师、飞机机械师、鱼类和野生动物专家、自动化技师、机械工（车工、钳工等）、电工、无线电报务员、火车司机、长途公共汽车司机、机械制图员、修理机器、电器师。

I（研究型）：气象学者、生物学者、天文学家、药剂师、动物学者、化学家、科学报刊编辑、地质学者、植物学者、物理学者、数学家、实验员、科研人员、科技作者。

A（艺术型）：室内装饰专家、图书管理专家、摄影师、音乐教师、作家、演员、记者、诗人、作曲家、编剧、雕刻家、漫画家。

S（社会型）：社会学者、导游、福利机构工作者、咨询人员、社会工作者、社会科学教师、学校领导、精神病工作者、公共保健护士。

E（企业型）：推销员、进货员、商品批发员、旅馆经理、饭店经理、广告宣传员、调度员、律师、政治家、零售商。

C（常规型）：记账员、会计、银行出纳、法庭速记员、成本估算员、税务员、核算员、打字员、办公室职员、统计员、计算机操作员、秘书。

下面介绍与你 3 个代号的职业兴趣类型一致的职业索引，对照的方法如下：首先根据你的职业兴趣代号，在下面描述中找出相应的职业，例如你的职业兴趣代号是 RIA，那么牙科技术人员、陶工等是适合你兴趣的职业。然后寻找与你职业兴趣代号相近的职业，如你的职业兴趣代号是 RIA，那么，其他由这三个字母组合成的编号（如 IRA、IAR、ARI 等）对应的职业，也较适合你的兴趣。

RIA：牙科技术员、陶工、建筑设计员、模型工、细木工、制作链条人员。

RIS：厨师、林务员、跳水员、潜水员、染色员、电器修理、眼镜制作、电工、纺织机器装配工、服务员、装玻璃工人、发电厂工人、焊接工。

RIE：建筑和桥梁工程、环境工程、航空工程、公路工程、电力工程、信号工程、电话工程、一般机械工程、自动工程、矿业工程、海洋工程、交通工程技术人员、制图员、家政经济人员、计量员、农民、农场工人、农业机器操作、清洁工、无线电修理、汽车修理、手表修理、管子工、线路装配工、工具仓库管理员。

RIC：船上工作人员、接待员、杂志保管员、牙医助手、制帽工、磨坊工、石匠、机器制造、机车（火车头）制造、农业机器装配、汽车装配工、缝纫机装配工、钟表装配和检验、电动器具装配、鞋匠、锁匠、货物检验员、电梯机修工、托儿所所长、钢琴调音员、装配工、印刷工、建筑钢铁工人、卡车司机。

RAI：手工雕刻、玻璃雕刻、制作模型人员、家具木工、制作皮革品、手工绣花、手工钩针编织、排字工人、印刷工人、图画雕刻、装订工。

RSE：消防员、交通巡警、警察、门卫、理发师、房间清洁工、屠夫、锻工、开凿工人、管道安装工、出租汽车驾驶员、货物搬运工、送报员、勘探员、娱乐场所的服务员、起卸机操作工、灭害虫者、电梯操作工、厨房助手。

RSI：纺织工、编织工、农业学校教师、某些职业课程教师（诸如艺术、商业、技术、工艺课程）、雨衣上胶工。

REC：抄水表员、保姆、实验室动物饲养员、动物管理员。

REI：轮船船长、航海领航员、大副、试管实验员。

RES：旅馆服务员、家畜饲养员、渔民、渔网修补工、水手长、收割机操作工、搬运行李工人、公园服务员、救生员、登山导游、火车工程技术员、建筑工人、铺轨工人。

RCI：测量员、勘测员、仪表操作者、农业工程技术、化学工程技师、民用工程技师、石油工程技师、资料室管理员、探矿工、煅烧工、烧窑工、矿工、保养工、磨床工、取样工、样品检验员、纺纱工、炮手、漂洗工、电焊工、锯木工、刨床工、制帽工、手工缝纫工、油漆工、染色工、按摩工、木匠、农民建筑工人、电影放映员、勘测员助手。

RCS：公共汽车驾驶员、一等水手、游泳池服务员、裁缝、建筑工人、石匠、烟囱修建工、混凝土工、电话修理工、爆炸手、邮递员、矿工、裱糊工人、纺纱工。

RCE：打井工、吊车驾驶员、农场工人、邮件分类员、铲车司机、拖拉机司机。

IAS：普通经济学家、农场经济学家、财政经济学家、国际贸易经济学家、实验心理学家、工程心理学家、心理学家、哲学家、内科医生、数学家。

IAR：人类学家、天文学家、化学家、物理学家、医学病理学家、动物标本剥制者、化石修复者、艺术品管理员。

ISE：营养学家、饮食顾问、火灾检查员、邮政服务检查员。

ISC：侦察员、电视播音室修理员、电视修理服务员、验尸室人员、编目录者、医学实验室技师、调查研究者。

ISR：水生生物学者、昆虫学者、微生物学家、配镜师、矫正视力者、细菌学家、牙科医生、骨科医生。

ISA：实验心理学家、普通心理学家、发展心理学家、教育心理学家、社会心理学家、临床心理学家、目录学家、皮肤病学家、精神病学家、妇产科医生、眼科医生、五官科医生、医学实验室技术专家、民航医务人员、护士。

IES：细菌学家、生理学家、化学专家、地质专家、地理物理学专家、纺织技术专家、医院药剂师、工业药剂师、药房营业员。

IEC：档案保管员、保险统计员。

ICR：质量检验技术员、地质学技师、工程师、法官、图书馆技术辅导员、计算机操作员、医院听诊员、家禽检查员。

IRA：地理学家、地质学家、水文学家、矿物学家、古生物学家、石油学家、地震学家、声学物理学家、原子和分子物理学家、电学和磁学物理学家、气象学家、设计审核员、人口统计学家、数学统计学家、外科医生、城市规划家、气象员。

IRS：流体物理学家、物理海洋学家、等离子体物理学家、农业科学家、动物学家、食品科学家、园艺学家、植物学家、细菌学家、解剖学家、动物病理学家、作物病理学家、药物学家、生物化学家、生物物理学家、细胞生物学家、临床化学家、遗传学家、分子生物学家、质量控制工程师、地理学家、兽医、放射治疗技师。

IRE：化验员、化学工程师、纺织工程师、食品技师、渔业技术专家、材料和测试工程师、电气工程师、土木工程师、航空工程师、行政官员、冶金专家、原子核工程师、陶瓷工程师、地质工程师、电力工程师、口腔科医生、牙科医生。

IRC：飞机领航员、飞行员、物理实验室技师、文献检查员、农业技术专家、动植物技术专家、生物技师、油管检查员、工商业规划者、矿藏安全检查员、纺织品检验员、照相机修理者、工程技术员、编计算机程序者、工具设计者、仪器维修工。

CRI：簿记员、会计、记时员、铸造机操作工、打字员、按键操作工、复印机操作工。

CRS：仓库保管员、档案管理员、缝纫工、讲述员、收款人。

CRE：标价员、实验室工作者、广告管理员、自动打字机操作员、电动机装配工、缝纫机操作工。

CIS：记账员、顾客服务员、报刊发行员、土地测量员、保险公司职员、会计师、估价员、邮政检查员、外贸检查员。

CIE：打字员、统计员、支票记录员、订货员、校对员、办公室工作人员。

CIR：校对员、工程职员、海底电报员、检修计划员、发报员。

CSE：接待员、通信员、电话接线员、卖票员、旅馆服务员、私人职员、商学教师、旅游办事员。

CSR：运货代理商、铁路职员、交通检查员、办公室通信员、簿记员、出纳员、银行财务职员。

CSA：秘书、图书管理员、办公室办事员。

CER：邮递员、数据处理员、航空邮件检查员。

CEI：推销员、经济分析家。

CES：银行会计、记账员、法人秘书、速记员、法院报告人。

ECI：银行行长、审记员、信用管理员、地产管理员、商业管理员。

ECS：信用办事员、保险人员、各类进货员、海关服务经理、售货员、购买员、会计。

ERI：建筑物管理员、工业工程师、农场管理员、护士长、农业经营管理人员。

ERS：仓库管理员、房屋管理员、货栈监督管理员。

ERC：邮政局长、渔船船长、机械操作领班、木工领班、瓦工领班、驾驶员领班。

EIR：科学、技术和有关周期出版物的管理员。

EIC：专利代理人、鉴定人、运输服务检查员、安全检查员、废品收购人员。

EIS：警官、侦察员、交通检验员、安全咨询员、合同管理者、商人。

EAS：法官、律师、公证人。

EAR：展览室管理员、舞台管理员、播音员、驯兽员。

ESC：理发师、裁判员、政府行政管理员、财政管理员、工程管理员、职业病防治、售货员、商业经理、办公室主任、人事负责人、调度员。

ESR：家具售货员、书店售货员、公共汽车的驾驶员、日用品售货员、护士长、自然科学和工程的行政领导。

ESI：博物馆管理员、图书馆管理员、古迹管理员、饮食业经理、地区安全服务管理员、技术服务咨询者、超级市场管理员、零售商品店店员、批发商、出租汽车服务站调度。

ESA：博物馆馆长、报刊管理员、音乐器材售货员、广告商售画营业员、导游、（轮船或班机上的）事务长、飞机上的服务员、船员、法官、律师。

ASE：戏剧导演、舞蹈教师、广告撰稿人、报刊专栏作者、记者、演员、英语翻译。

ASI：音乐教师、乐器教师、美术教师、管弦乐指挥、合唱队指挥、歌星、演奏家、哲学家、作家、广告经理、时装模特。

AER：新闻摄影师、电视摄像师、艺术指导、录音指导、丑角演员、魔术师、木偶戏演员、骑士、跳水员。

AEI：音乐指挥、舞台指导、电影导演。

AES：流行歌手、舞蹈演员、电影导演、广播节目主持人、舞蹈教师、口技表演者、喜剧演员、模特。

AIS：画家、剧作家、编辑、评论家、时装艺术大师、新闻摄影师、男演员、文学作者。

AIE：花匠、皮衣设计师、工业产品设计师、剪影艺术家、复制雕刻品大师。

AIR：建筑师、画家、摄影师、绘图员、环境美化工、雕刻家、包装设计师、陶器设计师、绣花工、漫画工。

SEC：社会活动家、退伍军人服务官员、工商会事务代表、教育咨询者、宿舍管理员、旅馆经理、饮食服务管理员。

SER：体育教练、游泳指导。

SEI：大学校长、学院院长、医院行政管理员、历史学家、家政经济学家、职业学校教师、资料员。

SEA：娱乐活动管理员、国外服务办事员、社会服务助理、一般咨询者、宗教教育工作者。

SCE：部长助理、福利机构职员、生产协调人、环境卫生管理人员、戏院经理、餐馆经理、售票员。

SRI：外科医师助手、医院服务员。

SRE：体育教师、职业病治疗者、体育教练、专业运动员、房管员、儿童家庭教师、警察、引座员、传达员、保姆。

SRC：护理员、护理助理、医院勤杂工、理发师、学校儿童服务人员。

SIA：社会学家、心理咨询者、学校心理学家、政治科学家、大学或学院的系主任，大学或学院的教育学教师、大学农业教师、大学工程和建筑课程的教师、大学法律教师、大学数学、医学、物理、社会科学和生命科学的教师、研究生助教、成人教育教师。

SIE：营养学家、饮食学家、海关检查员、安全检查员、税务稽查员、校长。

SIC：描图员、兽医助手、诊所助理、体检检查员、监督缓刑犯的工作者、娱乐指导者、咨询人员、社会科学教师。

SIR：理疗员、救护队工作人员、手足病医生、职业病治疗助手。

SAC：理发师、指甲修剪师、包装艺术家、美容师、整容专家、发式设计师。

SAE：听觉病治疗者、演讲矫正者。

SAE：图书馆管理员、小学教师、幼儿园教师、学前儿童教师、中学教师、师范学院教师、盲人教师、智力障碍人的教师、聋哑人的教师、学校护士、牙科助理、飞行指导员。

参考文献

[1] 吴玉伟, 林盛光, 张玲玲. 大学生就业指导[M]. 上海: 上海交通大学出版社, 2015.

[2] 杨乐克. 大学生生涯规划与自我管理[M]. 北京: 北京理工大学出版社, 2020.

[3] 彭海华, 唐正君. 大学生职业发展与就业指导[M]. 长沙: 湖南科学技术出版社, 2021.

[4] 黄才华, 侯同江. 就业与创业指导[M]. 3版. 北京: 高等教育出版社, 2021.

[5] 邰葆清. 大学生职业发展与就业指导[M]. 北京: 中国铁道出版社, 2021.

[6] 褚德清, 尹克寒, 宋婷. 大学生职业生涯规划与就业指导[M]. 成都: 电子科技大学出版社, 2019.

[7] 钟谷兰, 杨开. 大学生职业生涯发展与规划[M]. 2版. 上海: 华东师范大学出版社, 2016.

[8] 刘建中. 大学生职业生涯规划[M]. 成都: 电子科技大学出版社, 2020.

[9] 索桂芝. 大学生就业与创业指导实务[M]. 5版. 大连: 东北财经大学出版社, 2022.

[10] 戴裕崴. 高职生职业生涯规划与就业创业指导[M]. 5版. 北京: 高等教育出版社, 2022.

[11] 中共中央宣传部. 习近平新时代中国特色社会主义思想学习纲要[M]. 北京: 学习出版社, 2019.

[12] 王扬南. 全国职业院校实习管理50强案例集萃[M]. 北京: 首都经济贸易大学出版社, 2021.

[13] 曾天山, 汤霓. "双高"建设引领技能社会[M]. 北京: 北京师范大学出版社, 2021.

[14] 叶蓉, 冯玫. 大学生职业指导[M]. 3版. 北京: 高等教育出版社, 2022.

[15] 何慧刚. 大学生职业生涯规划与就业创业指导[M]. 2版. 北京: 中国财政经济出版社, 2021.

[16] 王培俊. 职业规划与创业体验[M]. 4版. 北京: 高等教育出版社, 2021.

[17] 赵学峰, 刘伟. 职业道德养成训导[M]. 北京: 高等教育出版社, 2013.

[18] 张福仁, 孟延军, 杨彬. 大学生就业指导[M]. 4版. 北京: 人民邮电出版社, 2021.

[19] 张巍, 王莹. 大学生就业指导实训教程[M]. 成都: 西南财经大学出版社, 2019.

[20] 梁丽华.高职生就业指导［M］.5版.杭州：浙江大学出版社，2019.

[21] 何玲霞，袁畅.大学生职业发展与就业指导.［M］.北京：高等教育出版社，2020.

[22] 张德.人力资源开发与管理［M］.5版.北京：清华大学出版社，2016.

[23] 由建勋.大学生职业发展与就业指导.［M］.北京：高等教育出版社，2018.

[24] 杨文秀，宋志斌.职业生涯规划和就业指导［M］.北京：人民卫生出版社，2014.